W0087480

Jochen Mai

Warum ich losging, um Milch zu kaufen, und mit einem Fahrrad nach Hause kam

Was wirklich hinter unseren
Entscheidungen steckt

Ausführliche Informationen über
unsere Autoren und Bücher
www.dtv.de

Dieses Buch ist auch als eBook erhältlich.

Originalausgabe
© 2016 dtv Verlagsgesellschaft mbH & Co. KG, München
Dieses Werk wurde vermittelt durch die Literaturagentur Bettina Querfurth
Das Werk ist urheberrechtlich geschützt.
Sämtliche, auch auszugsweise Verwertungen bleiben vorbehalten.
Umschlaggestaltung: buxdesign, München
Innengestaltung und Illustrationen: Sabine Kwauka
Gesetzt aus der Garamond
Satz: Fotosatz Amann, Memmingen
Druck und Bindung: CPI – Ebner und Spiegel, Ulm
Gedruckt auf säurefreiem, chlorfrei gebleichtem Papier
Printed in Germany · ISBN 978-3-423-26131-9

INHALTSVERZEICHNIS

KAPITEL 8

KAPITEL 9

HILFE, ICH KANN MICH NICHT ENTSCHEIDEN!

WARUM UNS ENTSCHEIDEN SO SCHWERFÄLLT

Halt! Stopp. Lesen Sie dieses Buch nicht weiter … Und schon haben Sie sich entschieden: Sie lesen trotzdem weiter (was ich natürlich unterstütze). Die Fragen, die sich stellen: Warum haben Sie sich ausgerechnet so entschieden und wie lange haben Sie dafür gebraucht?

Die erste Frage ist noch relativ leicht zu beantworten: Der Einstieg hat Sie vermutlich neugierig gemacht. Vielleicht hat er aber auch Ihre Renitenz-Saiten in Schwingungen versetzt, Motto: jetzt erst recht! Oder Sie stehen gerade in einem Buchladen, blättern ein wenig in diesem Buch und überlegen, ob Sie es kaufen sollen … Noch eine Entscheidung! Echt fies, oder?

Ich sage: Sie haben sich schon längst entschieden. Ihr Verstand versucht nur noch, Ihre Wahl zu rationalisieren und zu rechtfertigen, damit sie nicht ganz so spontan, willkürlich und emotional wirkt und damit irgendwie intellektueller, abgewogener und begründbarer.

Kein Grund zur Scham: Wir machen das ständig so. Entscheidungen treffen sowieso. Aber auch, uns erst unterbewusst zu entscheiden und dann das Ergebnis durch einen rationalen Wahlomaten rattern zu lassen, damit die Wahl anschließend logisch-klug erscheint – nicht nur für uns selbst, sondern auch für die beste Freundin, den Freund, den Partner, Kollegen oder Chef.

Manchmal entscheiden wir uns auch um, wenn wir merken, dass die Argumente, die die Synapsen in der Oberstube da so mühsam zusammenknüpfen, einer genaueren Überprüfung nicht standhalten würden. Dann sagen wir B, hätten aber lieber A – unsere Herzenswahl. Dazu komme ich später noch mal. Oder wir gehen in ein

Geschäft und verlassen es mit etwas ganz anderem, als wir eigentlich wollten. Gut, in dem Fall kann es auch so laufen: Ihr Unterbewusstsein und Verstand ringen immer noch um die bessere Begründung, während Sie schon an der Kasse stehen und bezahlen.

Das Leben steckt voller Entscheidungen. Bis zu 20 000 davon treffen wir Tag für Tag, haben Wissenschaftler einmal hochgerechnet. Die Zahl kann man glauben oder nicht, aber viele Entscheidungen, sehr viele, sind es auf jeden Fall. Und Sie ahnen schon jetzt, wie aberwitzig die Vorstellung wäre, jede einzelne davon bewusst und rational treffen zu wollen. Allein unsere verfügbare Zeit macht dieses Vorhaben absolut unmöglich. Der Großteil unserer Entscheidungen wird zwangsläufig blitzschnell getroffen.

Das fängt schon beim Aufstehen an. Genau genommen sogar davor: Kaum piept der Wecker, landet der Zeigefinger auf der Snooze-Taste. Eine klare Entscheidung für weitere fünf Minuten Dämmerschlaf. Gut so! Denn das hilft uns nachweislich, besser in den Tag zu starten. Doch es bedeutet auch, weniger Zeit fürs Frühstück zu haben. Also verzichten Sie auf die zweite Tasse Kaffee. Die nächste Entscheidung. Und so weiter.

Den ganzen Tag lang verfahren wir nach diesem Muster. Angesichts des schieren Ausmaßes unserer täglichen Wahloptionen können wir von Glück sagen, dass viele davon unbewusst ablaufen und die meisten so trivial sind. Sonst würden wir schlicht irre davon – auch wenn sich das manchmal trotzdem so anfühlt.

Im Job geraten wir gleich zigfach in Situationen, in denen wir uns entscheiden müssen – jedoch stehen wir dabei auch noch mit einer Wahrscheinlichkeit von rund 60 Prozent unter Zeitdruck – auch das ein wissenschaftliches Ergebnis. Kollegen, Vorgesetzte oder auch Kunden sind von Natur aus keine geduldigen Zeitgenossen. Sie erwarten eine baldige Antwort, am besten bis gestern. Die Wahrscheinlichkeit für mehr Fehlentscheidungen – so sollte man zumindest meinen – ist hier ungleich größer, genauso wie die potenziellen (negativen) Folgen. Warum das nicht so ist, erfahren Sie ebenfalls in diesem Buch.

Entscheidungen betreffen jeden von uns, jeden Tag, jede Minute, und sind trotz der scheinbaren Einfachheit psychologisch unglaublich komplex.

Sagen wir es, wie es ist: Der Mensch ist nicht nur die selbst ernannte Krone der Schöpfung, sondern leider auch ein Meister darin, sich selbst zu behumsen und seine eigene Wirklichkeit zu schaffen. Insbesondere, wenn wir mit uns unzufrieden sind und unsere Entscheidungen bereuen. Wie trällerte schon Pippi Langstrumpf:»Ich mach mir die Welt, widdewidde wie sie mir gefällt ...«? Was bei der beliebten Romangöre zum fröhlichen Selbstverständnis gehörte, endet im realen Leben oft in einem Universum aus (Selbst-)Enttäuschung, Schönfärberei und Selbstgerechtigkeit.

Dazu gibt es ein wirklich zauberhaftes Experiment der Psychologen Lars Hall und Petter Johansson von der Universität Lund in Schweden, das das ganze Ausmaß der Selbstmanipulation eindrucksvoll vor Augen führt.

Nehmen wir einmal an, Sie könnten zwischen zwei potenziellen Partnern wählen. Als Resultat wären Sie jedoch mit dem Menschen verbandelt, den Sie nicht ausgesucht haben. Würden Sie das merken?

»Also, bitte: Was soll das für eine doofe Frage sein?«, denken Sie vermutlich. Natürlich würden Sie das merken! Okay, wenn der neue Hausbewohner so gar nicht Mr oder Mrs Perfect ähnelt, ist das wohl noch leicht. Bei den Experimenten von Lars Hall und Petter Johansson aber war es das nicht. Verblüffender noch: Selbst wenn den Probanden auffiel, dass der von ihnen per Foto ausgewählte Partner sich seltsam verändert hatte, hielten sie ihre Wahl für goldrichtig, ja, sie begannen sogar, die Partner vor anderen zu rechtfertigen.

Da gab es etwa einen Probanden, der schwor Stein und Bein, Frauen mit Ohrringen zu bevorzugen – dabei trug nur die von ihm abgelehnte Dame Ohrschmuck. Ein anderer Kandidat sagte, ein Lächeln auf dem Foto sei für ihn ausschlaggebend gewesen.

Leider war auf dem Bild, das er anschließend in der Hand hielt, kein lächelndes Gesicht zu sehen.

Hall und Johansson gaben dem Phänomen später die Bezeichnung »Choice Blindness«; im Deutschen spricht man auch von *Wahlblindheit*. Kurz formuliert besagt diese: Wir merken häufig gar nicht, wenn wir uns geirrt haben. Und falls wir es doch merken, geben wir den Irrtum nur ungern zu und reden uns (und anderen) diesen richtig.

Das im Hinterkopf fragen Sie sich jetzt bitte mal, warum Sie schon so lange den Job machen, mit dem Sie aktuell Ihr Geld verdienen, aber dabei irgendwie nicht glücklich sind …

Besonders wir Deutschen sind dafür bekannt, gerne alles zu analysieren. Kritisch vor allem: Im Kern wünschen wir uns eine widerspruchsfreie Welt. Widersprüche sind uns zutiefst unangenehm und nur schwer zu ertragen. Im Fachjargon spricht man dabei von *kognitiver Dissonanz*. Dieser negative Gefühlszustand entsteht immer dann, wenn wir mit unvereinbaren Wahrnehmungen, Gedanken, Meinungen, Einstellungen, Wünschen oder Absichten konfrontiert werden. So kommt es in aller Regelmäßigkeit zu genau diesen Dissonanzen, wenn wir nach einer Entscheidung glauben oder erfahren, dass die andere Wahl besser gewesen wäre.

Um solche kognitiven Dissonanzen zu reduzieren und die Welt wieder in Einklang zu bringen, stehen uns verschiedene Werkzeuge zur Verfügung. Sehr beliebt ist zum Beispiel die Variante, die eigene Einstellung kurzerhand zu ändern, um so die getroffene Entscheidung doch noch rechtfertigen zu können.

Von Konrad Adenauer stammt das berühmte Bonmot: »Was interessiert mich mein Geschwätz von gestern.« Wer heute A sagt, kann morgen auch B behaupten. So einfach geht das. Von den meisten Menschen werden solche Kehrtwendungen zwar bemerkt (und zuweilen auch kritisch hinterfragt), danach aber fühlt sich die Welt deutlich besser an. Es fehlt vielleicht die plausible Erklärung für den plötzlichen Sinneswandel. Aber welche Lösung ist schon perfekt?

In der Politik und im Beruf sind solche Manöver allerdings nicht ungefährlich. Wer zu viele 180-Grad-Haken schlägt, verliert massiv an Glaubwürdigkeit.

Neben dieser ziemlich durchschaubaren Methode gibt es aber noch eine zweite Option: herunterspielen und herabwürdigen.

Sie lässt sich beispielsweise regelmäßig an Rauchern beobachten. Auf die gesundheitlichen Folgen des Qualmens angesprochen, kontern diese gerne: Das Leben sei generell gefährlich; man könne genauso gut morgen von einem Auto überfahren werden. Ohnehin sei die Wahrscheinlichkeit, an Krebs zu erkranken, längst nicht so hoch, wie alle behaupteten, es gebe ja genügend richtig alte Raucher. Und überhaupt: Was sei mit Helmut Schmidt? Der rauchte seit zwoundtrölfzig Jahren Kette und starb auch nicht an Lungenkrebs! Wie Sie sehen, sind wir um eine Ausrede nie verlegen, wenn es darum geht, kognitive Dissonanzen zu minimieren und unsere Entscheidungen vor uns selbst zu rechtfertigen.

❓ SELBSTTEST: WIE REAGIEREN SIE AUF KOGNITIVE DISSONANZ?

Wenn Sie mögen, können Sie diesen Zustand der kognitiven Dissonanz gleich an sich selbst erproben und erleben. Der Philosoph, Mathematiker und Logiker Bertrand Russell formulierte dazu ein schönes Beispiel – das sogenannte Barbier-Paradoxon:

Man kann einen Barbier als jemanden definieren, der all jene und nur jene rasiert, die sich nicht selbst rasieren.

Nehmen Sie sich ruhig die Zeit, um ein wenig darüber nachzudenken, und stellen Sie sich dann die Frage: Rasiert sich der Barbier selbst?

Bei dem Versuch, die Frage zu beantworten, ergibt sich ein veritabler Widerspruch. Rasiert sich der Mann selbst, ist er kein Barbier mehr, weil ein solcher ja ausschließlich andere rasiert. Rasiert er sich aber nicht selbst, müsste er sein eigener Kunde sein.

Erkennen Sie das Problem? Widerstrebt es Ihnen gerade, dieses zu akzeptieren und suchen Sie krampfhaft nach einer Option, die übersehen wurde?

Ich könnte noch einen draufsetzen – mit der Allmacht Gottes:

Wenn Gott allmächtig ist, dann kann er einen Stein schaffen, der so schwer ist, dass er ihn selbst nicht mehr heben kann.

Auch hier dürften Sie jetzt ein leichtes Knuspern in der Oberstube spüren: Der Begriff der Allmacht bringt unseren Verstand an seine Grenzen. Wir wissen zwar alle irgendwie, was damit gemeint ist. Vorstellbar ist es aber nicht. Regelmäßig erleben wir dabei eine kognitive Dissonanz.

Es wäre allerdings töricht zu glauben, nur weil wir uns etwas nicht vorstellen oder in logische Konstrukte pressen können, existiere es nicht. Ganz oft müssen wir mit solchen Widersprüchen leben. Aber keine Bange, das geht nicht nur Ihnen so, sondern den meisten Menschen, und es ist ganz normal.

Die Gefahr ist eine andere: Weil uns solche Widersprüche unbefriedigt zurücklassen, wollen wir eine einfache Lösung. Schnell. Sofort. Die aber führt mitunter zu echten Fehlentscheidungen.

Der Ausweg: Machen Sie sich das Störgefühl bewusst, halten Sie es aus, und akzeptieren Sie es als das, was es ist: ein Störgefühl, das auch wieder vorbeigeht.

Ganz oft nötigt uns die kognitive Dissonanz in eine Entweder-oder-Haltung: Freiheit oder Sicherheit? Ordnung oder Chaos? Nähe oder Distanz? Vertrauen oder Kontrolle? Dahinter steckt letztlich digitales Denken (null oder eins), das uns übersehen lässt, dass beide Optionen zuweilen auch nebeneinander existieren können. Manche scheinbaren Gegensätze schließen sich überhaupt nicht aus, sondern können sich wunderbar symbiotisch ergänzen: das eine tun, das andere nicht lassen. Aus dem engen Korsett des Entweder-oder wird so ein luftiges Sowohl-als-auch.

Kompromisse sind typisch für solche Entscheidungen, die deswegen nicht zwangsläufig einen Mittelweg im Sinne einer Fifty-fifty-Lösung darstellen müssen. Auch ein 80-20-Resultat kann helfen, das Beste aus beiden Optionen zu vereinen und unsere Ansprüche maximal zu befriedigen. Das ist – zugegeben – leichter gesagt als getan. Aber deswegen nicht unmöglich.

Schon aus den bisherigen Erkenntnissen lassen sich drei Empfehlungen für bessere Entscheidungen ableiten:

HÖREN SIE AUF, NACH DEM »RICHTIGEN« WEG ZU SUCHEN.

Der Begriff »richtig« suggeriert bereits, dass es immer eine allgemeingültige Lösung beziehungsweise Entscheidung gäbe. Für die meisten unserer Alltagsentscheidungen trifft das allerdings überhaupt nicht zu. »Richtig« muss eher im Kontext von »für mich richtig« oder »in diesem Moment richtig« gesehen werden. Wer das im Hinterkopf behält, dem fällt es leichter, sich von überhöhten Erwartungen zu lösen.

VERABSCHIEDEN SIE SICH VOM SCHWARZ-WEISS-DENKEN.

All die Kategorien – Entweder-oder, Ja-nein, Richtig-falsch – zwingen uns in zweidimensionale Denk- und Entscheidungsstrukturen. Statt verschiedene Optionen als unvereinbare Gegensätze zu begreifen, können Sie diese auch als Teile eines Ganzen betrachten. Dann müssen Sie nicht das eine für das andere aufgeben, sondern sind frei, nach einem Weg zu suchen, um beide Seiten miteinander zu verbinden.

ERGÄNZEN SIE IHRE WAHL UM DIE ZEITLICHE DIMENSION.

Was gerade wichtig und richtig ist, muss es morgen schon nicht mehr sein. Umstände und Konstellationen können sich ändern. Die bessere Entscheidung ist daher häufig jene, die wir langfristig treffen – also mit Blick auf die Zukunft. Dazu kann auch gehören, hier und jetzt noch keine Entscheidung zu fällen. Denn auch das verheimlicht das Entweder-oder-Denken: Es gibt immer eine dritte Option – die, keine Wahl zu treffen. Zumindest nicht im Moment. Das ist auch eine Entscheidung. Und je bewusster wir diese treffen, desto besser.

BEI JEDER ENTSCHEIDUNG REDEN ZWEI HIRNSYSTEME MIT

Aber schauen wir uns zuerst einmal an, was so alles im Kopf passiert, wenn wir eine Wahl haben und treffen.

Angenommen, Sie sitzen in der S-Bahn auf dem Weg in die

Stadt. Gedankenverloren schauen Sie aus dem Fenster. Plötzlich wird es unruhig um Sie herum. Die anderen Gäste kramen in ihren Taschen. »Die Fahrkarten bitte!«, ruft ein Mann in Uniform. Sie spüren das Unbehagen, das just in diesem Moment in Ihnen aufsteigt?

Innerlich schrillen die Alarmglocken: Angst und vage Befürchtungen, bloßgestellt, bestraft oder aus der Bahn geschmissen zu werden, schrauben sich durch die Hirnwindungen. Gefühlt vergeht gerade eine Ewigkeit, tatsächlich haben Sie für diese Reaktion nicht einmal mehr als 0,2 Sekunden gebraucht, wie Studien zeigen.

Betrachten wir diese Situation aus der Distanz: Ihre Reaktion ist keineswegs rational. Ihr Ticket haben Sie wahrscheinlich sorgfältig im Portemonnaie oder in der Jackentasche verstaut. Sie sind schließlich kein Schwarzfahrer. Trotzdem bekommen die meisten Menschen bei dem Wort »Fahrscheinkontrolle« im ersten Moment einen kleinen Schock. Ihr Gehirn hat die Situation als potenzielle Gefahr erkannt und warnt Sie nun. Das kann an zurückliegenden Erfahrungen liegen. Vielleicht sind Sie doch schon einmal schwarzgefahren, wurden erwischt und mussten ein Bußgeld zahlen. Oder Sie haben mit angesehen, wie das einem anderen Fahrgast widerfahren ist, und wollen nicht die gleiche Erfahrung machen.

So oder so: Das Reaktionsmuster geht auf eine ganz andere Zeit zurück. Mehr noch: Es ist wesentlich älter als Sie selbst. Viel älter. Um es zu verstehen, müssen wir zurück in die Urzeit.

Der Fahrscheinkontrolleur hatte damals Ähnlichkeit mit einem Säbelzahntiger. Wenn wir in dessen Territorium unterwegs waren, klang »Fahrscheinkontrolle« eher nach »RrrOoooaAR«. Und das Bußgeld betrug nicht einfach 60 Euro, sondern es kostete gleich das ganze Leben. Wer einer solchen Tötungsmaschine begegnete, musste sich also schnell entscheiden: erstarren, kämpfen oder flüchten?

Als Überlebensprogramm erdacht, setzt unser Gehirn in solchen Situationen Unmengen Adrenalin frei. Binnen Millisekunden gelangt es ins Blut und durchflutet den gesamten Körper. Das Herz rast, der Blutdruck steigt, die Muskeln werden optimal mit Sauerstoff versorgt. Gleichzeitig werden alle Zucker- und Fettreserven mobilisiert. Körper und Geist sind hellwach, unsere Reaktionszeit steigert sich enorm, sodass wir – ohne einen klaren Gedanken gefasst zu haben – losrennen oder kämpfen können. Diesen unbewussten Entscheidungsmechanismus tragen wir bis heute in uns, und er rettet manchem nach wie vor Kopf und Hals.

Gesteuert wird das von unserem *limbischen System*, dem emotionalen Zentrum unseres Gehirns. Hirnforscher schätzen, dass es sich vor 150 Millionen Jahren entwickelt hat. Evolutionär betrachtet entstand es in derselben Phase wie die Säugetiere (deshalb wird es auch Säugetiergehirn genannt). Untersuchungen haben gezeigt, dass das limbische System eine funktionale Einheit bildet, basierend auf Emotionen, Antrieb und Lernen.

Emotionen sind die große Stärke des limbischen Systems, es ist praktisch der Türsteher für jede Sinneswahrnehmung: Jeder Reiz durchläuft die sogenannte limbische Schleife und wird vom Emotionszentrum im Nullkommanichts bewertet – bei der Begegnung mit einer Raubkatze genauso wie beim Sirren einer Mücke oder eben dem Zuruf »Fahrscheinkontrolle!«.

Das limbische System ordnet diese Eindrücke, leitet die Ergebnisse umgehend an den Körper weiter und löst unter Umständen die oben beschriebene Kettenreaktion aus.

Angst, Wut, Trauer, Freude, Ekel oder Überraschung – diese sechs Basisemotionen hat einmal der US-Psychologe Paul Ekman als primäre Impulse definiert, die durch die Bewertung eines Sinneseindrucks ausgelöst werden. In seinen Studien konnte er unter anderem zeigen, dass diese universell gültig sind – egal, welche ethnische Herkunft ein Mensch hat.

Die Beispiele offenbaren aber auch den großen Nachteil des limbischen Systems: Mit seiner Hilfe können wir keine differenzierten Entscheidungen treffen. Dafür ist eine andere Hirnregion zuständig – die Großhirnrinde, auf Lateinisch *Cortex*.

Er ist der äußerste Teil unseres Gehirns. Auseinandergefaltet ist er rund 2200 Quadratzentimeter groß, das entspricht in etwa der Fläche von zwei DIN-A4-Blättern. Der Cortex ist das Zuhause für rund 15 Milliarden Nervenzellen und hoch komplex. Dadurch ermöglicht er uns enorme analytische Fähigkeiten. In diesem Teil unseres Gehirns findet das Abwägen, Vergleichen und Überprüfen statt. Anders als das limbische System arbeitet die Großhirnrinde also rational. Bei Entscheidungen, die die Großhirnrinde trifft, geht es um Kosten-Nutzen-Abwägungen – also zum Beispiel, wie Sie den größten Nutzen mit dem geringsten Aufwand erzielen.

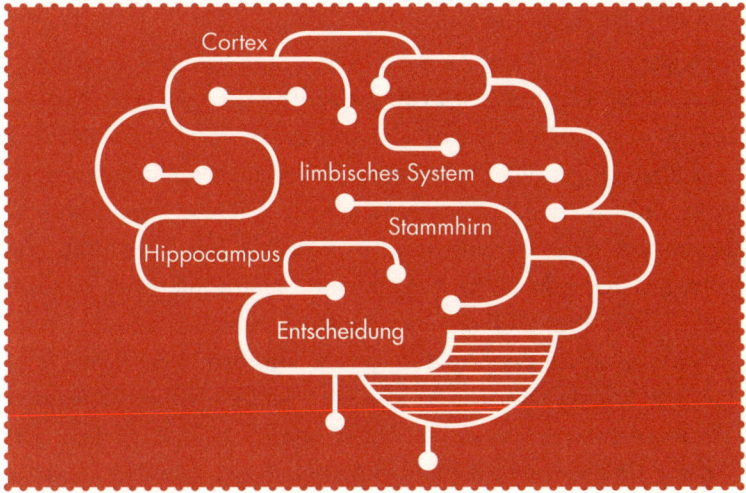

Stellen Sie sich beispielsweise vor, Sie möchten ein neues Auto kaufen. Günstig soll es sein, aber selbstverständlich auch in einem Topzustand. Wie gehen Sie also vor?

Die meisten werden im Internet recherchieren, Testberichte lesen, verschiedene Modelle miteinander vergleichen, mit Familie und Freunden sprechen ... Das ist eine völlig andere Art und Weise, mit einer Entscheidung umzugehen als in einer Stresssituation. Viel überlegter.

Man könnte jetzt zu Recht fragen: Warum treffen wir dann nicht alle unsere Entscheidungen so? Wozu haben wir schließlich die clevere Rinde im Kopf? Tja, genau das ist das Problem, das ich schon eingangs beschrieb: Beide Systeme – limbisches System und Cortex – könnten sich wunderbar unterstützen und ergänzen. Sie arbeiten aber auch oft gegeneinander.

In Zeiten von Mammut, Steinaxt und RrrOoooaAR war das gar nicht mal so schlecht. Hätten wir erst eine Pro-Contra-Liste für Flucht oder Kampf aufstellen müssen, hätte sich die Menschheit nicht ans Ende der Nahrungskette entwickelt, sondern als Hauptmahlzeit für allerlei Urzeitviecher. Die Zeit, die unsere Großhirnrinde braucht, um eine Entscheidung zu treffen, ist einfach nicht zum Überleben gemacht.

Heute sind die Menschen deutlich weiter, haben sich zivilisiert (okay, nicht alle), unterschiedliche Kulturen entwickelt, kurz gesagt: Wir haben uns mehr Zeit für fundierte Entscheidungen geschaffen. Eigentlich. Wir können aber auch nicht aus unserer evolutionären Haut. Und so wollen beide Bereiche – das limbische System wie die Großhirnrinde – weiterhin bei jeder Wahl ein Wörtchen mitreden: Mal herrscht pure Harmonie, aber häufiger geht es dabei in der Oberstube zu wie bei einem Messie.

Wie hat es mal ein Kabarettist so schön formuliert: Über Jahrtausende hinweg hat sich der Mensch vom Höhlenbewohner zum Weltraumeroberer entwickelt. Aber zwei Schnäpse reichen aus, und wir sind wieder auf Höhlenmenschniveau. Manchmal genügen auch nur ein Paar Schuhe oder das neueste Smartphone dafür.

Immerhin: Ihnen ist jetzt zumindest klarer, wie uneins wir mit uns selbst sind und wie gegensätzlich unser Denkapparat dabei arbeitet. Ein schwacher Trost, ich weiß. Aber es ist ein guter Anfang.

WAS SIND BLINDE ENTSCHEIDUNGEN?

Augen zu und durch – für einige ist das ein Lebensmotto, für andere der Weg, um mit unliebsamen, aber unumgänglichen Situationen klarzukommen. Auf Entscheidungen angewendet, ist das Prinzip der geschlossenen Augen allerdings nicht ganz ungefährlich.

Dazu muss man zunächst verstehen, was sogenannte blinde Entscheidungen überhaupt sind. Zwar hören wir immer wieder davon, dass jemand eine »blinde Wahl« getroffen habe. Aber was bedeutet das wirklich?

Allgemein werden damit Entscheidungen beschrieben, bei denen die Folgen unbekannt sind: Stellen Sie sich vor, Sie stehen an einer Kreuzung und müssen sich festlegen, ob Sie links, rechts oder geradeaus gehen – ohne zu wissen, wohin Sie die jeweilige Straße führen wird. Vielleicht haben Sie sich vorher nicht ausreichend informiert – im konkreten Beispiel also den Stadtplan nicht studiert. Oder Sie hatten keinen Zugang zum nötigen Wissen. Für die eigentliche Wahl ist es natürlich müßig, über die Ursachen zu sinnieren. So oder so: Sie haben ein Problem – und einen Marsch ins Ungewisse vor sich.

Genau diese unabsehbaren Folgen machen blinde Entscheidungen so charakteristisch: Sie sind erstens schwer zu treffen und zweitens oft besonders riskant. Wie soll man sich auch für eine Sache entscheiden, wenn man nicht weiß, welche Konsequenzen man sich dabei aufhalst?

Wer also nicht gerade von Beruf Gefahrensucher ist und mit Nachnamen Rambo heißt, wird blinde Entscheidungen eher vermeiden wollen. Das Problem: Sie lassen sich nicht zu 100 Prozent umgehen.

Unverhofft kommt oft – und welches Abenteuer verdiente

noch diesen Namen, wenn man schon vorher wüsste, wie es ausgeht? Also müssen wir das Beste aus der Misere machen – und die gute Nachricht ist: Das geht sogar!

ALTERNATIVE 1: SPIELEN SIE AUF ZEIT

Manchmal reicht es schon, sich etwas mehr Zeit zu verschaffen, um eine blinde Entscheidung in eine klassische Auswahl zu verwandeln. Sie erarbeiten sich so den Freiraum, mehr Wissen und Informationen über mögliche Konsequenzen zu ermitteln – und um Risiken zu minimieren.

ALTERNATIVE 2: FINDEN SIE GEMEINSAMKEITEN

Die tatsächlichen Folgen einer blinden Entscheidung mögen unbekannt sein, doch vielleicht gibt es Gemeinsamkeiten mit anderen Entscheidungssituationen, in denen Sie sich schon einmal befunden haben. Die Konsequenzen müssen deswegen nicht identisch sein, doch bietet der Vergleich einen deutlich besseren Anhaltspunkt, als frei ins Blaue hineinzuraten.

NUDELN ODER REIS?

ICH BIN HEUTE SO ENTSCHEIDUNGSMÜDE ...

Ob nun spontan, überlegt oder völlig irrational – für manche Menschen sind Entscheidungen Schwerstarbeit, die so viel Annehmlichkeit verheißt, wie mit den Fingernägeln über eine Schiefertafel zu kratzen. Sie bezeichnen sich selbst als wenig oder überhaupt nicht entscheidungsfreudig. Kleine wie große Entscheidungen werden am liebsten verschoben oder ganz vertagt: Nudeln oder Reis? Eis oder Schokolade? Den sexy Typen im Supermarkt ansprechen oder nach Hause gehen und Essen machen – ach ja: Nudeln oder Reis?

Wenn schon solch (teils) unbedeutende Fragen zu ernsthaften Zweifeln führen, ahnen Sie, wie groß die Herausforderungen bei den wirklich wichtigen Dingen des Lebens werden können. Die Wissenschaft bezeichnet diesen Zustand als Entscheidungsmüdigkeit – oder im Englischen als *Decision Fatigue*.

Die Ursache dahinter ist immer dieselbe: Unsicherheit. Wir wissen einfach nicht genau, welche Alternative die beste ist, was unseren Bedürfnissen am ehesten gerecht wird oder, kurz gesagt, was wir eigentlich wollen.

Nicht wenige hoffen dabei, der Zufall, das Schicksal oder eine andere kosmische Kraft würde ihnen die Entscheidung abnehmen, indem sich die Dinge von alleine regeln. Das klappt zuweilen sogar, meistens aber nicht.

Erschwerend kommt hinzu, dass die empfundene Unsicherheit mit der Schwere der Entscheidung zunimmt. Während wir also noch relativ schnell zu dem Schluss kommen können, dass es am Ende kaum einen Unterschied macht, ob wir uns den Bauch mit Nudeln oder Reis vollschlagen, sieht es beispielsweise beim Thema Partnerwahl oder Karriere ganz anders aus.

Hier ist die Unsicherheit ungleich größer und damit auch die Verführung, solche Entscheidungen lieber zu verschieben, abzuwarten und in der Zwischenzeit zu versuchen, weitere Informationen zu sammeln, um Gewissheit zu erlangen.

All das Recherchieren, Prüfen, Abwägen soll zwar der Entscheidungsfreude auf die Sprünge helfen, kann sich aber schnell ins Gegenteil verkehren. Auch dafür gibt es einen Fachbegriff – die *Entscheidungsparalyse.*

Dabei handelt es sich um jenen verhängnisvollen Zustand, in dem wir vor lauter Informationen nicht mehr wissen, wo uns der Kopf steht und was die beste Wahl wäre. Das Resultat ist eine Endlosspirale: Es wird immer weiter nach neuen Erkenntnissen gesucht, Details werden verglichen, die für die tatsächliche Entscheidung absolut keine Rolle spielen – Hauptsache, irgendwann kommt doch bitte endlich der Durchblick. Ein Denkfehler.

Jeder Mensch kann sich jederzeit entscheiden. Wer sagt, er oder sie könne das nicht, will in der Regel damit nur (unbewusst) Zeit schinden, mit dem ziemlich durchschaubaren Ziel, sich bloß nicht jetzt schon festlegen zu müssen. Fatal! Schon aus zwei Gründen:

1. Manche Dinge entwickeln sich eben nicht besser, wenn man sie hinauszögert, im Gegenteil: Sie werden schlimmer und die Entscheidungen fallen immer schwerer. Oder aber das Nichtentscheiden selbst ist schon ein Fehler.

2. Türen schließen sich auch wieder. Die Zahl der Chancen, die einem das Leben nur für kurze Zeit eröffnet, ist Legion. Wer dieses schmale Zeitfenster nicht nutzt, nur um weitere Fakten

zu sammeln, die am Ende doch keine spürbaren Auswirkungen auf die Qualität der Wahl haben, bereut das hinterher fast immer.

Solange wir uns nicht festlegen, müssen wir auch nicht für etwaige Konsequenzen geradestehen. Dieses Phänomen der vagen Vielleichtness lässt sich sowohl in der Politik als auch in vielen Unternehmen beobachten. Die hier zugrunde liegende Maxime lautet: Wenn ich mich zu einem Thema nicht konkret äußere, sondern abwarte, was andere sagen und machen, kann ich am Ende den besseren Eindruck hinterlassen. Wer untätig (und unentschlossen) bleibt, bis die ersten Fehler anderer ans Licht kommen, kann leicht sagen: »Wie dumm von dir! Da hätte ich mich ganz anders entschieden!«

Je mehr Menschen sich diesem Denken allerdings verschreiben, desto wahrscheinlicher ist ein kollektiver Entscheidungsstillstand. In Unternehmen wie in der Politik (insbesondere kurz vor Wahlen) kann das zur völligen Handlungsunfähigkeit führen, wenn sich alle Verantwortungsträger lieber in tugendhafter Geduld üben und auf den ersten Schritt eines anderen warten.

In der Politik geht die Strategie oft sogar auf, in der Wirtschaft aber ziehen dann meist die Konkurrenten vorbei und die eigene Firma gerät ins Hintertreffen, weil einfach nicht schnell genug reagiert wurde.

Der Held der Stunde ist dann, wer sich ein Herz und einen Entschluss fasst und damit die Dinge ins Rollen bringt – auch wenn es kein umfassendes Informationsangebot gibt, das alle Eventualitäten abdeckt und damit absolute Sicherheit suggeriert.

Das gilt im Übrigen auch im persönlichen Leben. Dazu aber ebenfalls später mehr im Buch.

WERFEN SIE EINE MÜNZE!

Mit einem simplen Trick können Sie Ihrer Entscheidungs-freude auf die Sprünge helfen:

Wenn Sie vor einer schwierigen Wahl stehen, werfen Sie eine Münze!

Sicher, das klingt total banal und auf den ersten Blick sogar widersprüchlich: Sie wollen sich ja besser entscheiden können und die Wahl nicht einer dummen Münze überlassen. Schon gar nicht bei einer wichtigen Frage mit weitreichenden Auswirkungen auf das berufliche und private Leben! Stimmt alles. Es geht aber auch gar nicht darum, was das Metallorakel sagt. In den meisten Fällen haben Sie nämlich längst eine Entscheidung getroffen. Leider ist uns diese Tatsache aber nicht bewusst, und genau deshalb ist der Münztrick so hilfreich.

Kopf oder Zahl? – Es ist egal, welche Seite der Münze beim Auffangen oben landet. Sie müssen sich das Ergebnis des Wurfes nicht einmal ansehen. Viel wichtiger: Solange die Münze noch durch die Luft wirbelt, horchen Sie bitte ganz ehrlich (!) in sich hinein, was Ihre Wunschseite ist. Genau das ist die Entscheidung, die Sie sich nur noch nicht eingestehen wollen.

Sie kennen doch sicher die Situation, dass jemand die Münze so lange wirft, bis ihm oder ihr das Ergebnis gefällt. Genauso war es, wenn wir früher Gänseblümchenblüten gezupft haben: *Er liebt mich, er liebt mich nicht, er liebt mich, er liebt mich nicht ... Mist.* Nächstes Gänseblümchen ... *Endlich, er liebt mich!*

So ein Münzwurf kann den geistigen Nebelschleier, der manche Entscheidung umgibt, beiseitewehen und eine bereits getroffene Entscheidung sichtbar machen, ohne dass man sich dabei wirklich einem 50:50 Risiko aussetzen müsste. Und falls die trübe Wolke mal etwas tiefer hängt, müssen Sie eben höher werfen, um sich etwas mehr Zeit zu verschaffen.

WER TUT SICH LEICHTER: MÄNNER ODER FRAUEN?

Bei einer Diskussion über Entscheidungsfreude kommt man an der Geschlechterdebatte nicht vorbei. Wer tut sich leichter damit: Männer oder Frauen?

Die Antwort hängt natürlich davon ab, wen Sie fragen.

Dem Männermagazin ›GQ‹ zufolge halten 80 Prozent der Männer ihre Entscheidungsfreude für eine der wichtigsten Eigenschaften ihres Geschlechts. Es dürfte wenig überraschen, dass eine vergleichbare Umfrage in einem Frauenmagazin zu entgegengesetzten Ergebnissen kam. Irgendwie ist dabei eben keiner neutral. Und so bedienen sich die meisten Quellen bei dem Diskurs mit Vorliebe bei geschlechterspezifischen Vorurteilen.

Beweisstück A: der Kleiderschrank. »Ich habe absolut nichts anzuziehen«, lautet einer jener Sätze, der bei Vertretern des männlichen Geschlechts fast genauso schnell den Fluchtinstinkt hervorruft wie der Anblick des Säbelzahntigers aus Kapitel 1. Das Szenario gilt für die Männer der Welt als Inbegriff der weiblichen Unfähigkeit, eine Entscheidung zu treffen. Hinzu kommt die Verzweiflung darüber, wie frau bei einem Kleiderschrankfüllvolumen von gefühlten 217,4 Prozent zu der Einschätzung gelangen kann, sie habe »überhaupt nichts« anzuziehen. Sie hat – mehr als genug!

Weil aber jede Medaille zwei Seiten hat, gibt es im Reigen der Stereotype auch die Gegenthese und …

Beweisstück B: das Auto. Das zweitliebste Spielzeug des Mannes dient ihm nicht nur als Statussymbol und kraftstrotzende Verlängerung des erstliebsten Spielzeugs, sondern leider auch als Hort zahlreicher Entscheidungsparalysen. Wo Frauen längst ganz pragmatisch festlegen, dass die möglichst preiswerte Kiste einen vor allem sicher und komfortabel von A nach B bringen soll, rätselt der Mann immer noch: Welche Marke? Welche Farbe? Cabrio oder Coupé? Wie viel PS? Welche Felgen? Wie viel Zoll? All die Details, mit denen sich Männer über Tage oder gar Wochen beschäftigen können, spielen für Frauen nur eine untergeordnete Rolle.

Letztlich stammen beide Beweisstücke aus der ganz tiefen Schublade der Geschlechterklischees. Also muss die Wissenschaft herhalten, um ein für alle Mal die Frage zu klären, welches der beiden Geschlechter nun mehr Entscheidungsfreude mitbringt. Die Antwort dürfte für die einen jedoch genauso überraschend kommen, wie sie für die anderen – natürlich – von Anfang an klar war: Es sind tatsächlich die Männer, die sich mit Entscheidungen leichter tun.

Es sei aber bereits vorweggenommen, dass Männer sich darauf nicht zu viel einbilden sollten, da Frauen an anderer – vielleicht sogar an einer wichtigeren – Stelle die Nase vorn haben.

So hat die männliche Entscheidungsfreude auch nichts mit all den Klischees und Vorurteilen zu tun, die hierfür regelmäßig ins Feld geführt werden. Stattdessen gibt es eine wissenschaftliche Erklärung, die in der Funktionsweise des männlichen Gehirns liegt.

Anders ausgedrückt: Männer sind nicht unbedingt besser darin, sich für eine bestimmte Option zu entscheiden, sondern besser darin, Alternativen auszuschließen. Frauen brauchen für diesen Prozess gerne mehr Zeit, versuchen, so gut es geht, die Vor- und Nachteile gegeneinander abzuwägen, und tun sich deshalb relativ schwer mit Entscheidungen.

Der Ursprung dieser männlichen Fähigkeit zum Schnellentscheid liegt im Belohnungszentrum des Gehirns, dem *Nucleus accumbens*. Dieser Bereich im vorderen Teil des Gehirns, ein Stück weit hinter und über den Augen, ist für uns von großer Bedeutung: Regelmäßig sorgt er für das gute Gefühl, das wir erleben, wenn wir etwas Schönes erwarten oder uns etwas Positives widerfährt. Man könnte auch sagen, der Nucleus accumbens beschert uns all die angenehmen Glücksmomente, die das Leben für uns bereithält, die wir aber gar nicht mitbekommen würden, wenn es ihn nicht gäbe.

Wann genau das Belohnungssystem anspringt, hängt sowohl vom Geschlecht als auch von der individuellen Persönlichkeit ab. So wird eine erhöhte Aktivität dieses Bereichs beispielsweise festgestellt, wenn Männer kurvige Autos mit starken Motoren betrachten. Aber auch unsere Lieblingsmusik oder das Lächeln eines Mitmenschen kann bewirken, dass das Belohnungszentrum aktiviert wird.

Leider hat die Sache – wie so oft – einen Haken. Derselbe Teil des menschlichen Denkapparates, der uns glücklich macht, kann uns auch zur Sucht verführen, weshalb er in der Literatur auch als Suchtzentrum auftaucht.

Sie erinnern sich doch noch an das Beispiel des Rauchers, dem es so schwer fällt, mit dem Zigarettenkonsum aufzuhören? Auch hier hat Nucleus accumbens seine Finger im Spiel: Allen schrecklichen Konsequenzen zum Trotz, löst der Rauch positive Empfindungen aus. Verantwortlich dafür ist das im Tabak enthaltene Nikotin, das sich direkt auf das Belohnungszentrum auswirkt und für die Ausschüttung von Glückshormonen sorgt. Aus genau diesem Grund geht von Nikotin eine solche Suchtgefahr aus: Das Gehirn gewöhnt sich an das Glücksempfinden, und es entsteht die unbewusste Verbindung – *um mich wohlzufühlen, benötige ich eine Zigarette!*

Interessanterweise ist bei Männern diese Region des Gehirns auch dann aktiv, wenn sie sich *gegen* etwas entscheiden, also eine Option ausschließen. Das männliche Gehirn stellt also eine Belohnung in Form eines guten Gefühls bereit, wenn Männer ihre Auswahl eingrenzen. Das männliche Gehirn sagt damit implizit:

Das hast du gut gemacht, du hast eine schlechtere Möglichkeit ausgeschlossen – dafür gibt es jetzt ein Hormonzückerchen!

Das Resultat ist: Männer entscheiden sich nicht nur schneller, sondern sind hernach auch noch besonders überzeugt davon, dass sie sich richtig entschieden haben. Kein Wunder bei dem Glückshormoncocktail, der da gerade durch ihre Venen zirkuliert.

Es tut mir leid, aber die Schöpfung war da leider ungerecht: Für Frauen bleibt eine Entscheidung mit einem deutlich größeren Aufwand verbunden, weil ihr Gehirn sie zwar mit den nötigen Informationen, aber nicht mit den passenden Emotionen versorgt.

Den Input zu analysieren, abzuwägen, auszuwerten und einzugrenzen, nimmt nicht nur viel Zeit in Anspruch – es macht eben auch keinen Spaß. Frauen erleben kein Glücksgefühl, wenn sie sich durch den Ausschluss einer Alternative ihrer endgültigen Wahl nähern. Ganz im Gegenteil: Statt des positiven Erlebnisses hat der weibliche Körper etwas anderes für sie in petto: Zweifel.

Entschuldigen Sie, dass ich noch einmal auf das klischeebehaftete Beispiel zurückkomme, aber stellen Sie sich bitte erneut die Dame vor dem Kleiderschrank vor: Anstatt zielstrebig zu entscheiden, erschweren ihr immer neue Fragen und auftauchende Zweifel die Wahl: *Will ich heute wirklich einen Rock anziehen? Bin ich nicht zu dick dafür? Wäre die schwarze Hose nicht besser, die macht doch schlanker? Hab ich überhaupt passende Schuhe für die Kombination? Und was, wenn das Wetter umschlägt, ist Schwarz dann nicht zu heiß? Apropos heiß: Wie wirkt wohl der Rock auf den netten Arbeitskollegen?*

Klar sind diese Gedanken und Zweifel zugespitzt und stereotyp formuliert, aber genau so funktioniert der Entscheidungsprozess vieler Frauen: Es fällt ihnen schwer, eine Option zu ignorieren oder auszuschließen und so zu einem raschen und weniger komplexen Ergebnis zu gelangen. Um die Unsicherheit in den Griff zu bekommen, wird gegrübelt, bis jede Eventualität bedacht ist. Das aber kostet seinen Preis: Zeit.

Es stimmt also, wenn Männer den Frauen gelegentlich vorwerfen, dass diese sich nicht entscheiden können. Ebenso hat es einen Grund, wenn Frauen der Meinung sind, der Mann würde unüberlegt, spontan oder gar impulsiv handeln. Aus der jeweiligen Geschlechterbrille sind die Vorwürfe durchaus berechtigt und nachvollziehbar.

Wahr ist aber auch: Keines der beiden Geschlechter kann etwas für seine – mehr oder weniger vorhandene – Entscheidungsfreude. Beide verhalten sich nur so, wozu ihr Gehirn sie ermuntert.

WER ENTSCHEIDET BESSER: MÄNNER ODER FRAUEN?

Falls Sie ein Mann sind, könnte es sein, dass Sie bereits ob Ihrer Entscheidungsüberlegenheit triumphieren. Das aber wäre ein Fehler. Denn nun heißt es tief durchatmen und die gleich auftretende kognitive Dissonanz ertragen …

Tatsächlich sagt die zweite, ebenso wissenschaftlich fundierte Erkenntnis: Frauen treffen die besseren Entscheidungen.

Das lässt sich zum Teil schon aus der Entscheidungsgeschwindigkeit ableiten. Frauen brauchen zwar länger, bis sie sich festlegen, sie gehen dabei aber sorgfältiger vor. Sie sammeln mehr Informationen, suchen nach Vor- und Nachteilen und legen sich einfach mehr ins Zeug, um eine *gewissenhafte* Entscheidung zu treffen. Zwangsläufig erhöht sich dadurch die Wahrscheinlichkeit, dass Frauen mit ihrer Wahl ins Schwarze treffen.

Das zeigt auch der Blick in die Führungsetagen großer Unternehmen. Zwar sitzen hier noch immer überwiegend Männer, viele Studien liefern jedoch Grund zu der Annahme, dass wichtige Entscheidungen lieber in Frauenhände gelegt werden sollten – ganz unabhängig von einer wie auch immer gearteten Frauenquote.

Warum das so ist? Die Entscheidungsfindung selbst hat bei Managern und Managerinnen einen anderen Ablauf. Für eine

Studie an der DeGroote School of Business in Kanada wurden 600 Topmanager befragt, darunter – wie bei den Verteilungen im gehobenen Management nicht anders zu erwarten – 75 Prozent Männer. Viele von ihnen waren zum Zeitpunkt der Umfrage bereits lange Jahre in ihrer Position tätig, brachten eine Menge Routine mit, wenn es um die Führung und Lenkung eines Unternehmens ging, und vereinten eine kaum messbare Erfahrung in Sachen Management. Diese machten sie sich natürlich für ihre Entscheidungen zunutze: Galt es eine Wahl zu treffen, entschieden die Männer meist nach festen Regeln und traditionellen Abläufen, die sich über die Jahre ihrer Karriere bewährt hatten.

Die Forscher stellten aber – vor allem unter den männlichen Managern – noch eine weitere Gemeinsamkeit fest: Viele fällten ihre Entscheidungen vollkommen alleine. Zwar könnte man einwerfen, dass am Ende des Tages die gesamte Verantwortung sowieso auf den Schultern des sprichwörtlichen *Entscheiders* liegt, also wäre es nur verständlich und konsequent, dass er sich dabei ungern beeinflussen oder gar reinquatschen lässt.

Doch genau das wäre die sinnvollere Variante. Im Gegensatz zu den Männern setzten die Managerinnen auf Kooperation und eine kollaborative Arbeitsweise. Sie trafen die Entscheidungen nicht alleine im stillen Kämmerchen, sondern versuchten bei ihrer Wahl auch andere Perspektiven zu berücksichtigen. Statt sich nur darauf zu fokussieren, welche Alternative die besten Aussichten für sie selbst oder das Unternehmen brachte, hatten die Frauen auch die Interessen anderer Gruppen im Blickfeld.

Das Ergebnis war ganz oft ein fairer Konsens, der sowohl für die Managementetage als auch für die Mitarbeiter, Kapitalgeber, Lieferanten und Kunden gleichermaßen zufriedenstellend war.

Natürlich wird es immer unterschiedliche Reaktionen auf Veränderungen geben, je nachdem, ob eine Frau oder ein Mann auf dem Chefsessel sitzt. Langfristige Beobachtungen aber zeigen, dass diese Unterschiede zwischen männlichen und weiblichen Managern nicht nur als einfache Differenz im Führungsstil abgetan werden können. Vielmehr bringt die weibliche Herangehensweise viele Vorteile mit sich. Oder wie Chris Bart, der Leiter des Forschungsteams an der DeGroote School of Business, sagt:

»*Wir wissen inzwischen, dass Unternehmen, die mehr Frauen in der Geschäftsführung beschäftigen, langfristig die besseren Ergebnisse erzielen. Unsere Untersuchungen zeigen, dass es nicht nur aus ethischen Gründen richtig ist, mehr Frauen im Management einzusetzen, sondern auch schlau und wirtschaftlich sinnvoll. Unternehmen, die darauf verzichten, betrügen letztlich ihre Investoren.*«

Chris Bart und sein Team sind nicht die Einzigen, die diese Meinung so klar vertreten. So konnte beispielsweise schon im Jahr 2007 ausgerechnet werden, dass Unternehmen mit einer höheren Frauenquote im Management einen um 66 Prozent höheren Return on Investment (ROI) und eine 42 Prozent höhere Umsatzrendite aufweisen.

Ohne Kennzahlen ausgedrückt, bedeutet dies einfach, dass die Unternehmen, in denen Frauen etwas zu sagen haben, wirtschaftlicher gearbeitet haben. Eine weitere Studie zeigte, dass das Risiko einer Insolvenz um satte 20 Prozent sinkt, sobald nur eine einzige Frau im gehobenen Management Platz nimmt.

Frauen brauchen zwar ein wenig länger, um ein Urteil zu fällen. Vorausgesetzt, es ist genug Zeit vorhanden, macht das Ergebnis die Warte- und Wahlzeit aber mehr als wett.

 ENTSCHEIDUNGEN MACHEN MÜDE

Wer viel zu wählen hat, büßt dabei einen Gutteil seiner geistigen Kapazitäten ein. Das hat die Psychologin Kathleen Vohs herausgefunden. Bei einem ihrer Experimente sollten sich Studenten auf einen Test vorbereiten, wurden vorher aber mit einer Kurswahl konfrontiert. Schon schnitten sie im Test schlechter ab als die Kontrollgruppe.

Beim zweiten Versuch wurden die Probanden zum Shoppen in ein Einkaufszentrum geschickt, wo es gleich eine Vielzahl an Konsumentscheidungen zu treffen gab. Anschließend unterzog sie Vohs einem Mathetest: Wieder machten die Einkaufsbummler mehr Fehler als die Kontrollgruppe, konnten sich schlechter konzentrieren und fühlten sich angestrengter als andere Teilnehmer, die sich nicht bereits durch einen Dschungel aus Entscheidungen gekämpft hatten.

Das Fazit daraus: Egal, ob wir sie freiwillig oder unter Druck treffen, ob sie Spaß machen oder nicht – Entscheidungen powern uns aus. Wer vor wichtigen Entscheidungen steht, sollte sie deshalb nicht unbedingt am Ende eines anstrengenden und – viel wichtiger noch – entscheidungsreichen Tages fällen, sondern eher auf den nächsten Morgen legen.

Denn, und hier schließt sich der Kreis: Ausgeschlafene wählen klüger.

Die Beobachtung hat wahrscheinlich jeder schon einmal gemacht: Nach einer zu kurzen Nacht sinkt die Reaktions- und Entscheidungsgeschwindigkeit deutlich. Ausgeschlafene dagegen entscheiden nicht nur schneller, sondern auch sicherer. Zu diesem Ergebnis kommt Virginie Godet-Cayré vom Centre for Health Economics and Administration Research in Frankreich. Verglichen wurde das Entscheidungsverhalten von vollkommen ausgeschlafenen Probanden und Teilnehmern von leichter Müdigkeit bis hin zu solchen mit ausgeprägten Schlafdefiziten. Ergebnis: Schon bei nur einer Stunde Schlafmangel gingen die Betroffenen höhere Risiken ein.

Die Erkenntnis ist im Straßenverkehr, aber auch bei jeder einzelnen Entscheidung relevant. Die eigenen Fähigkeiten zu über- beziehungsweise mögliche Folgen zu unterschätzen, kann je nach anstehender Wahl lebensgefährlich werden.

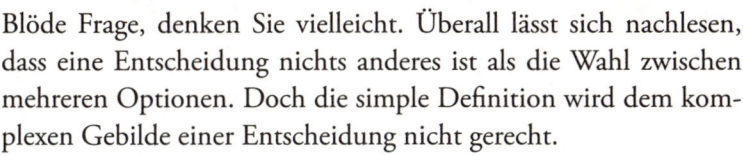

WETTEST DU NOCH ODER WÄHLST DU SCHON?

WAS SIND ENTSCHEIDUNGEN?

Blöde Frage, denken Sie vielleicht. Überall lässt sich nachlesen, dass eine Entscheidung nichts anderes ist als die Wahl zwischen mehreren Optionen. Doch die simple Definition wird dem komplexen Gebilde einer Entscheidung nicht gerecht.

Es sind eben nicht nur die offensichtlichen Alternativen, die zur Disposition stehen.

Mit jeder Entscheidung ist ein Prozess verbunden, der sowohl rationale als auch emotionale Abwägungen beinhaltet; persönliche Ziele werden geprüft, die Erwartungen der Umwelt mit einbezogen und am Ende werden Alternativen begutachtet und beurteilt. Erst wenn all diese Vorgänge abgeschlossen sind und eine der Optionen für geeignet gehalten wird, um sowohl den eigenen Bedürfnissen als auch den Vorstellungen des Umfelds gerecht zu werden, kommt es zur Wahl.

Einfach zu sagen, eine Entscheidung sei die Wahl zwischen mehreren Möglichkeiten, kommt noch nicht einmal in die Nähe einer akkuraten Definition. Das ist so, als würde man behaupten, Wein ist ein Getränk aus Traubensaft.

Um das Thema in seinem Kern zu erfassen, benötigt es ein komplexes Bild, das die verschiedenen Facetten einer Entscheidung beinhaltet, widerspiegelt und verständlich macht.

Entscheidungen, das werden Sie gleich feststellen, stecken voller Widersprüche, sodass manche der folgenden Handlungsempfehlungen nur auf bestimmte Situationen anwendbar sind. Das kann verwirrend sein und zu der schon angesprochenen kognitiven Dissonanz führen. Sorry. Um künftig bessere und bewusstere Entscheidungen treffen zu können, führt aber kein Weg daran

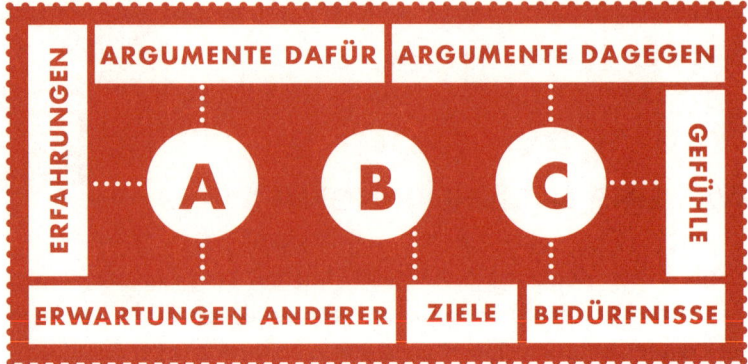

vorbei, sich alle diese Zusammenhänge und Gegensätze zunächst einmal vor Augen zu führen. Dabei beginnen wir – aus didaktischen Gründen – am Ende des Prozesses: dem Wahlausgang. Denn bei allem Abwägen, Analysieren und Aussuchen wird eines oft übersehen:

JEDE ENTSCHEIDUNG IST EINE WETTE

Der Vergleich ist ungewöhnlich, gewiss. Analysiert man aber die Haupteigenschaften einer Wette, wird der Zusammenhang mit Entscheidungen deutlich: Bei einer Wette versuchen Sie – ganz genau wie bei einer Entscheidung –, ein positives Ereignis vorherzusagen.

Hier kommt es nicht darauf an, ob Sie Ihr Geld bei einem Pferderennen aufs Spiel setzen oder versuchen, das richtige Ergebnis beim Fußball zu tippen. Der Nervenkitzel einer Wette wird weniger durch die Abgabe der eigenen Vorhersage ausgelöst, sondern durch folgende drei Faktoren:

1. **Die Zeit:** Die zeitliche Gestaltung einer Wette lässt Ihnen anfangs viele Freiräume. Es bleibt Ihnen überlassen, wie lange im

Voraus Sie beginnen, sich Gedanken über den Einsatz und einen möglichen Tipp zu machen. Allerdings folgt irgendwann ein konkreter Zeitpunkt, zu dem Sie sich festlegen und die Wette platzieren müssen. Das kann der Anpfiff beim Fußball oder der Startschuss beim Pferderennen sein. Wenn Sie zögern und diesen Zeitpunkt verpassen, gibt es für diese spezielle Wette keine Möglichkeit der Wiederholung. Auf der anderen Seite gilt aber auch, dass eine abgegebene Wette nicht mehr rückgängig zu machen ist – haben Sie sich einmal festgelegt, müssen Sie bis zum Ende abwarten, ob es so kommt, wie Sie sich das ausgemalt haben.

2. **Die Unsicherheit:** Egal, wie lange Sie sich Gedanken machen, wie viele Informationen Sie über die Beteiligten recherchieren, wie viele Expertenmeinungen Sie einholen: Sie können nie mit hundertprozentiger Sicherheit eine Wette abschließen. Es bleibt bei jeder Wette ein Restrisiko, das sich zwar minimieren, aber nie komplett auflösen lässt.

3. **Die Quote:** Dieses Restrisiko lässt sich sogar beziffern. Bei einer Wette findet es seinen Ausdruck in der Gewinnquote. Je höher das Risiko und die Verlustchancen, desto höher die Quote und damit die potenziellen Gewinnaussichten. Wer nichts wagt, kann auch nichts gewinnen und vice versa.

Na, fällt Ihnen etwas auf? Genau: Auch bei einer Entscheidung finden sich diese drei Faktoren wieder. Im Vorfeld bleibt manchmal mehr, manchmal weniger Zeit, aber irgendwann kommt der Moment, in dem man sich festlegen (vulgo: entscheiden) muss – in der Annahme, dies führe zu dem gewünschten Ergebnis. Ein Restrisiko bleibt dabei ebenfalls immer. Und je riskanter die Entscheidungen werden, desto mehr Gewinn versprechen Sie sich auf der anderen Seite.

Es gibt allenfalls einen Unterschied: Bei einer Wette dauert es in der Regel nicht allzu lange, bis man weiß, ob man gewonnen oder verloren hat. Die Folgen einer Entscheidung zeichnen sich hingegen manchmal erst nach Jahren ab. Aber im Grunde erhöht das auch nur das Restrisiko.

Das zweite charakteristische Merkmal einer Wahl ist:

JEDE ENTSCHEIDUNG FÜR ETWAS IST EINE GEGEN ZIG ALTERNATIVEN

Eine kurze Frage: Mit welcher Zahnbürste haben Sie sich heute Morgen die Zähne geputzt? Natürlich mit der eigenen. Alles andere wäre auch igittigitt. Aber wie die meisten Menschen kaufen vermutlich auch Sie schon seit Jahren dasselbe Modell, ohne sich großartig Gedanken darüber zu machen. Weiche Borsten und ein flexibler Kopf – das ist womöglich Ihre bevorzugte Variante. Damit schließen Sie gleichzeitig alle anderen Modelle aus.

Warum erzähle ich Ihnen das? Bei einer trivialen Entscheidung wie dieser entsteht sicher keine veritable Sinnkrise, falls sie falsch war. Harte oder mittelharte Borsten – pff, was macht das schon für einen Unterschied? (Zahnärzte mögen das anders sehen.) Das ändert sich aber, sobald es um mehr als ein schnödes Mundreinigungsinstrument geht. Spätestens bei der Partnerwahl spüren Sie die volle Tragweite des Dilemmas: Solange wir uns für die Monogamie entscheiden, kann es eben nur diese eine Frau, dieser eine Mann sein – ewige Liebe und Treue und schwups, sind all die anderen raus aus dem Rennen. Theoretisch.

Jetzt die entscheidende Frage: Wie zufrieden sind Sie mit Ihrer Wahl? Okay, solange die Schmetterlinge im Bauch noch Tango tanzen, fällt die Antwort leicht. Aber wehe, die Musik hört auf zu spielen …

Erstaunlicherweise sind die wenigsten Menschen mit ihrer Wahl zufrieden. Geschweige denn lange. Kurz nachdem sie sich festgelegt haben, beschleicht sie schon das Gefühl, etwas zu verpassen. Dummerweise achten wir Menschen häufiger auf den mit einer Entscheidung verbundenen Verlust und trauern diesem hinterher, als uns über das Objekt unserer Wahl zu freuen. In der Liebe ist es da nicht anders als mit Dingen: Was rar ist und was wir nicht so leicht haben können, das begehren wir; was wir schon besitzen, sinkt rapide im gefühlten Wert. Wir sind eben durch und durch Jäger und Sammler: die einen Schürzenjäger, die anderen Schuhesammler.

Dan Ariely, ein weltweit anerkannter Verhaltensökonom und Professor am Massachusetts Institute of Technology (MIT), erforscht das Phänomen der Verlustangst schon seit Jahren. Ausgerechnet eine seiner Studentinnen, Dana, inspirierte ihn anfangs dazu.

Dana konnte sich nicht zwischen zwei Männern entscheiden. Ihre langjährige Beziehung lief nicht mehr so richtig, das anfängliche Feuer der Leidenschaft war erloschen, und sie hatte das Gefühl, nur noch aus Gewohnheit mit ihrem Freund zusammen zu sein. Dann lernte Dana eines Tages einen anderen Mann kennen und verliebte sich Hals über Kopf. Von ihrer alten Beziehung konnte sie sich dennoch nicht lösen.

Ariely wurde aus dem Verhalten seiner Studentin nicht schlau, er fragte sich: Warum riskierte Dana die Chance auf eine glücklichere Beziehung mit dem neuen Mann, nur weil die Möglichkeit bestand, irgendwann ihren langjährigen Freund doch wieder mehr zu lieben?

Ariely ahnte natürlich, dass Dana nicht die Einzige war, die Schwierigkeiten hatte, bestehende Optionen auszuschließen und sich auf eine neue festzulegen. Ein Experiment, das er sich zusammen mit Jiwoong Shin ausdachte, einem Kollegen von der Yale Universität, sollte die Antwort liefern.

Die beiden übertrugen Danas Dilemma auf ein Computerspiel, das »Türenspiel«. Und das funktioniert so:

Auf dem Bildschirm sind drei Türen zu sehen – eine blaue, eine rote und eine grüne. Mit einem Mausklick können die Spieler eine der drei Türen öffnen und einen Raum betreten. Dort erscheinen drei weitere Türen – wieder blau, rot und grün. In jedem dieser Räume liegt Geld in unterschiedlicher Höhe, das eingesammelt werden kann. Das Ziel des Spiels ist, mit maximal 100 Klicks das meiste Geld einzuheimsen und jene Türen zu finden, hinter denen sich möglichst hohe Geldbeträge verstecken.

Eigentlich ein simples Spiel. Allerdings beobachtete Ariely Folgendes: Die Teilnehmer, die das meiste Geld gewannen, erforschten erst in Ruhe alle Räume, fanden so heraus, dass sich hinter den grünen Türen stets das meiste Geld verbarg und legten sich schließlich darauf fest. Scheinbar fiel es diesen Teilnehmern ganz und gar nicht schwer, sich auf eine Option zu beschränken.

Das Spielkonzept hatte jedoch einen Haken: Es war unrealistisch. Die Teilnehmer durften nach Herzenslust alle bestehenden Optionen ausprobieren und mussten sich erst dann für eine entscheiden. In der Realität besteht diese Möglichkeit nur selten. Schon gar nicht bei der Partnerwahl.

Denken Sie nur an die Studentin Dana: Erst mal mit allen Männern auf dem Campus ein Verhältnis haben, schauen, ob die Chemie stimmt und dann wählen – das wäre ein ziemlich promiskuitives Leben mit einem noch interessanteren Ruf. Und wohl kaum alle Männer würden geduldig darauf warten, bis Dame Dana bewusst wird, mit wem sie letztlich zusammen sein will.

Also modifizierte Ariely das Spiel: Jede Tür, die nicht geklickt wurde, schrumpfte. Nach zwölf Fremdklicks verschwand sie sogar ganz. Und siehe da: Das Verhalten der Teilnehmer änderte sich schlagartig.

Die Spieler öffneten eine Tür, sagen wir, die rote, und stellten fest, dass die blaue und grüne Tür immer kleiner wurden. Es dauerte nicht lange, bis sie hektisch von einer Tür zur anderen klickten, nur um zu verhindern, dass eine von ihnen verschwand. Das eigentliche Ziel – die höchsten Geldbeträge zu finden – verloren sie vor lauter Verlustangst aus den Augen. Am Ende gingen sie mit einer deutlich kleineren Summe nach Hause – ganze 15 Prozent weniger – als bei der ersten Variante des Spiels.

Der unwiderstehliche Drang, sich alle Optionen offenzuhalten, hat also einen hohen Preis: Indem wir hin und her springen zwischen den Dingen, die wichtig sein könnten, verlieren wir das, was wirklich wichtig ist, aus dem Blick.

❓ KOPFNUSS: WEN NEHMEN SIE MIT IM AUTO?

Apropos das große Ganze aus den Augen verlieren: Dazu gibt es eine hübsche Kopfnuss, die angeblich in den USA in einem Bewerbungsgespräch eingesetzt wurde und später in dem Kinofilm ›16 Blocks‹ mit Bruce Willis als Running Gag fungierte:

Stellen Sie sich vor, Sie fahren mit Ihrem Auto über eine einsame Landstraße in einer eiskalten, gefährlich-stürmischen Nacht. Als Sie eine Bushaltestelle passieren, sehen Sie dort drei Menschen:

a) Eine alte Dame, die offenbar dem Tode nahe ist und ins Krankenhaus muss.

b) Einen alten Freund, der Ihnen einmal das Leben gerettet hat.

c) Ihren Traumpartner, nach dem Sie schon Ihr ganzes Leben suchen.

Das Dilemma: Sie können nur eine Person mitnehmen. Wem bieten Sie den Platz in Ihrem Auto an?

Instinktiv denkt fast jeder zuerst an die alte Dame, die sonst womöglich stirbt. Eindeutig die humanste Entscheidung. Aber ehrlich?

Da ist schließlich auch der alte Freund, dem man einen Gefallen schuldet. Er appelliert an das Pflichtgefühl. Andererseits: Wie oft bekommt man im Leben die Chance, die große Liebe zu finden? Diese Gelegenheit verstreichen zu lassen, könnte Sie ein Leben lang verfolgen. Ein echtes moralisches Dilemma also. Tatsächlich zielte der Test allein darauf ab, etwas über den Charakter des Kandidaten, seine Entscheidungsstärke und Kreativität in Grenzsituationen zu erfahren. Hier gibt es kein »Richtig« oder »Falsch«. Also: Wie hätten Sie entschieden? (Und bitte nicht sofort weiterlesen.)

Der Kandidat fand damals eine besonders originelle Lösung, die dafür gesorgt hat, dass sich die Geschichte bis nach Hollywood herumsprach: Der Bewerber schlug vor, das Auto seinem Freund zu geben, damit der die alte Dame ins Krankenhaus bringen konnte, während er selbst mit seiner Traumpartnerin auf den Bus warten wollte. Clever!

Manchmal erreichen wir eben mehr, wenn wir über scheinbare Spielgrenzen hinausblicken. Manchmal bekommen wir so einen Job. Und manchmal sogar einen Traumpartner.

Mit ihrer Lust am Erhalt von Optionen setzen Eltern oft ihrem Nachwuchs zu: Klavierunterricht, Englisch, Judo und Ballett – manche hetzen ihre Kinder bereits im zarten Alter von fünf Jahren von einem Kurs zum anderen nach dem Motto: »Mein Jonas / meine Lena soll einmal die besten Chancen haben!« Der Tag wird dabei so präzise durchgeplant wie der Ablauf eines Marinemanövers. Nur: Auf der Strecke bleibt dabei das Kind, das vielleicht gerade nur das sein will: ein Kind.

Was sich gegen diesen Hang tun lässt?

Der erste Schritt ist mit dieser Lektüre schon gemacht: Sie vergegenwärtigen sich gerade, dass wir Menschen einen irrationalen

Drang haben, uns möglichst lange alle Türen offenzuhalten. Sie wissen aber auch: Es wird dadurch nicht besser.

Der zweite Schritt ist, bewusst einige der zur Wahl stehenden Türen zu schließen. Selbstmanagement-Profis nennen das auch einfach: sich fokussieren. Ja, Sie verpassen so ein paar Optionen. Aber wenn das, was Sie gewählt haben, Sie glücklich macht: Wo ist der Verlust? Das Gras auf der anderen Wiese mag immer grüner aussehen, aber besser schmecken und bekömmlicher sein muss es deswegen nicht.

Sich zu fokussieren, kann bedeuten, nicht auf jedes Event, jeden Kongress, jede Party zu gehen, nur weil viele andere auch da sind und der Hotspot gerade angesagt ist. Es kann auch bedeuten, im nächsten Urlaub nicht nach Neuseeland zu fahren, nur weil da schon alle Ihre Freunde waren. Na und?! Jede Entscheidung für EINE Sache ist eine gegen ihre VIELEN Alternativen. Gut so! Dafür gab es schließlich Gründe. Und zwar ganz individuelle. Und das sind die besten.

 ## ENTSCHEIDUNGSFALLE: DER DOUBLE BIND

In der Psychologie gibt es eine Art Entscheidungsfalle, die seinerzeit häufig vom Hypnotherapeuten Milton H. Erickson verwendet wurde – jedoch zu rein therapeutischen Zwecken. Heute dient sie eher als rhetorische Figur, aus der man nicht mehr herauskommt – der sogenannte *Double Bind*.
In diesem Fall steht das gewünschte Ergebnis bereits fest, dem Opfer wird aber – zum Schein – die Chance gelassen, sich zwischen zwei oder drei Alternativen zu entscheiden. Eltern setzen diese perfide Technik nur allzu gerne und oft unbewusst bei der Erziehung ein, Motto: »Möchtest du erst die Hausaufgaben machen und dann spielen – oder erst 20 Minuten spielen und dann die Hausaufgaben machen?«

So oder so: Die Hausaufgaben werden in der nächsten halben Stunde gemacht, das Kind hat nicht wirklich eine Wahl. Im MyMonk-Blog entdeckte ich ein weiteres schönes Beispiel von Andreas Gauger, wie es womöglich auch in anderen Beziehungen vorkommt:

Eine Frau schenkt ihrem Mann zu Weihnachten zwei Krawatten. Die gefallen ihm beide so gut, dass er eine davon gleich am nächsten Morgen anzieht. Die Frau sieht das, setzt einen skeptischen Blick auf und sagt zu ihrem Mann: »Die andere Krawatte hat dir wohl nicht gefallen?«

Über die Geschichte kann man als Unbeteiligter schmunzeln. Aber eben nur als Unbeteiligter. Tatsächlich können Kommunikationskulturen, die auf Double-Bind-Botschaften basieren, Beziehungen enorm belasten und mit der Zeit zerstören – in der Familie genauso wie im Job.

Die Scheinwahl wird früher oder später erkannt und damit die fast schon erpresserische Manipulation. Die dann einsetzende Ohnmacht und die Erkenntnis, trotz Optionen gar keine Wahl gehabt zu haben, schlagen schließlich in Bitterkeit und Wut um. Für Beziehungen ist das Gift pur.

DARF'S EIN BISSCHEN MEHR SEIN?

WIR BRAUCHEN WENIGER OPTIONEN, ALS WIR DENKEN

Bunte Gläser in allen möglichen Formen und Größen stehen dicht an dicht in einem meterhohen Regal, das sich über die gesamte Breite der Wand erstreckt. Etiketten mit geschwungener Schrift und verführerisch aussehenden Früchten sind darauf geklebt: Erdbeer-Rhabarber, Heidelbeer-Vanille oder Apfel-Zimt – die kleinen Marmeladengläschen tragen Namen, die einem das Wasser im Mund zusammenlaufen lassen. So man Marmelade mag.

Wir leben im Schlaraffenland: Ein Supermarkt hat bis zu 40 000 verschiedene Produkte im Angebot. Das schließt ein breites Sortiment an Marmeladen und Konfitüren mit ein. Für welche würden Sie sich entscheiden? Und noch während Sie an der Kasse stehen, um Ihre Erdbeermarmelade zu bezahlen, fragen Sie sich, ob Sie nicht doch Pfirsich hätten nehmen sollen …

Klar, vielleicht geht Ihnen das bei Marmelade nicht so. Sie greifen generell zu Erdbeer oder Kirsch. Oder zu Herzhaftem. Aber das Dilemma kennen wir alle. Einkaufen kann furchtbar anstrengend sein. Versuchen Sie heute mal eine Jeans zu erstehen! Das ist schon lange keine Fünf-Minuten-Angelegenheit mehr, sondern eine Wissenschaft für sich: super skinny, high waist, low ankles, bootcut, mit Knöpfen oder Reißverschluss, used-look oder stonewashed … Wie soll man sich da noch entscheiden können? Und tatsächlich: Je zahlreicher die Optionen, desto unmöglicher wird die Wahl.

Es war einer dieser typischen Shoppingsamstage, als die Psychologin Sheena Iyengar von der Columbia Universität in New York und ihr Kollege Mark Lepper loszogen, um die optimale Auswahlmenge zu erforschen. Im Eingangsbereich eines Supermarkts bauten die beiden einen kleinen Probierstand auf.

Vorbeigehenden Kunden boten sie Toastbrothäppchen mit verschiedenen Marmeladen an. Mal waren es sechs Sorten, die die Kunden testen konnten, mal stolze 24. Schon bald aber machten die Forscher eine erstaunliche Beobachtung: Bei einer größeren Auswahl probierten 60 Prozent der Kunden mindestens eine Marmeladensorte. Das große Sortiment schien viele Kunden anzulocken. Doch nicht einmal zwei Prozent von ihnen kauften tatsächlich ein Glas Marmelade. Die kleine Auswahl dagegen verführte vergleichsweise weniger Kunden zum Probieren – nur rund 40 Prozent. Von diesen aber nahmen ganze 12 Prozent ein Glas mit nach Hause.

Wir wünschen uns ein großes Sortiment, sind aber gleichzeitig davon überfordert. Wie lässt sich dieses Paradox erklären?

Eine große Auswahl fasziniert. Die Wahrscheinlichkeit, dass wir unter den zur Verfügung stehenden Optionen eine finden, die uns gefällt, steigt mit ihrer Anzahl. Das heißt, der potenzielle Nutzen steigt. Zugleich erfordert die Entscheidung mehr Mühe und Zeit, weil die Unterschiede gegeneinander abgewogen werden müssen. Das ist der Punkt, an dem sich viele verzetteln: Sie sehen sprichwörtlich den Wald vor lauter Bäumen nicht.

Ein Trick, diesem Dilemma zu entkommen, ist, Kategorien zu bilden. Als Sheena Iyengar und ihr Kollege das Marmeladenexperiment mit Zeitschriften wiederholten, sollten sich die Teilnehmer aus 144 Magazinen für eines entscheiden. Das aber fiel ihnen trotz größerer Vielfalt deutlich leichter und sie waren auch mit der Wahl hernach zufriedener. Sie konnten nämlich die Zeitschriften in Kategorien einteilen, wie Lifestyle-Magazine, Kochjournale oder Modezeitschriften. Wer sich etwa nur für Mode interessierte, hatte dann natürlich keine 144 Periodika mehr zur Auswahl, sondern allenfalls noch ein knappes Dutzend.

Wie viele Optionen wären also optimal für uns? Drei, zehn oder mehr? Und lässt sich das überhaupt so genau sagen?

Die Wirtschaftswissenschaftler Elena Reutskaja und Robin Hogarth von der Universität Pompeu Fabra in Barcelona wollten das herausfinden. In einem Versuch präsentierten sie den Teilnehmern Schachteln, die sich in Form und Farbe unterschieden. Die Aufgabe lautete: Welche Box würden Sie wählen, um darin ein Geschenk für einen Freund zu verpacken?

Dabei erhöhten Reutskaja und Hogarth mit jeder Runde die Zahl der Schachteln. Mal konnten die Teilnehmer aus fünf Schachteln wählen, dann waren es zehn, dann 15 und schließlich 30. Es zeigte sich: Bei bis zu zehn Boxen waren die Teilnehmer deutlich zufriedener mit der Wahl als bei nur fünf Alternativen. Doch schon ab 15 Schachteln sank die Entscheidungsfreude massiv. Und bei 30 Boxen verloren die Probanden vollkommen den Überblick. Das Optimum befindet sich demnach irgendwo zwischen fünf und zehn Optionen.

Aber was wäre bei einer Auswahl von weniger als fünf Schachteln? Weniger ist doch mehr, richtig?

Nicht ganz. Mit einer so geringen Varietät waren die Teilnehmer genauso unzufrieden wie mit 15 Boxen. Der Grund: Eine kleine Auswahl kann genauso überfordernd sein wie eine zu große.

Dazu ein Beispiel aus meinem Freundeskreis: Mein Freund Ingo wollte sich einen Wohnwagen kaufen. Nachdem er sich etwas umgesehen hatte, blieben zwei Modelle übrig. Beide waren sich sehr ähnlich. Monatelang überlegte er hin und her. Als er sich schlussendlich entschieden hatte, waren die Sommer- und die Herbstferien vorbei. Ingo hatte zwar nun einen Wohnwagen. Die Gelegenheit, mit seiner Familie zu verreisen, hatte er aber erst mal verpasst. Ihm erging es letztlich wie Buridans Esel – wenn auch mit besserem Finale.

 ## BURIDANS ESEL

Es war einmal ein hungriger Esel. Auf der Suche nach Futter kam er an einer Scheune vorbei und fand dort zwei Heuhaufen. Verdutzt blieb er stehen: Welchen sollte er wählen? Den größeren natürlich. Er sah genau hin und stellte fest, dass beide Haufen gleich groß waren. Gut, dann wähle ich den näheren, dachte sich der Esel. Dumm nur, dass beide auch noch gleich weit weg waren. Stunden vergingen. Der Esel konnte sich einfach nicht entscheiden. Am Ende verhungerte das arme Tier genau in der Mitte der beiden Heuhaufen.

Das Gleichnis stammt angeblich aus der Feder von Jean Buridan, einem französischen Philosophen, Physiker und Logiker, weshalb die Geschichte auch ›Buridans Esel‹ genannt wird. Sie findet sich allerdings nirgendwo in seinen Schriften.

Macht aber nichts, denn so oder so zeigt das Gleichnis das Wechselspiel zwischen Wille und Verstand: Kommt der Verstand zu keiner eindeutigen Wahl (»*Linker Haufen oder rechter?*«), verliert der Wille seine Wirkung (»*Ich habe Hunger und will fressen*«).

Beide Geschichten illustrieren die Folgen der Unentschlossenheit. Der Esel dachte nicht ans Verhungern, und Ingo dachte nicht an all die Reisen und Ausflüge, die er und seine Familie in der Zwischenzeit hätten unternehmen können. Die Unterschiede zwischen beiden Optionen waren so marginal, dass dem Esel sicher der eine wie der andere Heuhaufen geschmeckt hätte. Ebenso wäre Ingo wahrscheinlich mit beiden Wohnwagen zufrieden gewesen. Beide hätten sich die Entscheidung deutlich leichter machen können.

Warum machten sie es sich dann so schwer?

Das Problem besteht immer dann, wenn die Auswahlmöglichkeiten in etwa gleich verlockend erscheinen. Je ähnlicher sich die Optionen sind, desto schwerer können wir uns entscheiden.

Bei zwei Alternativen wird das am deutlichsten. Bei drei und mehr Wahlmöglichkeiten verhält es sich aber kaum anders. Das stellte zum Beispiel die Wirtschaftswissenschaftlerin Barbara Fasolo von der London School of Economics fest. Sie entdeckte unter anderem, dass es uns leichter fällt, bei Joghurt zwischen den Geschmacksrichtungen Vanille, Erdbeere oder Natur zu wählen. Sollen wir hingegen zwischen Erdbeere, Himbeere oder Heidelbeere entscheiden, finden wir das ungleich schwerer.

Die Quintessenz daraus: Nicht nur die Anzahl der Wahlmöglichkeiten ist ausschlaggebend, sondern auch deren Unterschiedlichkeit: Können wir klare Unterschiede feststellen, fällt uns eine Entscheidung leichter.

DER DECOY-EFFEKT: DIE HILFREICHE ALTERNATIVE

Nicht nur unterschiedliche Optionen können eine Entscheidung erleichtern. Hilfreich für die Meinungsbildung kann es paradoxerweise sein, eine vollkommen abwegige Alternative in die Wahl mit aufzunehmen.

Wissenschaftlich spricht man hier vom *Decoy-Effekt* – also vom Köder- oder Ablenkungseffekt. Danach fällt uns eine Entscheidung leichter, wenn zu den bestehenden Alternativen eine weitere Wahlmöglichkeit hinzukommt, auch wenn diese offensichtlich schlechter ist oder mit großer Wahrscheinlichkeit keinen Erfolg verspricht.

Als Entdecker des Phänomens gilt der Marketingprofessor Joel Huber. Dieser stellte bereits Anfang der 1980er-Jahre seine Probanden vor eine schwierige Wahl: Essen gehen in einem weiter entfernten Fünf-Sterne-Restaurant oder doch lieber im nahegelegenen Drei-Sterne-Lokal? Unter den Befragten herrschte große Ungewissheit, da keiner die Qualität der beiden Optionen wirklich einschätzen konnte. Also erweiterte Huber die Auswahlmöglichkeiten und offerierte zusätzlich ein Vier-Sterne-Restaurant, das allerdings am abgelegensten war.

Im Grunde handelt es sich dabei um eine klassische Nicht-Information. Die neue Option lieferte keine neuen Erkenntnisse zu den beiden anderen Gasthäusern. Trotzdem waren sich die Testteilnehmer auf einmal sicher, sich für das 5-Sterne-Restaurant entscheiden zu wollen.

Auch wenn die neue Option keinen wirklichen Mehrwert geliefert hatte, erleichterte sie doch die Entscheidung. Der Köder fungierte als Maßstab, der es ermöglichte, die bereits bestehenden Optionen miteinander zu vergleichen. Den Probanden wurde klar, dass fünf Sterne besser sind als drei. Das wussten sie zwar auch schon vorher, doch der vermeintliche Nachteil der räumlichen Distanz verflüchtigte sich erst, als die neue Option suggerierte, dass es eine noch viel weiter entfernte Möglichkeit gab.

Auch das Marketing macht sich den Decoy-Effekt regelmäßig zunutze. Für Produkte, bei denen hauptsächlich zwei Kriterien für die Kaufentscheidung relevant sind – beispielsweise Preis und Qualität – wird ein entsprechendes Köderangebot erstellt. Dieses ist nicht als realistische Alternative gedacht, sondern soll den Absatz eines der bestehenden Angebote steigern.

Der Köder ist dabei eindeutig schlechter als die Alternative, die der Anbieter gerne besser vermarkten würde. Im Vergleich zum zweiten bestehenden Angebot, ist der Decoy in einer Eigenschaft besser, während er in der anderen schlechter abschneidet.

Viele Kunden reagieren auf diesen Trick gleich: Sie fallen voll auf den Köder herein und entscheiden sich schnell für genau die Alternative, die ihnen das Marketing andrehen wollte.

JETZT NICHT – SPÄTER!

AUCH EINE WAHL:
ABWARTEN KÖNNEN

Jacob Veldhuyzen van Zanten war sicher ein gewissenhafter Mensch. Er hatte klare Werte: Pünktlichkeit, Genauigkeit, Ehrlichkeit. Das machte ihn zu einem der besten und erfahrensten Piloten weltweit. Eine vorschnelle Entscheidung aber reichte aus, um das alles aus den Angeln zu heben und Hunderte Passagiere in den Tod zu reißen.

Wache, freundliche Augen schauen einen an. Ein strahlendes Lächeln zeigt sich auf dem Gesicht des Mannes, dessen ergrautes Haar und leichte Falten auf der Stirn von seiner Erfahrung zeugen. Über 11 000 Flugstunden liegen hinter ihm. Weißes Hemd, dunkelblaue Krawatte, goldene Schulterstücke – seine Uniform verleiht ihm Ansehen und spiegelt hohe Professionalität. Er sitzt im Cockpit vor unzähligen Kontroll- und Bedienelementen, ist in seinem Element, blickt über die Schulter, als wolle er sagen: »Hallo, ich bin Ihr Kapitän.« Ruhe und Selbstsicherheit liegen in seinem Blick. Würden Sie so einem Menschen nicht auch vertrauen? Natürlich würden Sie!

Wahrscheinlich war das auch ein Grund dafür, dass die niederländische Fluggesellschaft KLM sich dafür entschied, mit ihrem dienstältesten Piloten Jacob Veldhuyzen van Zanten in ihrem Bordmagazin zu werben. »Ihr Vertrauen wird aufrichtig erwidert«, steht da. Zynisch klingt dieser Satz heute, wenn man bedenkt, was am 27. März 1977 passierte.

Die Boeing 747 »Rijn« sollte van Zanten von Amsterdam nach Gran Canaria fliegen und auf dem Rückweg neue Passagiere in die Niederlande bringen. Routine eigentlich. An diesem Tag aber war alles anders.

In Gran Canaria explodierte eine Bombe. Der Flughafen wurde

gesperrt. Der erfahrene Pilot ließ sich davon nicht aus der Ruhe bringen. Erst kürzlich hatte er ein entsprechendes Training absolviert. Als Alternative flog er die nahegelegene Insel Teneriffa an. Es war ein kleinerer Flughafen mit nur einer Startbahn, der an diesem Tag heillos überlastet war, denn alle Urlaubsflieger, die nach Gran Canaria wollten, landeten jetzt dort. Das Personal vor Ort war der Situation nicht gewachsen. Damit kam es zwangsläufig zu Verzögerungen.

Van Zanten wollte so schnell wie möglich wieder weg. Bis zu seiner gesetzlich vorgeschriebenen Ruhezeit waren es nur noch wenige Stunden. Hielt er diese nicht ein, konnte das Gefängnis bedeuten. Aber eine Nacht auf der ausgebuchten Urlaubsinsel wollte er sich und seinen Passagieren ersparen. Also tat er alles in seiner Macht stehende, um Zeit zu gewinnen: Er ließ umgehend das Flugzeug auftanken, um so bald wie möglich wieder in Richtung Niederlande fliegen zu können. In der Zwischenzeit legte sich Nebel über das Gelände. Würde er noch dichter werden, würde auch dieser Flughafen gesperrt werden.

In diesem Moment traf van Zanten die folgenschwere Entscheidung zu starten. Doch seine Hast blendete ihn. Der erfahrene Pilot verfiel in blinden Aktionismus.

Er rollte also auf die Startbahn. In den Nebelschwaden konnte er kaum überblicken, was vor ihm geschah. Sein Erster Offizier Klass Meurs versuchte ihn aufzuhalten und wies darauf hin, dass der Tower noch keine Starterlaubnis erteilt hatte. Doch van Zanten ignorierte das. Er hatte den Flieger bereits beschleunigt und war bereit abzuheben. Dann passierte es: Wie aus dem Nichts tauchte eine weitere Boeing 747 auf, eine Pan-Am-Maschine. Ausweichen, bremsen – beides unmöglich. In Panik zog van Zanten das Flugzeug steil nach oben. Das Heck schrappte über den Asphalt, die blau-weiße Nase der KLM schaffte es noch über die Pan-Am-Maschine hinweg. Sekunden später aber riss er mit dem Heck das Dach des anderen Flugzeugs auf. Die KLM-Maschine flog noch wenige Meter. Dann explodierte sie.

Die Katastrophe ist ein tragisches Beispiel dafür, wie voreilige und kopflose Entscheidungen wirken können. Untätigkeit fällt vielen schwer, oft fühlt sie sich falsch an. Dann neigen wir dazu, aktiv zu werden, ohne es zu müssen, Entscheidungen zu treffen und drauflos zu handeln.

Aktionismus nennen das die einen, *Action Bias* heißt das Phänomen in der Wissenschaft. Auch das ist ein Überbleibsel aus unseren Jäger-und-Sammler-Tagen in der Steinzeit: Nur wer aktiv blieb und blitzschnell reagierte, überlebte.

Besonnenheit ist eher eine Entwicklung der Neuzeit. Vor allem wenn eine Situation neu und unklar ist, wir die Umstände nicht einschätzen können, fallen wir in steinzeitliche Verhaltensmuster zurück. Der Action Bias gewinnt die Oberhand: Wir tun einfach irgendetwas – egal, ob es hilft oder nicht.

Im Stau wechseln wir ständig die Spuren, obwohl Verkehrsforscher längst nachgewiesen haben, dass das überhaupt nichts bringt. Im Gegenteil: Der Stau wird durch die vielen Manöver und das Bremsen der anderen nur länger. Im Job werfen wir schon nach dem ersten Jahr die Flinte ins Korn und sehen uns nach einer Alternative um, obwohl wir uns beim nächsten Arbeitgeber noch mal einer Probezeit unterziehen müssen und keine Garantie dafür haben, dass sich die Geschichte nicht doch wiederholt.

Abwarten können ist eine Tugend, die auch eine Form der Entscheidung darstellt. Wenngleich man nicht unbedingt sofort auf sie kommt. Übertriebener Handlungsdrang kann Situationen verschlimmern. Zum Glück sind die Folgen nicht immer so verheerend wie bei dem KLM-Piloten.

Britische Wissenschaftler haben einmal für eine Studie Polizisten bei der Arbeit zugeschaut und dabei den Nutzen des Abwartens beobachtet.

Dabei ging es jeweils um den Einsatz bei lautstarken Auseinandersetzungen vor Nachtclubs. Waren junge, übereifrige Beamte vor Ort, griffen die sofort ein; erfahrene Ordnungshüter hingegen warteten erst einmal ab. Diese Situation beobachteten die Wissenschaftler immer wieder und verglichen beide Handlungsweisen miteinander. Ergebnis: Reagierten die Polizisten zurückhaltend, nahmen sie sich Zeit, löste sich der Streit häufiger von selbst. Und es gab weniger Verletzte.

Einfach abwarten, das klingt natürlich leicht. In der Praxis ist das ungleich schwerer. Viel zu oft sitzen wir auf heißen Kohlen und hätten am liebsten alles-jetzt-sofort. Für manche Entscheidungen ist dies fatal. Zugegeben, die Kunst ist, herauszufinden, wann man besser abwartet und besser sofort handelt. Aber dazu kommen wir noch …

WU WEI – DIE PASSIVE ERFOLGSSTRATEGIE

In Asien kennt man die Philosophie und Strategie des *Wu Wei*. Der Begriff stammt aus dem Taoismus und bedeutet das Gegenteil von blindem Aktionismus. Er steht für »geschehen lassen«. Oder anders formuliert: Wu Wei bedeutet Handeln durch Nicht-Handeln sowie ohne sich anzustrengen. Damit handelt es sich um eine Art kreative Passivität.

Natürlich ist das keine Entschuldigung für notorische Faulenzer oder phlegmatische Aussitzer. Aber die entspannte uneilige Haltung kann sowohl Entscheidungen verbessern, als auch zu mehr Lebensqualität führen.

Wer die Methode des bewussten Abwartens nutzen will, braucht dazu allerdings noch eine wichtige Tugend: Gelassenheit. Die schon von den antiken Griechen verehrte Eigenschaft setzt darauf, die eigenen Begierden und Emotionen in Schach zu halten, um, wie es der römische Philosoph Lucius Annaeus Seneca bemerkte, am Ende befriedigt festzustellen, »dass der Geist dem Körper überlegen ist«.

Die Kölner haben hierzu zwei schöne Maximen etabliert, die sich so auch in der Empfangshalle am Terminal D des Kölner Flughafens finden lassen: »Et kütt wie et kütt« (*Es kommt, wie es kommt*) und »Et hätt noch immer jot jejange« (*Es ist noch immer gut gegangen*). In diesen Sinnsprüchen liegt nicht nur eine bewundernswerte Seelenruhe – sie zeigen ebenso, dass Gelassenheit vor allem eines ist: Einstellungssache.

Diese innere Coolness ist uns keineswegs angeboren. Selbstbeherrschung und Lebenserfahrung bilden dazu jeweils ein Drittel. Das letzte Drittel ist die Sicht der Dinge: Wie wir uns selbst betrachten oder unsere Situation bewerten, beeinflusst unser Handeln. Und da es dazu keinen objektiven Maßstab gibt, bleibt es allein uns überlassen, wie wir etwas beurteilen und uns entscheiden.

Die gute Nachricht lautet: Gelassenheit lässt sich trainieren. Die schlechte: Es ist anstrengend und kostet Zeit. Dafür können Sie es im Alltag in zahlreichen kleinen Schritten üben – etwa so:

ÜBERPRÜFEN SIE DIE EIGENE WAHRNEHMUNG.

Was ist genau passiert? Ist das schlimm? Vor allem aber: Was sind wirkliche Folgen und was nur eingebildete? Indem Sie Ihre Wahrnehmung trainieren und angebliche Dramen auf einen Sketch reduzieren (was meist viel realistischer ist), werden Sie sofort gelassener.

ENTSCHEIDEN SIE SICH BEWUSST.

Auch hier gilt: Es ist Ihre Entscheidung, wie Sie mit einem Ereignis umgehen. Machen Sie sich klar, Sie alleine haben die Wahl, ob Sie gelassen bleiben wollen oder aus der Haut fahren.

HINTERFRAGEN SIE IHRE WORTWAHL.

Klingt banal, aber so werden unbewusst aus Mücken Elefanten: Sprechen Sie gerne von »Megaproblemen«, »katastrophalen Zahlen«, »furchtbaren Desastern«, »Epic Fail«? Nicht? Gut. Denn Katastrophen-*Sprecher* sind auch Katastrophen-*Denker*. Eine derart übersteigerte XXL-Sprache erzeugt erst recht das Gefühl von Ohnmacht.

Natürlich kommt irgendwann der Augenblick, in dem man entscheiden und handeln muss. Teilweise aber wesentlich später als man selber meint.

Gelassen zu bleiben, Kraft zu sammeln und die Zeichen der Zeit zu erkennen, ist oft klüger – und erfolgreicher.

NICHT ENTSCHEIDEN IST EINE OPTION – ABER NICHT DIE BESTE

Der Anspruch, die perfekte Wahl zu treffen, übt enormen Druck auf uns aus. Einige können mit diesem Druck gut umgehen, laufen vielleicht sogar zu Höchstleistungen auf. Andere fühlen sich überfordert, sind geradezu paralysiert – oder schieben diese immer weiter auf (vulgo: sie prokrastinieren). »Wenn du eine Entscheidung treffen musst und du triffst sie nicht, ist das auch eine Entscheidung«, sagte einst der US-Psychologe William James. Auch wenn das paradox klingt und vielleicht nicht immer bewusst geschieht.

Das Ergebnis der Nichtwahl kann mit einer der offiziellen Optionen völlig identisch sein, muss es aber nicht. Fragt Sie beispielsweise der Flohmarkthändler nach einer langen, zähen Verhandlung entnervt: »Also, kaufen Sie den alten Stuhl jetzt oder nicht?«, können Sie sich zwischen den beiden Optionen entscheiden oder eben auch nicht und einfach weitergehen. Das Resultat ist in dem Fall identisch mit Option zwei: Sie kaufen den Stuhl nicht.

Ihre Antwort ließe sich aber auch modifizieren. Die Nichtwahl entspricht dann eher einem Befreiungsschlag aus der rhetorischen Zwangsjacke des Händlers: »Ich würde den Stuhl gerne kaufen, aber nicht zu diesem Preis.« Es ist wichtig, sich diese oft unerkannte Zusatzoption bewusst zu machen, weil nicht jeder, der Sie vor eine Entscheidung stellt, Gutes im Schilde führen muss. Erinnern Sie sich beispielsweise an die perfide Technik des Double Bind.

Allerdings, und das muss an dieser Stelle auch gesagt werden, kann die Option, keine Entscheidung zu treffen, enorm schädlich sein. Dahinter kann sowohl eine Hinhaltetaktik stecken, wie auch die Angst vor der Verantwortung und den Konsequenzen und damit eine veritable Entscheidungsschwäche.

Ein Bonmot bringt das wunderbar auf den Punkt: »Du weißt nie, wie stark du bist, bis Starksein die einzige Wahl ist, die du hast.«

Unentschlossenheit ist eines der größten Hemmnisse für Erfolg und unsere persönliche Entwicklung. Wer häufig zögert und zaudert, verliert mit der Zeit sowohl den Respekt der anderen als auch den vor sich selbst. Damit werden die Unentschlossenen gleich zweifach den Ansprüchen nicht gerecht – denen ihres Umfelds und den eigenen.

In allen möglichen Lebenslagen geht es darum, das Ruder zu übernehmen – wenn Sie beispielsweise entscheiden, ob Sie Kinder haben wollen oder nicht; ein Haus bauen oder zur Miete wohnen; in der Stadt oder auf dem Land leben ... Und Ihr Partner, Ihre Familie und auch Sie selbst erwarten, dass Sie Verantwortung tragen, eine Meinung haben und eine Wahl treffen. Lebensführung ist nichts anderes, als immer neue Entscheidungen zu fällen. Ständig. Das begleitet uns ein Leben lang.

Wer jedoch damit beginnt, Entscheidungen aus dem Weg zu gehen, weil er die Verantwortung auf andere oder das, was dann passiert, verlagert, verliert letztlich die Kontrolle über sein Leben. Es mag auf den ersten Blick bequem sein, keine Entscheidung zu treffen (»*Mal sehen, wie sich die Dinge entwickeln*«), und sporadisch eingesetzt, ist das auch völlig legitim. Wird es aber chronisch, entwickelt sich so jemand zur fremdgesteuerten Marionette; er ist nicht mehr Akteur, sondern Mitläufer.

Was gegen aufkommendes Zögern und Zaudern hilft? Verabschieden Sie sich von dem Anspruch, jedes Mal eine *perfekte* Entscheidung treffen zu müssen. Gut reicht völlig aus, insbesondere, wenn sich die gewählte Option für Sie gut anfühlt.

Ansonsten hätte ich noch einen kleinen Wegweiser für Unentschlossene und die nächste Entscheidung:

HÖREN SIE AUF, SICH UNTER DRUCK ZU SETZEN.

Wissen Sie, wie ein Bergsteiger einen Berg besteigt? Etappe für Etappe, Schritt für Schritt. Würde er vor dem Berg stehen, hochschauen und sich denken: »Oh Gott, oh Gott, ist dieser Berg riesig!«, würde er auf dem Absatz kehrtmachen und wieder nach Hause laufen. Wer so verfährt, fühlt sich schnell überfordert. Damit Ihnen das nicht passiert, nehmen Sie den Gipfeldruck heraus und gehen Sie Schritt für Schritt vor.

HÖREN SIE AUF ZU ÜBERTREIBEN.

Oft verhalten wir uns so, als handle es sich um eine Frage von Leben und Tod, obwohl nur zur Debatte steht, ob unser nächstes Auto schwarz oder doch blau metallic sein soll. Allzu schnell hat man sich in einer Sache verrannt und das Wesentliche aus den Augen verloren. Machen Sie sich bewusst, worum es bei der Entscheidung wirklich geht.

HÖREN SIE AUF ZU SUCHEN.

Grübeln Sie über die Entscheidung nur so lange nach, bis Sie eine Lösung gefunden haben, mit der Sie zufrieden sind. Im Fachjargon spricht man vom »Nebenoptimum«. Im Grunde ist es wie bei der Suche nach einem schönen Rastplatz: Sie sind bereits stundenlang mit dem Auto unterwegs, brauchen eine Pause und finden auch eine passable Stelle, um Rast zu machen. Trotzdem bleiben Sie nicht stehen. Hinter der nächsten Biegung könnte ja ein noch schönerer Rastplatz warten!

Ohne es zu merken, suchen Sie in der Hoffnung, den besten Platz irgendwann zu finden, ewig weiter. Der Trick, um diese Rastlosigkeit zu beenden, ist, sich nicht mehr zu fragen: »Was kommt hinter der nächsten Biegung?«, sondern einfach anzuhalten. Und zwar dann, wenn Sie der Meinung sind: »Dieser Rastplatz gefällt mir.« Einfach so. Sie werden sehen, wie gut sich das anfühlt.

HÖREN SIE AUF, FEHLER VERMEIDEN ZU WOLLEN.

Der Wunsch, die perfekte Entscheidung zu treffen, erwächst aus dem Bestreben, sämtliche Fehler zu vermeiden. Noch immer ist die Null-Fehler-Toleranz in unserer Gesellschaft weit verbreitet. Ein missglücktes Kundengespräch, eine Unaufmerksamkeit in der Produktion und schon können Aufträge und Kunden verloren gehen. Das alles passiert. Irren ist menschlich. Doch bloß weil die Chance besteht, sich falsch zu entscheiden, sollte Sie das nicht davon abhalten, sich zu entscheiden. »Mut steht am Anfang des Handelns, Glück am Ende«, sinnierte der griechische Philosoph Demokrit. Recht hat er.

Wie leicht Ihnen die Umsetzung der vier Tipps fällt, hängt natürlich auch davon ab, welcher Entscheidungstyp Sie sind. Der US-Psychologe Barry Schwartz beschreibt hierbei zwei grundsätzlich verschiedene Typen: die Maximierer und die Genügsamen.

Maximierer: Menschen, die diesem Entscheidungstyp angehören, haben eine Alles-oder-nichts-Einstellung. Vor dem Kauf studieren sie peinlich genau Produkttests und Erfahrungsberichte und sie suchen bis zur Erschöpfung aller Beteiligten nach dem besten Angebot. Dabei erwarten sie häufig, dass alle um sie herum denselben perfektionistischen Drang verspüren. Trotz der Mühe, die sie in ihre Entscheidungsfindung stecken, werden Maximierer aber immer wieder von Zweifeln geplagt. Irgendwo da draußen könnte es ja ein besseres Angebot geben. Damit sind Maximierer anfälliger für die Entscheidungsparalyse, für das schon angesprochene Hinausschieben und Umgehen von Entscheidungen. Im Vergleich zu den Genügsamen treffen sie objektiv die besseren Entscheidungen, neigen dafür aber auch eher zur Unzufriedenheit. Ihr großer Vorteil ist, dass sie nicht so schnell aufgeben und bestrebt sind, aus allem das Bestmögliche herauszuholen.

Genügsame: Wer zu diesem Entscheidungstyp zählt, hat akzeptiert, dass man im Leben nicht immer das Beste bekommen kann. So jemand ist der Meinung, dass gut völlig ausreicht. Deswegen suchen die Genügsamen nur so lange, bis sie eine Option gefunden haben, die ihren Maßstäben entspricht. Dabei berücksichtigen sie, dass sie ein endloses Sammeln von Informationen ab einem bestimmten Punkt nicht mehr weiterbringt, sondern nur noch anstrengt. Nachträgliche Zweifel sind ihnen eher fremd. Das bedeutet aber nicht, dass sie weniger ehrgeizig sind als die Maximierer. Sie wissen einfach nur, was sie wollen und was ihnen reicht.

Jetzt fragen Sie sich vielleicht, zu welchem Typ Sie gehören. Basierend auf Schwartz' Forschungen, liefert Ihnen der folgende Fragebogen und Selbsttest ein paar gute Hinweise dazu.

❓ SELBSTTEST: BIN ICH EIN MAXIMIERER ODER ZÄHLE ICH ZU DEN GENÜGSAMEN?

Lesen Sie sich die folgenden Aussagen bitte aufmerksam durch und bewerten Sie diese auf einer Skala von 1 (stimme überhaupt nicht zu) bis 7 (stimme völlig zu):

	1	2	3	4	5	6	7
Gedanklich spiele ich immer alle Möglichkeiten durch. Ob diese auch umsetzbar sind, steht dabei auf einem anderen Blatt.							
Ich bin zwar zufrieden mit meinem Job, halte die Augen aber nach anderen Angeboten offen.							
Im TV wechsle ich ständig den Sender, auch wenn ich gerade eine Sendung gucke.							
Ich springe immer zwischen Internetseiten hin und her, wenn ich im Netz surfe.							
Meine Beziehungen halten nie lange. Der oder die Richtige war einfach noch nicht dabei.							
Wenn ich mich entscheiden muss, brauche ich Zeit. Es dauert, bis ich mich auf etwas festlegen kann.							
Mich für einen Kinofilm zu entscheiden, fällt mir echt schwer. Das Geld für die Karte muss sich ja auch lohnen.							
Kleidung zu kaufen dauert. Ich finde selten etwas, was meinen Ansprüchen genügt.							
Ich liebe Ranglisten wie die ›Spiegel‹-Bestsellerliste.							
Wenn ich eine Geburtstagskarte schreibe, finde ich nie die richtigen Worte und überdenke die Sätze mehrmals neu.							

Fernseher, Kaffeemaschine, Auto – nur das Beste ist gut genug.							
Bei allem, was ich tue, setze ich mir die höchsten Maßstäbe.							
Ich stelle mir gerne vor, wie mein Leben aussähe, wenn manche Dinge sich anders entwickelt hätten.							
Summe							

Haben Sie Ihre Kreuze gemacht? Jetzt brauchen Sie nur noch die Zahlen zu addieren und die Summe durch 13 zu teilen:

• Liegt Ihr Wert bei 4,75 oder darüber, gehören Sie zu den Maximierern.
• Liegt Ihr Wert bei 3,25 oder darunter, gehören Sie zu den Genügsamen.
• Haben Sie einen Wert, der zwischen 3,25 und 4,75 liegt, sind Sie ein Mischtyp.

Wenn man weiß, zu welchem Entscheidungstypus man gehört, kann man auch besser verstehen, wieso einen manche Entscheidungen frustrieren.

Schwartz untersuchte das Verhalten beider Entscheidungstypen übrigens noch genauer. Einmal befragte er 500 Studenten von elf Universitäten, die kurz vor ihrem Abschluss und damit vor der Entscheidung standen, welche Berufslaufbahn sie einschlagen wollten.

Die Maximierer unter ihnen schickten eine enorme Anzahl an Bewerbungen raus, einige sogar 1000 und mehr. Die Studenten, die zu den Genügsamen gehörten, verschickten deutlich weniger, manche von ihnen schrieben gar nur eine einzige Bewerbung.

Nach ein paar Monaten kontaktierte Schwartz die Studenten erneut und erkundigte sich nach ihrer beruflichen Situation. Die Maximierer hatten es gut getroffen. Ihr Einstiegsgehalt lag im

Schnitt über dem der Genügsamen, teilweise bis zu 20 Prozent darüber.

Doch jetzt kommt das Erstaunliche: Obwohl die Maximierer objektiv die besseren Jobs ergattert hatten und im Schnitt mehr verdienten, waren sie unzufriedener als die Genügsamen. Ebenso gaben sie an, schon während der Jobsuche gestresst, besorgt und erschöpft gewesen zu sein.

Es hängt zwar vor allem von unserer Persönlichkeit ab, zu welchem der beiden Entscheidungstypen wir gehören. Beide haben ihre Vor- und Nachteile. Bei schwerwiegenden Entscheidungen, wie beispielsweise der Job- oder Partnerwahl, ist es aber klug, sich seinen Typus bewusst zu machen, kurz innezuhalten und vielleicht sogar zu versuchen, ein bisschen mehr wie der andere Typ zu handeln.

Die Maximierer unter Ihnen können sich fragen: Ist es den Aufwand wirklich wert, oder überwiegen so am Ende nur Stress und Erschöpfung? Die Genügsamen wiederum können überlegen: Gebe ich zu früh auf, ist es lohnender, den Extraschritt zu gehen?

ALLES MUSS MAN SELBER MACHEN LASSEN

ENTSCHEIDUNGEN DELEGIEREN – UNBEWUSST

»Alles muss man selber machen lassen. Oh oh. Do it yourself ist out, ich lass das jemand andern machen«, singen die Jungs von *Deichkind*. Wenn es doch nur so einfach wäre! Angesichts der tausendfachen Entscheidungen, die wir täglich treffen, ist der Wunsch, einige davon auszulagern, nur allzu verständlich. Aber geht das? Können wir Entscheidungen wirklich delegieren?

Die Antwort: Ja, Sie tun es bereits.

Jede einzelne Entscheidung bewusst zu fällen, würde unser Gehirn bekanntermaßen überfordern. Deswegen haben wir den Großteil von ihnen automatisiert. Aus einst bewussten Entscheidungen sind jetzt Gewohnheiten geworden.

Gewohnheiten – das sind Vorgänge und Verhaltensweisen, die in der Regel automatisch und unbewusst ablaufen. Sie entstehen dadurch, dass räumlich und zeitlich wiederholt auftretende Ereignisse im Gehirn miteinander verknüpft werden. Neurowissenschaftler verorten unsere Gewohnheiten heute in den beidseitigen Kernen unseres Gehirns unterhalb der Großhirnrinde – in den Basalganglien.

Immer, wenn wir etwas üben und dabei erfolgreich sind, verselbstständigt sich dieser Prozess und die dafür verantwortlichen Hirnsignale wandern immer tiefer ins Innere – bis sie sich schließlich als Routine in den Basalganglien festgesetzt haben. 95 Prozent unserer täglichen Entscheidungen erreichen unser Bewusstsein daher gar nicht, hat einmal der Harvard-Professor Gerald Zaltman herausgefunden.

So wird das Geschirr aus alter Gewohnheit zuerst eine Weile im Waschbecken der Kaffeeküche gestapelt, statt es gleich in die Spülmaschine zu räumen; der Weg ins Büro ist immer derselbe, ebenso der erste Griff zum Kaffee. Dieser mentale Autopilot ist zutiefst ökonomisch und verhindert, dass wir uns mit Nebensächlichkeiten aufhalten.

Stellen Sie sich vor, wie viel Energie Ihnen jeden Tag verloren gehen würde, wenn Sie jedes Mal über das Einseifen unter der Dusche nachdenken müssten. Dank der Gewohnheiten können Sie diese Energie anderweitig nutzen.

So können Sie beispielsweise mit dem Auto zur Arbeit fahren und dabei gleichzeitig über die Bewältigung eines Problems sinnieren. Manchmal kommen wir sogar auf dem Firmenparkplatz an, haben die Lösung im Kopf, wissen aber nicht einmal mehr, ob die Ampel vorhin rot oder grün war. Hoffen wir mal Letzteres. Aber egal, wie es war: Es sind immer wieder solche Gewohnheiten, die für Struktur und Stabilität in unserem Leben sorgen.

Das Problem daran ist nur: Unser Gehirn unterscheidet nicht zwischen guten und schlechten Gewohnheiten.

Bei jeder Gewohnheit werden Botenstoffe ausgeschüttet, die eine belohnende Wirkung haben, auch bei solchen, die auf Dauer schädlich sind. Das macht es auch so schwierig und anstrengend, lästige Gewohnheiten zu ändern – wie etwa beim Rauchen.

Wie schwer das ist, können Sie hier und jetzt mithilfe eines kleinen Selbstversuchs testen:

Falten Sie dazu bitte Ihre Hände wie zum Gebet, die Finger ineinander verschränkt, die Daumen übereinander.

Okay? Gut, jetzt wechseln Sie bitte nur die Position Ihrer Daumen, sodass der andere zuoberst liegt!

Wie fühlt sich das an? Ungewohnt, oder?

Vielleicht sogar unangenehm und falsch.

Die US-Psychologin Dawna Markova hat herausgefunden, dass wir rund zwei Wochen dafür brauchen, um uns an eine solch simple Haltung neu zu gewöhnen. Bis dahin feuert das Gehirn unablässig Signale ans Bewusstsein: *Alarm! Da stimmt etwas nicht.* Und das nur, weil zwei Daumen nicht wie sonst übereinander liegen. Man mag sich gar nicht vorstellen, was passiert, wenn wir uns deutlich gewichtigere Routinen abgewöhnen wollen.

DER IRONIE-EFFEKT: VORSICHT VOR VORSÄTZEN!

Je häufiger Sie sich vornehmen, etwas nicht zu tun, desto größer ist die Wahrscheinlichkeit, dass Sie es doch tun. Das Phänomen wird in der Forschung auch *Ironie-Effekt* genannt. Wissenschaftler um Marieke Adriaanse von der Universität in Utrecht haben das Phänomen untersucht und dabei festgestellt, dass insbesondere Vermeidungsvorsätze vom Typ »Ich werde mich nie wieder betrinken!« in höchstem Maß ineffizient sind und umso häufiger zum gegenteiligen Verhalten führen: Wir trinken auf der nächsten Party doch wieder, als gäb's kein Morgen. Also Vorsicht vor solchen Vorsätzen!

ENTSCHEIDUNGEN DELEGIEREN – BEWUSST

Gewohnheiten und Routinen nehmen uns bereits viele Entscheidungen – unbewusst – ab. Aber selbst jene, die noch übrig sind, lassen sich zu einem Teil delegieren. Möglich machen das die Arbeitsteilung, unsere Dienstleistungsgesellschaft und das Internet.

Als jemand, der einige Internetseiten und -unternehmen betreibt, komme ich damit regelmäßig in Berührung und erhalte natürlich auch Angebote, solche Entscheidungsservices zu testen. Erst kürzlich lag beispielsweise ein großer weißer Karton vor mir. Darin, fein säuberlich gefaltet und mit einem weißen Band verschnürt, ein Karohemd, ein Wollcardigan und eine beige Jeans. Das sollte mein neues Freizeitoutfit sein.

Die Auswahl habe aber nicht ich getroffen. Das hat jemand anderes für mich übernommen. Angeblich hat die Kombination die Stylingberaterin eines Online-Modehändlers individuell für mich zusammengestellt. Ich persönlich glaube zwar, dass es da einfach nur einige Standardkombinationen gibt, die immer wieder an grob erfasste Kundentypen geschickt werden. Aber die Story mit der Stylingberaterin hört sich natürlich besser an und verkauft sich auch besser.

»Curated Shopping« nennt sich dieser Trend. Das mitunter zeit- und nervenraubende Suchen, Auswählen und Vergleichen von Kleidung fällt dabei weg. Das klassische Dilemma »Was soll ich morgen anziehen?« löst jemand anderes für mich, ich bekomme nur noch das Ergebnis präsentiert. Praktisch! Solange es gefällt. Die Zeit und die Energie, die ich für das Aussuchen und Einkaufen gebraucht hätte, kann ich jetzt an anderer Stelle einsetzen.

Auch in anderen Lebensbereichen erfreuen sich ähnliche Angebote zunehmender Beliebtheit: Die Musik, die Sie gerne hören, können Sie zwar immer noch im Laden kaufen.

Längst gibt es aber auch Streamingdienste, die Ihrem Geschmack entsprechend eine fortlaufende Playlist abspielen, die sich durch Ihr Feedback per Like oder Dislike immer weiter verfeinert. Oder aber Sie kaufen gleich einen Sampler mit so illustren Titeln wie »Herbstgefühle« oder »New York Bar Chillout« und überlassen so Musikredakteuren die Entscheidung, für jede Gemütslage die passende Musik zu liefern. Zahlreiche Abomodelle basieren auf diesem Prinzip.

Und für was es heute alles Abonnements gibt! Für Kosmetik (Glossybox), für Gemüsekisten (Sannmann), ganze Kochboxen mit Rezept (Hellofresh), ja sogar für Businesssocken (Blacksocks). Selbst wer eine Diät beginnt, delegiert genau genommen die Entscheidung, was er oder sie in den nächsten Wochen essen wird. Ob nun Gewichtswächter oder eine gewisse Brigitte dabei helfen: Im Ernährungsplan ist ganz genau festgelegt, was morgens, mittags und abends auf den Teller kommt. Alles, was Sie dazu tun müssen, ist, dem Plan wahllos zu folgen.

Das alles ist so selbstverständlich geworden, dass wir kaum noch hinterfragen, warum wir eigentlich so gerne andere für uns entscheiden lassen. Der erste Grund ist zweifellos, weil es so herrlich bequem ist. Besonders Menschen, deren Tag eng getaktet ist, greifen gerne auf das Abomodell zurück. Statt sich um einen Parkplatz zu streiten, durch die Reihen eines überfüllten Supermarkts zu drängeln und womöglich verärgert zu sein, weil es nach Büroschluss die gewünschten Produkte nicht mehr gibt, bestellt man einfach eine Gemüsekiste und hat auch noch Zeit, abends gemütlich mit Freunden etwas Frisches zu kochen.

Zeit und Aufwand sind aber nicht die einzigen Faktoren, warum Entscheidungen delegiert werden. Expertise ist ein weiterer. Manchmal trauen wir uns eine Entscheidung einfach nicht zu. Krimi, Fantasyroman, Ratgeber oder Biografie? Die meisten Menschen haben mit der Zeit ein Gespür dafür entwickelt, wo ihre Präferenzen liegen. Anders sieht die Sache aber aus, wenn wir etwas überhaupt nicht kennen.

Ich erinnere mich noch gut an einen Urlaub in Kalifornien: drei Wochen am Stück die Route Number One an der Westküste entlang – von San Francisco über den Big Sur, Santa Barbara und Los Angeles bis nach San Diego an der mexikanischen Grenze. Eine Traumstrecke, die aber ihren Preis hat. Gutes Essen ist in Kalifornien richtig teuer und günstiges schwer zu finden. Wenn man nicht gerade einen ortskundigen Freund an der Seite hat, muss man entweder auf einen glücklichen Zufall hoffen – oder auf ein freies WLAN.

Das gibt es glücklicherweise häufiger in Kalifornien. Und dann helfen einem Google Maps oder Yelp bestens weiter. Hier sind es die Nutzer selbst, die mit ihren zahlreichen Bewertungen die Rolle des Schwarm-Experten übernehmen: Wenn 63 Menschen berichten, das Essen im Diner um die Ecke sei richtig klasse, kann der so schlecht nicht sein. Und praktischerweise lotst einen die App auch gleich noch dorthin. Damit genießt das Mehrheitsvotum einen großen Vertrauensvorschuss.

In vielen Situationen tun wir gut daran, auf Experten zu hören. Zum Beispiel, wenn sich ein Patient auf den Rat seines Arztes verlässt oder ein Kind auf den seiner Eltern. Auf diese Weise profitiert man bei seiner Entscheidung von dem Wissen und der Erfahrung der anderen oder muss – im ungünstigen Fall – deren Fehler selbst noch einmal begehen.

Manchmal führt es auch dazu, dass wir eine Option wählen, auf die wir alleine nicht gekommen wären.

Ein Beispiel dafür ist das Kölner Restaurant »Unsicht-Bar«. Hier werden die Speisen in völliger Dunkelheit verzehrt. Hören, riechen, schmecken, fühlen – die Gäste erleben ein Dinner, ohne sich von den Augen ablenken zu lassen. Was das Essen angeht, treffen die Gäste nur eine Entscheidung: Sie wählen, ob sie ein Menü mit Geflügel, Rind, Fisch oder vegan haben wollen. Ansonsten hat der Koch freie Hand. Was am Ende auf dem Teller landet, ist eine buchstäblich unsichtbare Überraschung, die in vielen Fällen durchaus positiv ist. So kommen Sie in den Genuss von Speisen, die Sie unter beleuchteten Umständen vielleicht nie bestellt hätten.

Wer sich bei seinen Entscheidungen auf eine andere Person verlässt, läuft allerdings gleichzeitig Gefahr, dass sein Vertrauen ausgenutzt wird. Umso wichtiger ist es, Entscheidungen nicht blindlings abzugeben. Die Person, der wir unser Vertrauen schenken, sollte schon bestimmte Voraussetzungen erfüllen. Der Psychologieprofessor an der California State Universität, Robert Levine, identifizierte dazu drei wichtige Eigenschaften:

1. Expertise. Eine Person, der wir vertrauen, muss uns das Gefühl vermitteln, dass sie Ahnung von dem hat, was sie tut. Das ist zum einen das faktische Wissen beispielsweise eines Arztes auf seinem Fachgebiet. Ebenso entscheidend ist aber das Auftreten des Experten. Nur wer durch Souveränität und Selbstvertrauen punktet, schafft es, uns zu überzeugen. Achten Sie mal darauf: Wem vertrauen Sie mehr, einem Verkäufer, der Ihnen in die Augen schaut und ohne zu zögern das beste Angebot empfiehlt, oder einem, der leise nuschelt? Ganz klar, oder? Ähnliches stellte die Forscherin Bonnie Erikson bei ihren Untersuchungen in Gerichtsverhandlungen fest. Das Gericht glaubte fast durchweg jenen Zeugen mehr, die ihre Aussage direkt und zügig vortrugen, als jenen, die zögerten und unsicher stotterten. Das selbstbewusste Auftreten ist daher aber auch schon wieder mit Vorsicht zu genießen, denn dahinter kann sich ein geschickter Blender verstecken. Vor allem Statussymbole wie Titel, Kleidung oder gute Umgangsformen können über fehlende Kompetenz hinwegtäuschen. Behalten Sie das bitte im Hinterkopf.

2. Ehrlichkeit. Im Gegensatz zu Fachwissen und Sachkenntnis kennt Vertrauenswürdigkeit keine Graustufen. Entweder jemand ist vertrauenswürdig oder nicht. Ehrlichkeit, moralische Integrität und redliche Absichten werden dabei vorausgesetzt – bis zum Beweis des Gegenteils. Tatsächlich wollen wir anderen vertrauen und beispielsweise glauben, dass die Verkäuferin die Wahrheit sagt, wenn sie uns ein Kompliment macht, während wir ein Kleid anprobieren. Wir reden uns gerne ein, dass der Autohändler wirklich daran interessiert ist, den für uns besten Wagen auf dem Hof zu finden und dabei nicht nur an seine Provision denkt. Diese Vorschusslorbeeren sind ebenfalls ein Versuch, Entscheidungen zu erleichtern. Würden wir jedem und immer misstrauen, wären Zeitaufwand und Kontrollkosten zu hoch. Vertrauen erleichtert und beschleunigt da vieles. Erhärtet sich aber der Verdacht, dass jemand uns belügt, ist das Vertrauen mit einem Mal verspielt. Und zwar dauerhaft. Selbst wenn sich beide Verkäufer im obigen Beispiel beim nächsten Mal noch so viel Mühe gäben, würden wir ihnen nicht mehr glauben.

3. Sympathie. Die wohl stärkste Komponente für Vertrauen ist Zuneigung. Als Ronald Reagan für die Präsidentschaft kandidierte, gab sein PR-Berater ihm einen Tipp: »Wenn Sie sich ein Element der persönlichen Kommunikation aneignen könnten, das mächtiger als alle anderen ist [...], dann sollten Sie die Eigenschaft wählen, sympathisch zu wirken.« Was aber macht jemanden sympathisch? Das Feld ist umfänglich erforscht. Sozialpsychologen sprechen an dieser Stelle gerne von der *Akzeptanzresonanz.* Sie besagt, dass Sympathie eine Art selbsterfüllende Prophezeiung ist: Wenn wir glauben, dass uns ein anderer Mensch mag, dann verhalten wir uns demjenigen gegenüber meist automatisch freundlicher und wärmer, mit dem Effekt, dass uns unser Gegenüber tatsächlich mehr mag. Ein gewinnendes Lächeln, ein warmer Händedruck – kleine Gesten wie diese reichen schon aus, um Sympathien zu wecken. Ist uns jemand ähnlich, macht ihn das ebenfalls sympathisch. Das müssen nicht einmal charakterliche Ähnlichkeiten sein, Zufälligkeiten reichen aus. Jerry Burger von der Santa Clara Universität zeigte in Versuchen, dass wir jemandem eher eine Bitte erfüllen, der denselben Vornamen oder am selben Tag Geburtstag hat. Jemand, der möchte, dass Sie ihn mögen, wird gezielt nach solchen kleinen und unbedeutenden Ähnlichkeiten Ausschau halten. Bestimmt haben Sie es schon erlebt, dass ein Verkäufer erwähnt hat, Kinder im selben Alter zu haben oder jemanden aus Ihrer Heimatstadt zu kennen. Ganz nebenbei hat er so Sympathien bei Ihnen geweckt und Sie vertrauen ihm. Auch dieses Kriterium hat also seine Tücken.

Entscheidungen nach diesen drei Kriterien – Expertise, Ehrlichkeit, Sympathie – zu delegieren, ist zwar bequem. Jedes Kriterium für sich birgt aber auch Risiken und die Gefahr, damit manipuliert beziehungsweise verführt zu werden. Immerhin: Das Restrisiko sinkt ein wenig, je mehr davon auf Ihr Gegenüber zutrifft. Legen Sie Ihre Entscheidung in die Hände von jemandem, nur weil der

Ihnen gerade sympathisch ist, gehen Sie ein hohes, zuweilen zu hohes Wagnis ein.

Aber auch beim Delegieren selbst lässt sich noch einiges falsch machen. Damit das Auslagern der eigenen Wahl nicht zur Last, sondern zur Erleichterung wird, sollten Sie sich deshalb eine kurze Zeit der Vorbereitung nehmen.

Ob nun Sockenabo, Gemüsekiste oder das Verteilen von Arbeit und Verantwortung im Job – darauf kommt es an:

IDEALBESETZUNG FINDEN

Das Ziel darf nicht sein, Arbeit einfach wegzuschaffen und damit zu vermeiden, sondern sie demjenigen zu geben, der das beste Ergebnis liefert. Hier kommt es oft zu Zielkonflikten, weil die besten Anbieter meist auch teurer sind oder die wahren Leistungsträger im Unternehmen mit Arbeit längst überreichlich eingedeckt sind. In dem Fall gilt es abzuwägen zwischen dem vorhandenen (Zeit-)Budget, den Ansprüchen und der möglichen Zweitbesetzung.

TIMING OPTIMIEREN

Es ist ein schönes Klischee, dessen sich Werbespots gerne bedienen: Kurz vor Feierabend kommt der Chef an den Schreibtisch und haut dem Mitarbeiter einen Stapel Akten auf den Tisch. Die sollen noch eben abgearbeitet werden – natürlich bis gestern. In jedem Klischee steckt aber ein wahrer Kern: Etwas auf den letzten Drücker zu delegieren, erzeugt nur Frust und Fehler. Besser, Sie delegieren etwas, bevor Sie selbst dazu keine Zeit mehr finden.

LIMITS SETZEN

Nicht jeder Dienstleister und Kollege ist auf Anhieb motiviert, wenn er Ihre Ex-Aufgabe bekommt. Deadlines und
klare Zeitvorgaben sorgen in dem Fall für rechtzeitige Entscheidungen und Ergebnisse. Je detaillierter Sie die formulieren, desto besser wird das Resultat. Oft ist es sinnvoll, hier
noch einen heimlichen Puffer einzuplanen, den Sie freilich
nicht kommunizieren.

FREIHEITEN LASSEN

Sie haben eine Aufgabe abgegeben – jetzt halten Sie sich bitte
an diese Entscheidung. In der Regel erwarten Sie ein bestimmtes Ergebnis, hinsichtlich des Lösungsweges sollten Sie
aber offen bleiben. Jeder Mensch arbeitet anders. Wenn Sie
jeden einzelnen Schritt vorgeben, ist es kein Delegieren mehr,
sondern eine Vorschrift im Wortsinn.

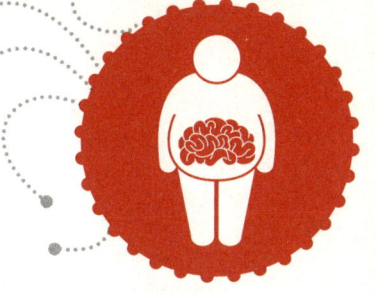

DAS IST KEINE PROBLEMZONE. DAS IST EIN ZWEITHIRN.

KOPF ODER BAUCH?

Mit 5000 Dollar in der Tasche brach George Soros nach Amerika auf, um in der Finanzwelt Karriere zu machen. Der Investor mit ungarischer Herkunft ist für seine riskanten Spekulationen bekannt. 1992 sorgte Soros weltweit für Furore, als er gegen das britische Pfund wettete und damit rund eine Milliarde Dollar Gewinn machte.

Er nutzte die Schwächen des europäischen Währungssystems aus: Zu dieser Zeit gab es feste Wechselkurse für jede Währung, die nur durch einen Beschluss der jeweiligen Landesregierung geändert werden konnten. Soros besorgte sich britische Pfund und kaufte dafür Deutsche Mark zum garantierten Kurs von 0,36 Pfund pro DM.

Der Clou: Einige Wochen später tauschte der Investor die D-Mark wieder in Pfund, erhielt dieses Mal aber 0,40 Pfund pro Mark. Damit machte er einen riesigen Gewinn und übte gleichzeitig gewaltigen Druck auf die Bank von England aus. Mit seiner Strategie setzte sich Soros über das ungeschriebene Gesetz hinweg, nie gegen eine Notenbank zu spekulieren. Seitdem ist er in der Finanzwelt eine Legende.

Doch wie traf George Soros seine Finanzentscheidungen?

Nicht Analysen, Prognosen oder Statistiken machten ihn zum Milliardär, sondern sein Rücken. Kein Witz! Seinem Sohn erklärte Soros zwar schon in jungen Jahren, wo sich Investitionen lohnen und wann man idealerweise kauft und verkauft. Doch der Spröss ling ließ sich von den Vorträgen des Vaters nicht blenden, er wusste: Sein Vater änderte seine Marktposition immer dann, wenn sein Rücken schmerzte.

Devisen zu verkaufen, weil einen der Rücken plagt, ist natürlich keine rationale Vorgehensweise und schon gar nicht zur Nachahmung empfohlen. Es ist aber das, was wir landauf, landab eine Bauchentscheidung nennen.

George Soros spürte, dass sich der Markt drehte, wenn es sich nicht mehr gut anfühlte. Nur war für ihn das entscheidende Sensorium eben nicht der Bauch, sondern der Rücken, der irgendwann wehtat.

Wie Soros geht es vielen anderen Menschen auch: Sie merken, ob sich etwas richtig oder falsch anfühlt. Das diffuse Bauchgefühl äußert sich dann in einem handfesten körperlichen Signal: Den einen mag ein bestimmter Körperteil schmerzen, ein anderer bekommt kalte Füße oder verspürt Übelkeit. Die Reaktionen sind vielfältig und individuell. Aber allesamt warnen sie einen davor, eine Entscheidung zu treffen, die das Unterbewusstsein bereits als Fehler erkannt hat.

Glaubt man dem Psychologen Gary Klein, vertrauen Notärzte, Feuerwehrleute, Rettungshelfer und andere Berufsgruppen »mit Heldenpotenzial« regelmäßig in schwierigen Entscheidungen zu 80 Prozent ihrem Bauchgefühl.

Es ist ein Meister darin, Ordnung zu schaffen. Es erkennt Muster in Sinneswahrnehmungen, vergleicht diese mit gemachten Erfahrungen und lässt das Ergebnis im Moment der Entscheidung in unser Unterbewusstsein einfließen.

Klein beschäftigte schon länger die Frage, wie Notärzte & Co. in Situationen, in denen es um Leben und Tod geht, entscheiden. Um das herauszufinden, begleitete der Psychologe eine Nacht lang einen Rettungswagen.

Um 3.21 Uhr erhält der Einsatzwagen einen Notruf: ein Haushaltsunfall ganz in der Nähe. Ein Mann ist von einer Leiter gestürzt und hat sich dabei verletzt. Fünf Minuten später ist der Einsatzwagen am Unfallort angekommen. Der Mann liegt im Wohnzimmer auf dem Boden. Er ist blutüberströmt. Seine Frau erzählt, dass er eine Lampe aufhängen wollte, abrutschte und rückwärts ins dahinterliegende Fenster stürzte. Das Fenster ist dabei zu Bruch gegangen und hat ihm den Arm aufgeschlitzt. Innerhalb von Sekunden hat der Notarzt die Situation erfasst und festgestellt, dass der Mann eine Menge Blut verloren hat. Er schwebt in Lebensgefahr.

Seine Frau ist völlig außer sich. Doch der Notarzt ist die Ruhe selbst. Er weist sein Team an, lässt die Blutung – soweit es geht – stoppen, beruhigt die aufgelöste Frau und lässt den Mann abtransportieren. Dies alles scheint der Notarzt zu tun, ohne groß darüber nachzudenken. Für Gary Klein als Außenstehenden wirkt die Szenerie wie eine genau einstudierte Choreografie.

Als Klein später den Notarzt fragte, woher er in dieser stressigen Situation wusste, was zu tun war, zuckte der nur mit den Schultern und antwortete einfach: »Erfahrung.«

Wen auch immer Klein auf diese Art befragte, ob es Feuerwehrmänner, Piloten, Notärzte oder Sanitäter waren, sie alle konnten nicht erklären, wie sie in brenzligen Situationen entschieden. Laut eigenen Aussagen verließen sie sich auf ihre Erfahrungen und auf ihr Bauchgefühl beziehungsweise handelten intuitiv.

Aber was läuft da ab, wenn wir unserer Intuition folgen? Entscheiden wir dann willkürlich?

Fast scheint es so, weil einem ja genau diese Erklärung für das eigene Handeln fehlt. In Wahrheit ist unser Handeln aber ganz und gar nicht willkürlich. Vielmehr greifen wir dabei auf einen Wissensschatz zurück, den wir uns bewusst gar nicht zugänglich machen können. Den Nachweis dafür konnten unter anderem Wissenschaftler um den tschechischen Humanbiologen Vít Třebický erbringen.

Die Forscher wollten verstehen, wie wir unsere Mitmenschen einschätzen. Aus evolutionärer Sicht eine entscheidende Überlebensstrategie: Wer zuverlässig erkannte, welche Bedrohung von einem Mitmenschen ausging, konnte schneller reagieren – Schaden vermeiden oder gar überleben.

Also sollten die Teilnehmer beispielsweise in einem Versuch die Aggressivität von Kampfsportlern beurteilen. Der Blick ins Gesicht der Männer reichte: Markante Augenbrauen, ein breites Kinn, eine große Nase waren für die Probanden starke Signale für Aggressivität, die sie allerdings nur intuitiv wahrnahmen. Auf Rückfrage konnte keiner seine Einschätzung begründen. Die Wissenschaftler kamen daher zu dem Schluss, dass diese körperlichen Merkmale als Indizien für Gefahr in uns verankert sein müssen.

Wenn man so will, entscheidet das Gehirn in solchen Momenten allein: Bewusste Überlegungen für oder gegen etwas finden nicht statt. Etwas fühlt sich gut und richtig an oder eben nicht – danach wird gehandelt.

Auf den ersten Blick ist das ein simpler Mechanismus. Doch unter der bewussten Oberfläche läuft eine ganze Menge ab.

Mit seiner spontanen Antwort hatte der Notarzt im Gespräch mit Gary Klein den Nagel auf den Kopf getroffen: Die Erfahrung ist der Schlüssel zum Verständnis der Intuition. Wer sich auf sein Bauchgefühl verlässt, greift letztlich auf einen enormen Erfahrungsschatz zurück. Indirekt fließen in eine Bauchentscheidung alle bisherigen Erlebnisse ein. Und das können so viele sein, wie wir sie bewusst in so kurzer Zeit nie analysieren und einordnen könnten.

WARUM SPRECHEN WIR EIGENTLICH VON BAUCHGEFÜHL?

Wenn es um Intuition geht, sprechen wir gerne vom Bauchgefühl oder von Bauchentscheidungen. Warum eigentlich? Anatomisch haben intuitive Entscheidungen schließlich nichts mit dem Bauch zu tun. Wer auf seinen Bauch hört, nutzt in Wahrheit ja auch weiterhin seinen Verstand.

Diese Metapher soll ausdrücken, dass etwas nicht rational begründet werden kann. Zugleich spiegelt der Ausdruck das Unwohlsein, das vor einer schlechten Entscheidung warnt und das viele zuerst tatsächlich in der Bauchgegend spüren.

Um das besser verstehen zu können, müssen wir einen Schritt zurückgehen und uns anschauen, wie das Gehirn Informationen verarbeitet und abspeichert. Dann wird klarer, woraus sich dieser Erfahrungsschatz speist:

Der erste Kuss, die erste Fahrstunde, der erste Tag an der Uni oder im neuen Job – alles, was wir erleben, landet zunächst im Kurzzeitgedächtnis. Schon nach wenigen Minuten werden diese Informationen weitergereicht: Entweder sie wandern ins Langzeitgedächtnis oder sie geraten in Vergessenheit.

Als Türsteher des Gedächtnisses entscheidet der *Hippocampus* zwischen Abspeichern und Löschen. Und ausschlaggebend für den Befehl zum Abspeichern ist die Emotionalität. Löst eine Information eine starke emotionale Reaktion aus, bleibt sie uns im Gedächtnis.

Ein Beispiel: An ein x-beliebiges silbernes Auto werden Sie sich nicht lange erinnern. Sobald Sie den Blick davon abwenden, werden Sie schon nicht mehr genau sagen können, um welche Marke und welchen Modelltyp es sich handelt. Ganz anders sieht es hingegen aus, wenn das nicht irgendein Wagen ist, sondern Ihr erstes Auto. Das lange Sparen, das Aussuchen, die Aufregung, den Schlüssel endlich in Händen zu halten, das befreiende Gefühl der Unabhängigkeit – all die Emotionen sorgen dafür, dass sich das Auto tief ins Gedächtnis eingräbt. Auch 20, 30 Jahre später, wenn man längst ein anderes Auto fährt, wird man sich an das erste Gefährt erinnern können – mit den immer gleichen, positiven Gefühlen.

Eine Information, die es ins Langzeitgedächtnis schafft, verändert damit zugleich das Gehirn. Wenn wir von Gedächtnis sprechen, meinen wir die Fähigkeit, Informationen zu ordnen, abzuspeichern und wieder abzurufen. Es handelt sich dabei um ein komplexes Netzwerk verschiedener Bereiche unseres Gehirns.

Hunderte Milliarden Nervenzellen leiten Informationen von den Sinnesorganen zum Gehirn und andersrum. Wenn wir uns etwas merken, wird eine Verbindung zwischen verschiedenen Nerven hergestellt. Und zwar entsteht sie zwischen den Synapsen, die für die Reizübertragung am Nervenende zuständig sind.

Mit jeder neu eintreffenden Information werden die Verbindungen zwischen unseren Nerven neu kombiniert. Manche Informationen aus alten Verbindungen sind dann allerdings nicht mehr verfügbar, sie werden praktisch überschrieben. Diesen Prozess können Sie sich wie Straßenarbeiten vorstellen: Dabei wird eine Straße, die kaputt und wenig befahren ist, durch eine neue ersetzt.

Wie funktionsfähig die Verbindungen zwischen den Nerven sind, hängt von dem Reiz ab. Bei einem starken Reiz werden auch die Synapsen verstärkt und leitfähiger. Es entsteht eine Schnellstraße für die Informationsweitergabe. Emotionen sind der Asphalt einer solchen Straße, egal, ob positiver oder negativer Natur.

Das Bemerkenswerte an unserem Gehirn ist allerdings nicht nur die Sortierung der neu eintreffenden Informationen, sondern auch die Art, diese abzuspeichern. Das Gehirn speichert nicht nur die reine Information, sondern auch die Umstände, die in diesem Moment herrschen.

Ohne dass Sie es beabsichtigen, speichert Ihr Gehirn viele zusätzliche Sinneseindrücke ab. Zum Beispiel das mit einer roten Zuckerglasur überzogene, nach Erdbeere und Vanille schmeckende Eis am Stiel, das es immer im Schwimmbad gab. Haben Sie sich als Kind in freudiger Erwartung auf den zuckersüßen Genuss in die Schlange gestellt, werden Sie sich als Erwachsener bei dem Blick ins Tiefkühlregal im Supermarkt daran erinnern.

In Ihrem visuellen Cortex sind die heißen Sommertage mit Eiscreme, Rutschen und der schrillen Trillerpfeife des Bademeisters abgespeichert. Wird eine Erinnerung abgerufen, durchläuft die Information wieder denselben Weg wie in dem Moment, als sie abgespeichert wurde. Wer sich erinnert, riecht, schaut, hört und tastet also zugleich ein bisschen in sich hinein.

Deswegen neigen wir auch dazu, die Muscheln vom Strandurlaub oder den Teddybären aus Kindertagen aufzuheben. Sie sind eine Gedächtnisstütze, die dabei hilft, glückliche Momente wieder und wieder zu erleben. Es ist erstaunlich, welche Erinnerungen auf diese Art und Weise von kleinen, alltäglichen Dingen ausgelöst werden.

Als eine der größten Wissensquellen der Erfahrungsdatenbank fungieren übrigens Irrtümer.

Über ein lebenslanges Ausprobieren wird das persönliche Fehlerfrühwarnsystem gefüttert und damit unsere Urteilskraft geschult. Oder wie der deutsche Autor Stephan Sarek es formuliert: »Die Fehler, die wir gemacht haben, sind die Erfahrungen, die wir machen mussten, um die Fehler zu verhindern, die wir noch machen könnten.«

Neurologen erkannten schon in den Neunzigerjahren, dass das Gehirn innerhalb von Mikrosekunden Fehler entdecken, korrigieren und für künftige Entscheidungen dazulernen kann. Mit dem sogenannten Eriksen-Flanker-Test können Wissenschaftler heute sehen, welche neuronalen Mechanismen in Gang gesetzt werden, wenn ein Mensch einen Fehler macht.

Auf einem Monitor erscheinen beispielweise die Buchstabenreihenfolgen SSSSS oder SSHSS. Die getesteten Personen sollen nun erkennen, welcher Buchstabe in der Mitte der Reihe steht. Ist es ein »S«, sollen sie den Knopf in ihrer linken Hand drücken, ist es hingegen ein »H«, ist der Knopf in ihrer Rechten gefragt. Zeitdruck und die Verwirrung durch die daneben stehenden Buchstaben sollen dabei gezielt Fehler provozieren.

Während die Probanden den Test machen, liegen sie im MRT, dem Magnetresonanztomographen. Der ermöglicht es den Neurologen nachzuvollziehen, welche Hirnareale bei der Fehlererkennung aktiv sind, sie leuchten nämlich farbig auf den Computerbildschirmen der Wissenschaftler auf.

Es ist erstaunlich, was im Kopf der Teilnehmer geschieht: Macht die Person einen Fehler, setzt die Produktion des Belohnungs- und Glückshormons Dopamin abrupt aus. Dieses neurochemische Signal wird bis in die Großhirnrinde weitergetragen. Als Botschaft kommt dort an: *Stopp! Irgendetwas stimmt hier nicht.* Als Reaktion auf diese Botschaft tippt die Testperson ganz automatisch auf den anderen Knopf und gibt so im Nachhinein die richtige Antwort. Es findet so aber nicht nur eine Korrektur des Fehlers statt, der Versuchsteilnehmer lernt auch daraus. Die verlängerte Reaktionszeit bei den anschließenden Buchstabenreihen lässt darauf schließen, dass sich der Teilnehmer nach dem Fehler mehr Zeit für eine Antwort lässt.

Einen Fehler empfindet das emotionale System als Bestrafung. Bei jeder Handlung schätzt das Gehirn die Folgen ab und legt eine zu erwartende Belohnung fest. Das Drücken des richtigen Knopfs beim Eriksen-Flanker-Test setzt wiederum Dopamin frei und der Antwortende freut sich. Für die richtige Antwort wird er belohnt, bei einer falschen bleibt die Belohnung aus.

Nun passiert etwas ganz Erstaunliches: Ist der Proband drauf und dran, falsch zu antworten, registriert das Gehirn, dass die eintreffenden Informationen nicht mit den erwünschten übereinstimmen. Die Alarmglocken schrillen, denn nun muss das Gehirn annehmen, dass auch die gewünschte Belohnung ausbleibt. Der Proband wird gewarnt.

Was sich beim Eriksen-Flanker-Test im menschlichen Gehirn abspielt, geschieht bei jeder Entscheidung, die wir treffen: Permanent gleicht unser Denkapparat unser Tun mit der zu erwartenden Belohnung ab. Das Unterbewusstsein schätzt ab, ob sich eine Entscheidung zu einem Erfolg oder Misserfolg entwickeln wird. Dabei ist es bestrebt, Irrtümer zu verhindern und warnt uns. Eine solche Warnung ist nichts anderes als das, was wir gerne als Bauchgefühl bezeichnen.

LERNEN SIE, AUF IHR BAUCHGEFÜHL ZU HÖREN

Kaum jemand kann spontan sagen, wie sich unser Bauchgefühl in bestimmten Situationen äußert. Wer allerdings ein Gespür für seine Körpersignale entwickelt, kann diese bewusster in Entscheidungen einbeziehen. Nehmen Sie sich also ruhig etwas Zeit, um die verschiedenen Signale Ihres Körpers kennenzulernen.

Dazu eine Übung: In der unten stehenden Tabelle finden Sie eine Reihe von Situationen. Gehen Sie diese einzeln durch und notieren Sie in der dahinter liegenden Spalte, was dabei in Ihnen vorgeht. Lassen Sie sich bei jeder Situation auf eine kleine Gedankenreise ein. Erinnern Sie sich beispielsweise, etwas Ähnliches erlebt zu haben? Versetzen Sie sich noch einmal in diesen Moment: Beobachten Sie, welche Gefühle in Ihnen aufsteigen. Wie äußern sich diese Gefühle, wird Ihnen beispielsweise heiß und kalt, spannt sich Ihr Nacken an?

Wichtig: Beobachten Sie nur. Bewerten Sie Ihre Reaktionen nicht! Und suchen Sie sich für die Übung einen Zeitpunkt aus, an dem Sie keinen Zeitdruck haben. Dann wird es Ihnen leichter fallen, sich gedanklich darauf einzulassen.

Und gehen Sie in Ihrem eigenen Tempo vor. Sie können alle Situationen am Stück abarbeiten, wenn Sie merken, dass es Ihnen Spaß macht, Ihre Körpersignale zu erforschen. Genauso gut können Sie sich auch nur einer Situation widmen, wenn Sie das Gefühl haben, der Übung nicht mehr Zeit einräumen zu können.

In der unten stehenden Tabelle finden Sie links die Situationen, rechts daneben ist Platz, um Ihre Reaktionen zu notieren:

Situation	Körpersignal
Ihr Partner macht Ihnen ein leckeres Frühstück.	

Situation	Körpersignal
Sie haben einen Termin beim Zahnarzt.	
Der Zug, den Sie zur Arbeit nehmen wollten, ist erst zu spät und fällt dann ganz aus.	
Beim Zähneputzen morgens im Bad entdecken Sie eine Spinne an der Wand.	
Ihr Chef lobt Sie für Ihre gute Arbeit.	
Sie haben den Geburtstag eines Freundes vergessen.	
Sie kommen nach einem anstrengenden Tag nach Hause und lassen sich ins heiße Badewasser gleiten.	
Sie sitzen im Sommer in einem Café und essen einen Eisbecher.	
Sie öffnen Ihre Post. Unter den Briefen ist die Stromabrechnung. Sie müssen einen nicht unerheblichen Betrag nachzahlen.	
Ihr Arbeitgeber hat mitgeteilt, dass eine Reihe von Mitarbeitern entlassen wird. Es könnte Sie treffen.	

Schnürt sich bei dem Gedanken, den Job zu verlieren, die Kehle zu? Beginnt Ihr Herz zu rasen? Körperliche Signale wie diese nennt der portugiesische Hirnforscher António Damásio *somatische Marker*. Der Begriff »somatisch« leitet sich vom griechischen Wort »soma« für Körper ab. Es geht also um körperliche Signale. Damásio ist tongebend auf seinem Gebiet. Bekannt wurde er durch sein Buch ›Descartes' Irrtum‹. René Descartes war französischer Philosoph und Mathematiker, der Anfang des 17. Jahrhunderts gelebt hat. Er gilt als Begründer der neuzeitlichen Philosophie. Von ihm stammt der berühmte Satz »cogito ergo sum«, zu Deutsch: »Ich denke, also bin ich.« Descartes wollte das Wissen neu begründen und mit mittelalterlichen Mythen aufräumen.

»Schon vor einer Reihe von Jahren habe ich bemerkt, wie viel Falsches ich in meiner Jugend habe gelten lassen und wie zweifelhaft alles ist, was ich danach darauf aufgebaut habe. Und dass ich daher einmal im Leben alles von Grund aus umstoßen und von den ersten Grundlagen neu beginnen müsse.«

So beschrieb es Descartes in seinem Werk ›Meditationes de prima philosophia‹. Er war auf der Suche nach einem Fundament. Dabei zweifelte der Philosoph an allem: an Sinneseindrücken, an Erfahrungen, an Glaubenssätzen. Bis Descartes schlussendlich zu der Erkenntnis kam, dass bei all den Zweifeln er selbst als Ausgangspunkt bleibt. Diese Erkenntnis formulierte er in dem Satz: »Ich denke, also bin ich.« Damit hat Descartes dem Verstand eine besondere Rolle zugewiesen. Implizit schwingt darin aber eben auch die Ablehnung des Bauchgefühls mit.

Ein Fehler, sagt Damásio heute. Er hält es für falsch, das rationale Denken über die Gefühle zu stellen und diese nur als überflüssige Begleiterscheinung anzusehen.

Wie zuvor beschrieben, reagiert das emotionale Gedächtnis deutlich schneller und fungiert als Orientierungshilfe. Damásio ist der festen Überzeugung, dass Emotionen Entscheidungen überhaupt erst möglich machen. Zwei Männer brachten ihn zu dieser Erkenntnis: ein Sprengmeister und ein Geschäftsmann.

Phineas Gage war Sprengmeister im US-Bundesstaat Vermont. Eine Eisenbahntrasse sollte durch den Nordosten der USA gebaut werden. Entlang der geplanten Bahnstrecke füllte er Schießpulver in Bohrlöcher, steckte eine Zündschnur hinein und verschloss sie mit Sand. Damit die Sprengung gelingt, sprich, der Druck der Explosion in den Boden dringt, muss der Sand sorgfältig mit einer Eisenstange festgeklopft werden.

Trotz seines jungen Alters von 25 Jahren war Gage schon ein routinierter Sprenger und hatte es durch seine gute Arbeit zum Vorarbeiter gebracht. Doch am 13. September 1848 war alles anders.

Vielleicht war er abgelenkt durch einen anderen Arbeiter, müde oder in Gedanken ganz woanders. In dem Glauben, alles wie immer gemacht zu haben, stampfte er mit der Stange auf das Dynamit. Ein folgenschwerer Fehler: Die Stange schrappte an einem Stein entlang, Funken sprühten und entzündeten das Dynamit. Alles flog in die Luft. Die sieben Kilo schwere, drei Zentimeter dicke und zwei Meter lange Stange bohrte sich mitten durch den Kopf von Phineas Gage: Den Weg suchte sie sich durch seine linke Wange hinein und aus der rechten Schädeldecke wieder hinaus.

Gage hätte tot sein müssen, doch er überlebte den Unfall. Zum eintreffenden Arzt soll er gesagt haben: »Doktor, hier gibt es ordentlich was zu tun.«

Der junge Mann verlor zwar ein Auge, doch ansonsten schien es ihm gut zu gehen. Er war in vollem Besitz seiner geistigen Fähigkeiten, sein Intellekt wurde jedenfalls durch den Unfall nicht in Mitleidenschaft gezogen. Sein Leben nahm trotzdem eine unglückliche Wendung.

»Seine Freunde sagen, er ist nicht mehr er selbst«, schreibt sein behandelnder Arzt John Martyn Harlow über den Zustand seines Patienten. Gages Freunde und Arbeitskollegen wenden sich von ihm ab. Erst verliert er seinen Job bei der Eisenbahnfirma, dann wechselt er immer wieder den Arbeitsplatz und endet schließlich auf dem Jahrmarkt, wo er Schaulustigen das Loch in seinem Kopf zeigt. Mit nur 38 Jahren stirbt er.

Damásio und seiner Frau Hanna ließ der Fall keine Ruhe. Der Schädel von Phineas Gage wurde einige Jahre nach seinem Tod exhumiert. Über ein Jahrhundert später ließ Hanna Damásio den Schädel mithilfe von Lasertechnologie vermessen. Am Computer erstellte sie ein Gehirn, das in diesen Schädel passte. Anhand der Löcher konnte sie feststellen, welche Hirnareale von der Stange beschädigt wurden. Die beiden Hirnforscher hatten nämlich eine Vermutung: Sie glaubten, dass bei dem Unfall jene Regionen verletzt wurden, die für die Emotionen zuständig sind.

Ein ähnliches Schicksal ereilte Elliot Smith. Der Geschäftsmann begann eines Tages über starke Kopfschmerzen zu klagen. Seine Arbeitskollegen stellten fest, dass er immer mehr Fehler machte und sie ihm schließlich keine schwierigen Aufgaben mehr übertragen konnten.

Smith ging zum Arzt, und dessen Diagnose lautete: Direkt hinter der Stirn wucherte ein beinahe tennisballgroßer Tumor. Die Ärzte entfernten diesen sowie einen Teil seines Stirnlappens.

Auch wenn die Operation gut verlief, war Smith danach nicht derselbe. Er schien völlig planlos. Im Job konnte er sich nicht mehr konzentrieren. Er begann eine Aufgabe und verlor sich dann in einer anderen. Sein Chef kündigte ihm. Danach ließ er sich auf windige Geschäfte ein, und damit waren seine Ersparnisse weg. Zudem ging seine Ehe in die Brüche.

Zu diesem Zeitpunkt lernte er Antonio Damásio kennen und begab sich bei ihm in Therapie. Smiths kühle Art fiel dem Psychologen sofort auf. In den zahlreichen Sitzungen und stundenlangen Gesprächen sei Smith nie traurig, wütend, fröhlich oder genervt, schrieb Damásio in seinen späteren Ausführungen. Selbst von seiner gescheiterten Ehe erzählte er, als sei das jemand anderem passiert. Das Ausmaß von Smiths Gefühllosigkeit erkannte Damásio, als er dem Geschäftsmann Bilder von ertrinkenden Menschen und brennenden Häusern zeigte und dieser völlig regungslos blieb.

»Sie wissen, fühlen aber nichts«, lautet Damásios Diagnose. Ein bahnbrechendes Urteil. Denn wie sich die Unfähigkeit zu fühlen auf Entscheidungen auswirkt, zeigte der Psychologe kurz darauf mithilfe eines Kartenspiels, das später als *Iowa Gambling Task* bekannt wurde.

Mit seinem Assistenten Antoine Bechara überlegte sich Damásio ein Spiel, bei dem die Teilnehmer Karten von vier Stapeln zogen. Es waren zwei blaue und zwei grüne Stapel. Auf den Karten standen Geldbeträge, die die Spieler gewannen oder aber zu zahlen hatten.

Der Trick der Forscher: Zwar brachten die blauen Karten große Gewinne ein, doch auch schwere Verluste. Bei den grünen Karten waren die Gewinne kleiner, dafür gab es kaum Verluste. Gesunde Spieler konnten nach rund 50 Karten sagen, welche Stapel die bessere Wahl darstellten und warum.

Damásio bemerkte allerdings, dass die Spieler eigentlich schon viel früher wussten, welche Karten sie ziehen sollten. Durch die Gewinne und Verluste hatte ihr emotionales Gedächtnis schnell dazugelernt. Noch bevor sie es selbst bewusst wahrnahmen, schreckten gesunde Spieler vor den blauen Karten zurück. Ihr Bauchgefühl schickte ihnen Warnsignale. Schweiß bildete sich auf ihren Handflächen – und das schon nach zehn Karten.

Patienten mit Hirnverletzungen, wie sie Phineas Gage oder Elliot Smith erlitten hatten, erkannten selbst nach hundert Karten nicht, welche Stapel gefährlich waren. Ihnen fehlte das Bauchgefühl, sie waren, wie es Wissenschaftler heute nennen, »intuitionsblind«.

Seine Forschungen brachten Damásio schließlich dazu, seinen Ausführungen über Gefühle den Titel ›Descartes' Irrtum‹ zu geben – der Psychologe korrigierte Descartes' These zu: »Ich fühle, also bin ich.«

Wie mächtig das Bauchgefühl sein kann, stellte Jacob Sherson von der Aarhus-Universität erst kürzlich bei seinen Studien fest – und das ausgerechnet bei einem hochkomplexen Thema wie der Quantenmechanik.

Im konkreten Fall wollten Sherson und seine Kollegen ein einzelnes Atom bewegen, ohne dass dabei die für quantenmechanische Prozesse so wichtigen Informationen verloren gingen. Die Wissenschaftler wussten zwar, dass sie dazu eine bestimmte Geschwindigkeit brauchten, sie wussten nur nicht welche. Also fütterten sie ihre Computer mit allerlei Daten über den idealen Transportmechanismus. Sozusagen die mathematisch-wissenschaftliche Methode. Gleichzeitig programmierten sie allerdings auch ein Computerspiel, bei dem sie Probleme simulieren und spielerisch (sprich: intuitiv) lösen konnten.

Doch welche Überraschung: Ihre Intuition schlug die wissenschaftliche Herangehensweise, und sie fanden spielerisch schneller die optimale Lösung.

WANN UNS DIE INTUITION HELFEN KANN

Der Bremer Hirnforscher Gerhard Roth hat ermittelt, dass das Unterbewusstsein einige Millionen Informationen pro Sekunde verarbeiten kann, das Bewusstsein jedoch nur 0,1 Prozent davon. In folgenden Situationen ist das besonders nützlich:

Komplexe Probleme lösen. Besonders wenn eine Entscheidung mit weitreichenden Folgen getroffen werden soll, hat man den Wunsch, gründlich vorzugehen. Es werden alle verfügbaren Informationen gesammelt, das Problem wird hin und her gewälzt. Doch statt der erhofften Entscheidungshilfe überfordert einen die Flut an Informationen. Auf rationalem Wege lässt sich des Chaos kaum Herr werden. Das Bauchgefühl aber hilft, die Informationen zu filtern (siehe oben).

Unter gleichwertigen Alternativen wählen. Stehen mehrere Optionen zur Wahl, fällt uns die Entscheidung umso leichter, je unterschiedlicher die Angebote sind. Das wissen Sie schon aus dem vorherigen Kapitel. Sind sich die Optionen jedoch ähnlich bis gefühlt gleichwertig, tun wir uns mit der rationalen Entscheidung schwer. Die beste Wahl ist dann häufig das, was sich intuitiv richtig anfühlt.

Neue Lösungen finden. Wer neue Wege gehen will, sucht nach einer zündenden Idee oder hofft auf einen Geistesblitz. Innovationen brauchen immer auch eine gute Portion Verspieltheit und Neugier. Beide Eigenschaften bedienen sich intuitiver Impulse.

Richtiges Timing haben. Auch wenn es darum geht, den passenden Zeitpunkt zu erkennen, ist einem das Bauchgefühl behilflich. Oft spürt man intuitiv, wann es beispielsweise Zeit für einen Jobwechsel wird (scheut aber die Mühen und Konsequenzen).

Mitmenschen einschätzen. Ein Großteil der zwischenmenschlichen Kommunikation passiert nonverbal. Unterschwellig nehmen wir dabei die Botschaften wahr, die über Mimik und Gestik gesendet werden. Die Intuition hilft, blitzschnell einzuordnen, ob man sich sympathisch ist oder nicht, ob man jemandem vertrauen kann oder nicht.

WIE VERLÄSSLICH IST DAS BAUCHGEFÜHL?

Im Getty-Museum in Los Angeles kam es vor Jahren zu einer denkwürdigen Situation: Dubiose Kunsthändler boten dem Museum die Statue eines griechischen Jünglings an – zum Preis von zehn Millionen Dollar. Trotz der Summe ein Spottpreis. Einen solchen

Betrag zahlt allerdings kein Museum der Welt mal eben so aus der Portokasse. Also prüften die Kunstkenner des Museums den Marmor auf seine Echtheit – mit Elektronenmikroskop, Massenspektrografie, Röntgenstrahlen. Das volle Programm. Alle Tests kamen zu dem Schluss: Das Ding ist echt. Kurz vor dem Kauf baten sie jedoch noch Thomas Hoving, den ehemaligen Leiter des New Yorker Metropolitan Museum of Art, um externen Rat. Hoving warf nur einen kurzen Blick auf die Plastik und wusste gleich: Der steinerne Schönling ist eine Fälschung – und die Kunsthändler sind Betrüger. Wie sich herausstellte, lag er damit genau richtig. Sein Instinkt hatte unbewusst mehr Indizien wahrgenommen und sie schneller verarbeitet, als es der Verstand oder irgendwelche Maschinen konnten.

Zugegeben, es handelt sich hierbei um ein Extrembeispiel. Und keineswegs sollte der Eindruck entstehen, unsere Intuition sei einer wissenschaftlichen Analyse überlegen. Dem ist in der Regel nicht so. Und doch kann sie es zuweilen sein.

Und genau das macht sie zu einem wichtigen Berater im Alltag. Davon ist auch Gerd Gigerenzer, deutscher Psychologe und Direktor der Abteilungen Adaptives Verhalten und Kognition sowie des Harding-Zentrums für Risikokompetenz am Max-Planck-Institut überzeugt.

Die eigentliche Stärke der Intuition liegt darin, uns den Weg bei komplexen Problemen zu weisen – dann etwa, wenn uns zu viele Optionen, zu viele Parameter und Variablen die Sinne vernebeln und das Abwägen zu einer unlösbaren Aufgabe mutieren lassen. Gerade bei solchen Entscheidungen (zu denen auch die Partner- und die Berufswahl gehören) bringen uns rationale Abwägungen nicht weiter, die Intuition aber schon.

Allerdings mit einer kleinen Einschränkung: Sie sollten in dem Wahlfach über eine gewisse Expertise und Erfahrung verfügen.

Als die Psychologin Sian Leah Beilock von der Universität Chicago die Spielweise von Profi-Golfspielern erforschte, stellte sie fest, dass diese am besten spielten, wenn sie keine Zeit hatten, über ihren Schlag nachzudenken. Bei Golf-Anfängern verhielt es sich allerdings genau umgekehrt.

Ihr Forscherkollege Gary Klein beobachtete derweil erfahrene Sanitäter, Piloten, Feuerwehrmänner und Ärzte und stellte das Gleiche fest: Je erfahrener das emotionale Gedächtnis war, desto besser konnte es die Betroffenen anleiten – wie bei dem Ex-Museumsleiter Thomas Hoving.

Oder anders formuliert: Erst Expertise und Erfahrung auf dem Gebiet machen das Bauchgefühl zu einem zuverlässigen Berater.

SO TRAINIEREN SIE IHR BAUCHGEFÜHL

Es können natürlich noch so viele Wissenschaftler und Experten den Nutzen der Intuition predigen, so richtig überzeugen wird Sie am Ende vor allem die eigene Erfahrung. Erst wer mittels Bauchgefühl schon ein paar Mal exzellente Entscheidungen getroffen und die Intuition als verlässlichen Berater erlebt hat, schöpft nach und nach Vertrauen zu seiner inneren Stimme.

Bis dahin können Sie mit dem Bauchgefühl allerdings schon etwas üben und es trainieren. An der Stelle und zum Schluss dieses Abschnitts daher noch ein paar Tipps, wie das geht:

ACHTEN SIE AUF SPONTANE EINGEBUNGEN.

Ihr Bauchgefühl bewertet blitzschnell. Sie verspüren beispielsweise für einen kurzen Augenblick ein ungutes Gefühl in der Magengegend in einem Verkaufsgespräch. Viele Menschen neigen dazu, über solche Signale hinwegzugehen und reden sich ein: »Was der Verkäufer sagt, klingt plausibel.« Stellt sich der Kauf später als Reinfall heraus, bereuen viele, nicht der Eingebung gefolgt zu sein. Nehmen Sie solche Gefühle daher ernst – und fragen Sie lieber kritisch nach.

TRAINIEREN SIE AN UNBEDEUTENDEN KLEINIGKEITEN.

Trauen Sie sich noch nicht zu, sich auf Ihr Bauchgefühl zu verlassen, üben Sie es in alltäglichen Situationen: Schulen Sie Ihre Intuition beispielsweise bei der Wahl des Mittagessens, an der Supermarktkasse, auf einer Party oder im Meeting. Stellen Sie sich dafür kleine Aufgaben. Zum Beispiel: Wer wird im Meeting zuerst das Wort ergreifen? Welche Personen werden nach einer Stunde auf der Party zusammenstehen? Wer solche Überlegungen regelmäßig anstellt, wird merken, dass die Prognosen sich mit der Zeit verbessern. Sie lernen Personen und Situationen intuitiv richtig wahrzunehmen und einzuschätzen.

ERKENNEN SIE, WANN SIE IHR BAUCHGEFÜHL TRÜGT.

Der entscheidende Schritt ist es, ein Gespür dafür zu entwickeln, in welchen Situationen Sie sich auf Ihr Bauchgefühl verlassen können und wann nicht. Führen Sie sich dafür vor Augen, wann Sie mit dem Ergebnis einer Entscheidung, die Sie intuitiv getroffen haben, zufrieden waren. Sind Sie beispielsweise einer spontanen Eingebung gefolgt und haben Ihrem Chef beim Kaffee eine neue Idee skizziert und das Gespräch hat sich gut entwickelt? Ein Zeichen dafür, dass Ihr

Bauchgefühl in dieser Situation richtig lag! Jetzt müssen Sie nur noch reflektieren, was in dieser Situation günstig dafür war. Das Gleiche wiederholen Sie, wenn Ihr Bauchgefühl Sie in die Irre geführt hat. Beispielsweise bei einem neuen Kollegen, der Ihnen im ersten Moment unsympathisch erschien, sich jedoch nach einiger Zeit als guter Freund entpuppte. Je öfter Sie Ihre Bauchentscheide derart analysieren, desto sicherer werden Sie.

 ## DAS TROLLEY-DILEMMA

An der Stelle habe ich für Sie noch einen wirklich schwierigen Selbsttest, der ein bisschen auf Ihre Intuition, aber auch auf die Moral abzielt – das sogenannte *Trolley-Dilemma*. Es zählt heute zu den bedeutendsten Gedankenexperimenten in der Psychologie. Der Name selbst ist eine Ableitung des englischen Begriffs für Straßenbahn, was Sie aber auch gleich an der Fragestellung merken:

Angenommen, ein Zug rast auf eine Gruppe von fünf Gleisarbeitern zu und würde diese ohne jeden Zweifel überrollen. Sie haben jedoch die Chance, in letzter Sekunde eine Weiche umzustellen. Der Zug würde dann auf ein anderes Gleis umgeleitet. Einziger Haken: Dadurch würden zwar die fünf Arbeiter gerettet werden, aber ein anderer unwissender Arbeiter auf dem Ausweichgleis wird nun unweigerlich vom Zug in den Tod gerissen. Wie entscheiden Sie sich?

Sie spüren das Dilemma? Es ist die Frage, ob man bereit ist, ein Leben zu opfern, um fünf andere zu retten. Für die meisten Menschen ist dies – zumindest in einem theoretischen Umfeld – eine einfache Wahl. Getreu dem Motto: »Fünf Leben wiegen schwerer als eines« sind die meisten sofort bereit, die Weiche umzustellen. Sie auch?

Okay, dann mache ich es schwerer. Zu diesem Experiment und Dilemma gibt es inzwischen zahllose Variationen. Die wie ich finde bemerkenswerteste kommt aus Wien. Der Versuchsaufbau war dabei ähnlich, allerdings bekamen die Teilnehmer der Studie vorab Texte über die imaginären Personen zu lesen. Vor allem mit dem einsamen Arbeiter auf dem Ausweichgleis wurden sie besser bekannt gemacht.

Für das Verständnis einiger Texte war es sogar notwendig, sich in die Person hineinzuversetzen, deren Handlungen und Gedanken selbst nachzuvollziehen, um noch einige Fragen der Wissenschaftler zu beantworten. Dann mussten auch diese Probanden die folgenschwere Entscheidung treffen: Weiche umstellen oder nicht?

Sie ahnen natürlich, worauf ich hinauswill. In einem fiktiven Gedankenspiel ist es leicht, intuitiv eine solche Entscheidung zu treffen. Fünf sind mehr als eins. Hatten sich die Teilnehmer der Studie aber empathisch in die Person hineinversetzt, fiel es ihnen enorm schwer, diese zu opfern. Sie empfanden hohen Stress und wussten kaum noch eine Lösung. In der Realität hätte der Zug vermutlich längst die Gruppe überrollt, bis sich die Probanden entscheiden konnten.

Empathie – eine weitere starke Emotion – kann unser Bauchgefühl und damit auch unsere Entscheidung massiv erschweren. Eine Lösung für dieses Dilemma gibt es leider nicht. Aber vielleicht ist das auch besser so, weil es uns zu dem macht, was wir sind: menschlich.

WENN NICHT JETZT, WANN DANN?

WAS IST DIE BESSERE WAHL: KURZ- ODER LANGFRISTIG?

Immer an die Zukunft denken, bei jeder Handlung die Konsequenzen im Hinterkopf berücksichtigen und einen konkreten Plan vor Augen haben – ein solches Vorgehen beschreiben wir zu Recht als strategisch, organisiert, bedacht, ja sogar als sinnvoll. Wer kennt sie nicht, die Appelle vom Typ »Denk an deine Zukunft«, die alle der Vergangenheit angehören könnten, wenn man sich dazu durchringen würde, ab sofort nur noch langfristige Entscheidungen zu treffen.

Für viele entsteht aus dieser Vorstellung heraus eine Art Utopie, die auf vorausschauendem Denken und vermeintlich perfekten Entscheidungen basiert: Alle Kinder geben in der Schule nur noch ihr Bestes, weil sie sich der Tragweite für ihr späteres Leben bewusst sind; nach dem Abschluss – der logischerweise aufgrund der großen Anstrengungen sehr gut ausfällt – beschäftigen sich die Heranwachsenden intensiv mit ihrem Fortkommen: Ausbildung, Studium mit Auszeichnung. Ein Werdegang in Stromlinienform. Und am Ende erreicht jeder für sich den individuell besten Weg und ist auch noch glücklich damit, weil er alles schon lange vorher durchdacht hat.

Nette Vorstellung. Wenn sie aber auf die Realität trifft, wird sie löchrig wie Schweizer Käse und hält in der Regel auch genauso lange wie ebenjener, wenn er in der Sonne steht.

Die schöne Scheinwelt darf nicht darüber hinwegtäuschen, dass der Gedanke gleichzeitig zwei wichtige Fragen aufwirft, die man sich unweigerlich stellen muss:

1. **Wie realistisch ist es, immer eine langfristige Entscheidung zu treffen?**

2. Ist diese auch immer so sinnvoll, wie sie auf den ersten Blick erscheint?

Jeder, der schon einmal versucht hat, bei seinen Entscheidungen immer langfristig zu denken, wird festgestellt haben, dass das alles andere als einfach ist. Die langfristige Wahl hat nicht nur Vorteile, sondern eben auch einen essenziellen Knackpunkt, den die vielen Fürsprecher des zukunftsorientierten Handelns vernachlässigen: Wer nur an die Zukunft denkt, opfert die Gegenwart.

Das Geld sparen oder sich davon jetzt etwas kaufen? Das einzige freie Wochenende nutzen, um eine berufliche Fortbildung zu besuchen oder spontan einen Kurztrip nach Frankreich machen? An die Gesundheit und die eigene Figur denken oder einfach mal wieder eine leckere Pizza genießen – mit doppelt Käse?

Es gibt unzählige dieser Zielkonflikte, die jeden Tag aufs Neue entschieden werden wollen. Da soll es sinnvoll sein, immer den kurzfristigen Vorteil hintanzustellen und an das langfristige Wohl zu denken? Kaum vorstellbar, oder? Irgendwann drängt sich der Wunsch in den Vordergrund, sich hier und jetzt etwas zu gönnen, die Zukunft einfach mal Zukunft sein zu lassen und genüsslich die Telefonnummer des nächsten Fastfood-Lieferanten zu wählen.

Wie oft wir diesem Drang nachgeben, ist auch eine Frage der Persönlichkeit: Dem einen fällt es leichter, auf etwas zu verzichten, andere haben damit größere Schwierigkeiten und entscheiden sich regelmäßiger für den Moment und tun sich etwas Gutes.

WAS SÜSSIGKEITEN ÜBER PERSÖNLICHKEIT VERRATEN

Schon bei Kindern lassen sich zwei Arten der Persönlichkeit feststellen – und das ausgerechnet durch Süßigkeiten.
Im Mittelpunkt eines inzwischen legendären Experiments,

das bereits in den Sechzigerjahren vom Psychologen Walter Mischel durchgeführt wurde, steht ein Marshmallow. Die Leckerei wurde damals Vorschulkindern vorgesetzt, jedoch unter einer wichtigen Maßgabe: Wer das Marshmallow nicht sofort verspeiste, sondern wartete, bis der Forscher zurückkam, erhielt zur Belohnung noch ein zweites Marshmallow. Die Reaktionen der Kinder waren so unterschiedlich, wie es die individuellen Persönlichkeiten vermuten ließen: Einige stopften sich den Süßschaum gleich in den Mund, andere warteten seelenruhig, bis sie sich die doppelte Belohnung verdient hatten, und wieder andere hatten wirklich zu kämpfen, versuchten sich abzulenken und schafften es am Ende mit Mühe und Not, die Wartezeit zu überstehen.

Wirklich bahnbrechend wurde das Experiment jedoch erst durch seine Fortsetzung, die rund 14 Jahre später stattfand: Mischel untersuchte hierzu dieselben Kinder von einst und deren Werdegang. Dabei zeigte sich ein deutlicher Zusammenhang zwischen dem Verhalten während des ersten Marshmallow-Tests und der jetzigen Konstitution.
Diejenigen, die ihr Marshmallow seinerzeit nicht angerührt hatten, zeigten in den aktuellen Tests eine größere soziale Kompetenz, konnten besser mit Frust, Stress und Rückschlägen umgehen und glänzten auch insgesamt durch bessere schulische Leistungen. Wer hingegen schon als Kind nicht abwarten konnte, war als Jugendlicher unsicherer, unentschlossener und sogar neidischer als die anderen Teilnehmer der Studie.
Das Fazit des Marshmallow-Tests: Die Fähigkeit, Belohnungen aufzuschieben – sprich, langfristige Entscheidungen zu treffen –, ist ein Indiz für einen starken Charakter, der sich bereits in früher Kindheit zeigt.

Die Ergebnisse stießen jedoch nicht nur auf Zuspruch, sondern wurden auch kritisiert: So gab die Wissenschaftlerin Celeste Kidd zu bedenken, dass nicht nur die Persönlichkeit, sondern auch das Umfeld des Kindes großen Einfluss auf das Verhalten während des Marshmallow-Tests nehmen kann. Hat ein Heranwachsender beispielsweise Angst, ihm würde wie immer etwas weggenommen oder er würde die versprochene Belohnung gar nicht erhalten, handelt er nicht ungeduldig, sondern sogar rational, wenn er das Marshmallow sofort verspeist.

Generell dürfte die Grundannahme – *langfristige Entscheidungen sind besser* – kaum jemand bezweifeln. Aber stimmt das wirklich? Ist eine langfristige Entscheidung wirklich stets besser als eine kurzfristige?

Ganz so offensichtlich, wie es auf den ersten Blick erscheint, ist die Antwort auf diese Frage eben nicht.

Um sich das bewusst zu machen, kann ein weiteres, wenn auch wieder drastisches Beispiel helfen: Stellen Sie sich einen jungen Mann vor, der immer langfristige Entscheidungen trifft. So auch, wenn am Ende des Monats Geld übrig bleibt. Mit dem großen Ziel vor Augen, sich endlich den Traum von einer Weltreise zu erfüllen, legt er jeden verfügbaren Euro an, den er sparen kann. Eine gute Strategie – auf den ersten Blick.

Was aber, wenn der junge Mann einen schweren Unfall hat oder schwer erkrankt und die geplante Weltreise unmöglich wird? Dann hat er womöglich jahrelang auf ein Ziel hingearbeitet, ohne sich etwas zu gönnen – und ohne das Ziel jemals erreichen zu können. Oder was, wenn das Reisen aufgrund plötzlich steigender (Benzin-)Preise extrem teuer wird und das gesparte Kapital nur noch für einen vierwöchigen Urlaub reicht?

Erstens kommt es anders und zweitens als man denkt, lautet ein schönes Bonmot. Das soll jetzt natürlich kein Plädoyer gegen große Ziele werden, ganz im Gegenteil: Es hilft durchaus zu planen, Risiken abzuwägen und Entwicklungen zu erkennen. Wenn auch nicht permanent, so sollte doch jeder in der Lage sein, seine Entscheidungen vor einem langfristigen Hintergrund zu betrachten und zu treffen.

Wichtig ist nur, sich gewahr zu sein, dass eine langfristige Entscheidung nicht automatisch die bessere sein muss, weil niemand die Zukunft kennt und sich selbst scheinbar sichere Parameter jederzeit ändern können.

Ein Bekannter von mir hat mal gesagt:

»Wir sollten alle in jungen Jahren einen Kredit aufnehmen, um große, lange Reisen zu unternehmen und Abenteuer zu erleben – und das Geld zurückzahlen, wenn wir alt sind und dazu körperlich wie geistig nicht mehr willens oder in der Lage sind.«

Immer in der Gegenwart zu verzichten, sich selbst auf die Zukunft zu vertrösten und aktuelle Bedürfnisse in den Hintergrund zu stellen, kann sehr unglücklich machen. Umgekehrt gilt: Sich selbst für harte Arbeit, für geleistete Anstrengung und Entbehrungen oder auch einfach mal ohne Grund zu belohnen, tut der Seele gut, steigert die Laune, motiviert und kann helfen, den Alltagsstress besser zu verarbeiten.

Kurzum: Es lässt sich einfach kein pauschales Urteil darüber fällen, dass langfristige Entscheidungen grundsätzlich die besseren wären. Vielmehr kommt es dabei – wie so oft – auf die Umstände an und die richtige Balance.

Falls Sie sich übrigens gerade unwohl fühlen, weil Sie sich schon die ganze Zeit über eher zu den Kindern zählen, die das Marshmallow sofort verdrückt hätten: Keine Bange, es gibt auch ein Leben nach dem Konfekt!

Jeder kann lernen, Entscheidungen zu treffen, die auf die Zukunft ausgerichtet sind – ohne die Gegenwart zu verpassen. Dabei helfen vor allem drei Schritte:

ÜBEN SIE SICH IN GEDULD.

Alles muss immer schnell gehen, für kaum etwas bleibt genügend Zeit? Kein Wunder, dass so auch Entscheidungen kurzfristig getroffen werden. Um sich in Geduld zu üben, kann es helfen, Prioritäten zu setzen. So wissen Sie, was gerade wichtig ist, was noch warten kann, und Sie verlieren nie den Überblick. Der schöne Nebeneffekt: Warten und Geduld werden nicht mehr als Last oder Probe empfunden, sondern als selbst gewählte Reihenfolge und Mittel zum Zweck.

 ### LERNEN SIE SELBSTDISZIPLIN.

Der Verzicht auf eine kurzfristige Belohnung erfordert ein hohes Maß an Selbstdisziplin: Sie müssen sich überwinden, etwas Schönes zu opfern, um zu einem späteren Zeitpunkt etwas noch Besseres zu erhalten. Hier kann es helfen, einen konkreten Zeitpunkt festzulegen, auf den Sie hinarbeiten. Die Vorstellung »irgendwann wird es sich lohnen« ist eher demotivierend, während der Gedanke »in sechs Monaten kann ich mir ein neues Auto leisten« ein großer Ansporn sein kann und den Verzicht viel erträglicher macht.

 ### ENTWICKELN SIE MEHR VERTRAUEN.

Sie entscheiden sich lieber für den Spatz in der Hand als die Taube auf dem Dach, weil Sie Angst haben, dass am Ende (wie oben beschrieben) doch alles anders kommt? Was hier fehlt, ist das Vertrauen: in die eigenen Fähigkeiten, in die Umwelt oder allgemein in die Zukunft. Überwinden Sie Ihre

Zweifel und den Pessimismus. Das ist nicht leicht und wird einige Zeit in Anspruch nehmen, doch es wird helfen, im richtigen Moment langfristige Entscheidungen zu treffen, die nicht von Ängsten und Sorgen geprägt sind.

DARUM SOLLTEN SIE KURZFRISTIGE ENTSCHEIDUNGEN TREFFEN

Es gibt Menschen, denen es aufgrund ihrer Erziehung oder Prägung kaum gelingt, kurzfristige Entscheidungen im eigenen Interesse zu treffen. Sich selbst zu belohnen, dabei nur an sich zu denken, erscheint ihnen egoistisch und moralisch falsch. Fehler!

So bleiben nicht nur der Spaß am Leben und die Freude am eigenen Handeln auf der Strecke. Wer nie lernt, sich selbst etwas Gutes zu tun, demotiviert sich selbst. Und nicht wenige mutieren dabei sogar zum veritablen Miesepeter.

Deshalb, daher und darum: Treffen Sie auch mal kurzfristige Entscheidungen und …

Denken Sie an sich. Immer nur den Erwartungen der Familie, Freunde oder der Umwelt gerecht zu werden, führt dazu, dass Sie sich permanent selbst verleugnen müssen. Selbstlosigkeit ist zwar eine Tugend, aber die Dosis macht das Gift. Schließlich tragen Sie auch Verantwortung für das eigene Leben und Glück. Nächstenliebe braucht zwingend die Selbstliebe. Fragen Sie sich also: Was will ich eigentlich? Was macht mich glücklich? Wofür begeistere ich mich? Diese Fragen können und dürfen Sie in Ihre Entscheidungen einbeziehen.

Gönnen Sie sich etwas. Auf eine kurzfristige Belohnung zu verzichten zeugt zwar von Charakterstärke. Aber es ist nicht jedes Mal nötig und sinnvoll: Wer viel Sport treibt, um ein oder zwei Kleidergrößen zu verlieren, kann sich durchaus einen Entspannungstag in der Sauna gönnen und muss nicht abwarten, bis die neue Hose passt. Der Arbeitnehmer, der wochenlang Überstunden leisten musste, kann das zusätzlich verdiente Geld zur Seite legen. Mehr Freude aber wird es machen, von einem Teil davon mit dem Partner (der ja ebenfalls zu kurz kam) schick essen zu gehen oder einen romantischen Kurztrip zu buchen.

Genießen Sie den Moment. Manchen Menschen fallen kurzfristige Entscheidungen auch deshalb schwer, weil sie nie gelernt haben, das Hier und Jetzt zu genießen. Immer driften die Gedanken ab und drehen sich wie Geier im Kreis um jene Dinge, die man stattdessen tun sollte. Ruhe, Entspannung und Zufriedenheit entstehen aber allein in der Gegenwart. Lernen Sie daher, einfach mal den Moment zu genießen und sich ganz selbst zu genügen.

SIND SCHNELLE ENTSCHEIDUNGEN BESSER ODER SCHLECHTER?

Entscheidungen lassen sich nicht nur hinsichtlich des Zeitraums differenzieren, für den sie getroffen werden. Auch die Zeit, die man braucht, um sich auf die eine oder andere Option festzulegen, spielt bei diesem Prozess eine große Rolle. Schnelle Entscheidungen zu treffen, wird oft mit »Entscheidungsstärke« und »Entscheidungsfreude« assoziiert. Beides sind durchweg positiv besetzte Begriffe. Aber auch ein bisschen suggestiv. Deshalb sollten wir das genauer untersuchen: Sind schnelle Entscheidungen wirklich besser?

Zugegeben, es lässt sich kaum bestreiten, dass schnelle Entscheidungen in einigen Situationen absolut notwendig sind. Schon deshalb, weil nicht immer genügend Zeit gegeben ist, um das Für und Wider jeder Möglichkeit zu überdenken. Sie erinnern sich noch an das Bauchgefühl? Ein Notarzt, ein Pilot, ein Wettkampfsportler, eine Führungskraft – sie alle stehen regelmäßig vor diesem Problem, rasch entscheiden zu müssen. Sonst riskieren sie Menschenleben, den Sieg oder einen wichtigen Vorsprung gegenüber Wettbewerbern.

Aber auch ohne große Verantwortung können wir bei scheinbar alltäglichen Problemen dazu gezwungen werden, eine schnelle Wahl zu treffen:

- Die Bewerbungsfrist für eine Stelle läuft ab, Sie sind sich aber unsicher, ob der Job zu Ihnen passt – bewerben oder nicht?
- Das günstige Angebot im Technikhandel gilt nur noch heute, doch das alte Smartphone funktioniert noch ganz gut – kaufen oder nicht?
- Auf der Autobahn ist Stau gemeldet, aber die Schleichwege sind den anderen Pendlern ebenfalls längst bekannt – den Stau umfahren oder durchleiden?

Solch raschen Alltagsentscheidungen – die Beispiele ließen sich beliebig fortführen – hängt oft der Makel des Unvollkommenen an: Wer so wählt, hat (scheinbar) nicht darüber nachgedacht, nicht abgewogen, handelt impulsiv – und liegt (angeblich) mit größerer Wahrscheinlichkeit falsch.

Wenn Sie das Buch bis hierhin gelesen haben, wissen Sie natürlich längst: Das ist ein Trugschluss. Die schnelle, intuitive Wahl kann der lange abgewogenen weit überlegen sein. Ebenso tun sich Männer mit schnellen Entscheidungen leichter, ohne dass sie deswegen automatisch schlechter wählen würden. Pauschal lässt sich also aus der Entscheidungsgeschwindigkeit überhaupt nichts über deren Qualität ableiten. Manchmal ist Tempo keinesfalls empfehlenswert, doch gilt dies längst nicht immer. Wir müssen uns der Frage also anders nähern.

STRESS FÜHRT ZU RISKANTEREN ENTSCHEIDUNGEN

Manche Entscheidungen müssen unter Zeitdruck gefällt werden. Gerne hätte man mehr Zeit, doch manche Türen sind eben nur für eine begrenzte Zeit geöffnet. Gerade für Entscheidungen unter Stress liefert die Forschung allerdings eine wichtige Erkenntnis: Wir werden dabei risikofreudiger.

Theodore Noseworthy von der kanadischen Universität von Guelph im Südwesten Ontarios führte dazu einige Studien an Managern durch. Sobald Stress im Spiel war, neigten diese dazu, riskantere Optionen zu wählen. Der Stress sorgte für eine größere Distanz zu den möglichen negativen und langfristigen Konsequenzen ihrer Entscheidung und korrumpierte die Manager emotional.

Dabei besaßen alle Führungskräfte eine ausgewiesene Problemlösungskompetenz sowie analytische Fähigkeiten und – so sollte man meinen – Stresserfahrung. Denkste! Noseworthy schlussfolgerte, dass die Alphatiere dennoch unter Stress regelmäßig in den Angriffsmodus schalteten, statt gründlich zu reflektieren. Das Geschlecht ist dafür übrigens unerheblich: Auch die Frauen in der Studie neigten zur stressbedingten Risikobereitschaft.

WELCHE ENTSCHEIDUNGEN KÖNNEN SCHNELL GETROFFEN WERDEN?

Ob es sinnvoll oder sogar angebracht ist, sich auf die Schnelle zu entscheiden, kommt in erster Linie auf den Sachverhalt an, der zur Debatte steht. Ein Haus oder ein Auto zu kaufen, einen Urlaub zu buchen, den Job zu kündigen oder eine Familie zu gründen – all das sind Entscheidungen, die gut überlegt sein wollen, da sie langfristige und teils große Auswirkungen haben.

Auf der anderen Seite gibt es drei Kategorien, bei denen ein langes Hin und Her nicht nötig, ja geradezu lähmend sein kann. Solche Entscheidungen können durchaus schnell getroffen werden:

KLEINE ENTSCHEIDUNGEN

Nicht immer ist es den Aufwand wert, sich lange den Kopf zu zerbrechen. Dies gilt besonders dann, wenn der Gegenstand der Entscheidung trivial ist oder man mit jeder Entscheidung nahezu gleich gut leben könnte. Erinnern Sie sich an die ersten beiden Kapitel: Ob Sie sich morgens noch eine zweite Tasse Kaffee gönnen oder mittags Nudeln oder Reis essen – who cares?! Auf lange Sicht hat das keine großen Auswirkungen.

HÄUFIGE ENTSCHEIDUNGEN

Es ist kein Zufall, dass Manager, die den Job seit zehn Jahren machen, schnellere Entscheidungen treffen und sich obendrein auch noch sicherer dabei fühlen als Neulinge in dem Job. Erfahrung und Routine sorgen für schnellere Lösungen.

Mögliche Fallstricke können besser beurteilt, Konsequenzen leichter eingeschätzt und Vorteile schneller erkannt werden. Darin steckt allerdings auch eine Gefahr: Routine lullt ein und verleitet zum Gewöhnlichen. Das Ergebnis: Mittelmaß und Stagnation. Häufige Entscheidungen sollten daher immer wieder und unregelmäßig hinterfragt werden – aus purem Selbstschutz.

 ## VAGE ENTSCHEIDUNGEN

Je weniger Informationen für eine Entscheidung zur Verfügung stehen, desto schneller lässt diese sich im Zweifelsfall treffen. Das klingt zunächst widersprüchlich, funktioniert aber in der Praxis recht gut. Wenn für einen umfangreichen und fundierten Entscheidungsprozess nicht genügend Material vorliegt, gibt es ja nur zwei Möglichkeiten: Entweder werden zunächst mühsam alle Informationen beschafft und ausgewertet – oder man entscheidet auf Basis des aktuellen Wissensstands und kommt so zu einem schnellen Ergebnis. Und da jede Entscheidung – auch die abgewogene – immer eine Wette bleibt, kann die vage, aber fixe Wahl genauso gut ausfallen. Die Chancen stehen fifty-fifty. So schlecht ist das nicht, wenn man eigentlich gar nichts weiß.

Leider gibt es auch hierbei eine kleine, aber bemerkenswerte Komplikation: Ob wir in der Lage sind, uns schnell für die eine oder andere Alternative zu entscheiden, hängt zum Teil auch von bestimmten Ausprägungen unseres Gehirns ab.

Zu diesem Ergebnis kam kürzlich ein Forscherteam, bestehend aus Neurowissenschaftlern und mathematischen Psychologen vom Max-Planck-Institut für Kognitions- und Neurowissenschaften in

Leipzig und den Universitäten Amsterdam sowie Newcastle in Australien.

In ihrem Versuch wiesen die Forscher die Teilnehmer an, zu beurteilen, ob sich einige Punkte auf einem Bildschirm nach links oder rechts bewegten. Eine scheinbar leichte Aufgabe, die jedoch durch die genauere Aufgabenstellung erschwert wurde: In einem Durchgang sollten die Probanden möglichst schnell antworten, in einem zweiten möglichst korrekt. Im dritten und letzten Versuch wurden die beiden Faktoren dann kombiniert und die Bewegungsrichtung sollte sowohl schnell als auch richtig eingeschätzt werden – die Teilnehmer mussten ihre Wahl also unmittelbar selbst verifizieren. Während des Tests wurden die Gehirnaktivitäten der Teilnehmer überwacht.

Wie nicht anders zu erwarten, fiel das Ergebnis unterschiedlich aus. Einigen gelang es scheinbar spielend, schnelle und richtige Entscheidungen zu treffen, andere konnten die Bewegung nur dann richtig beurteilen, wenn sie sich dafür entsprechend Zeit lassen konnten. Man könnte dies leicht auf die Konzentration oder Auffassungsgabe der Teilnehmer zurückführen. Die Gehirnscans aber lieferten eine andere Erklärung.

Tatsächlich waren bestimmte Areale des Gehirns bei den Studienteilnehmern, die sowohl schnell als auch richtig entschieden, besonders aktiv. Dabei traten zwei Bereiche besonders hervor: Das prä-supplementär-motorische Areal (prä-SMA) und die Basalganglien (die Sie schon aus Kapitel 6 kennen).

Klingt furchtbar kompliziert und wissenschaftlich, ich weiß, lässt sich glücklicherweise aber auch in einfachen Worten erklären: Das prä-SMA ist ein abgegrenzter Teil der Großhirnrinde, der vor allem ermöglicht, komplexe Handlungsabläufe zu erlernen sowie komplexe Bewegungsmuster vorzubereiten.

Die Basalganglien wiederum speichern nicht nur unsere Gewohnheiten, sie regeln auch motorische und kognitive Prozesse und filtern Reize, die an andere Regionen des Gehirns weitergegeben werden. Damit sind sie gerade für schnelle Entscheidungen von großer Bedeutung, da sie es ermöglichen, die kognitive Wahrnehmung – im Falle der Versuche das Sehen der Bewegung – in kurzer Zeit in eine motorische Handlung zu übersetzen, beispielsweise als Druck auf den entsprechenden Knopf für links oder rechts.

Die Ergebnisse des Forscherteams legen damit den Schluss nahe, dass sich die Ergebnisse der Probanden eher durch deren verschiedenartige Hirnaktivitäten erklären lassen. Spinnt man diesen Gedanken weiter, würde das bedeuten, dass Menschen, deren Basalganglien ausgeprägter beziehungsweise aktiver sind, unter Zeitdruck leichter eine schnelle, richtige Entscheidung treffen.

Diese Erkenntnis lässt sich natürlich jetzt nicht wirklich in den Alltag integrieren oder nutzbringend umsetzen. Wer weiß schon was über die Ausprägung seiner Basalganglien? Aber falls Ihnen schnelle Entscheidungen schwerfallen, muss das eben auch nicht bedeuten, dass Sie unkonzentriert oder schwer von Begriff sind. Sagen Sie einfach: »Ich hab doofe Basalganglien.« Das klingt doch überlegt.

Ansonsten hätte ich noch ein paar Vorschläge …

WIE SIE SCHNELLERE ENTSCHEIDUNGEN TREFFEN

All jene, die sich beim Entscheiden fühlen, als müssten sie voll bekleidet durch einen Sumpf schwimmen: Es geht auch anders, schließlich hat nicht jeder gleichermaßen solche mentalen Siebenmeilenstiefel an.

Das Wichtigste ist, dass Sie zunächst einmal eine Art kritische Selbsteinschätzung pflegen und sich folgende Fragen stellen:

• Warum fallen mir schnelle Entscheidungen schwer?
• Was macht mir dabei Angst?

- Habe ich schlechte Erfahrungen mit schnellen Entscheidungen gemacht?
- Gibt es einen Grund oder Auslöser, seit dem ich mich nicht mehr schnell festlegen kann?
- Wann habe ich es das letzte Mal versucht?

Sich solche Fragen ehrlich zu beantworten, ist keineswegs leicht, auch wenn es sich auf den ersten Blick so liest. Die Gefahr ist groß, sich dabei selbst in die Tasche zu lügen oder alles hopplahopp zu beantworten und dann weiterzumachen (oder weiterzulesen) wie bisher. So verändert sich aber nichts.

Nehmen Sie sich deshalb bitte wirklich die Zeit, über die Fragen nachzudenken, anstatt diese nur zu überfliegen. Die Ehrlichkeit, Zeit und Sorgfalt, die Sie an dieser Stelle investieren, lohnt sich. Nur wer wirklich versteht, was ihn bei schnellen Entscheidungen blockiert, kann effektiv etwas dagegen tun, kann das Problem bei der Wurzel packen, statt nur die Symptome zu behandeln.

Haben Sie die Ursache bereits identifiziert und wissen, warum Ihnen schnelle Entscheidungen so schwerfallen, können Sie sich der nächsten Phase zuwenden, der Frage: Was lässt sich dagegen tun?

Da die Ursache vollkommen individuell sein kann, lässt sich hier leider kein kurzes, allgemeines Rezept entwickeln, das es jedem ermöglicht, ad hoc entscheidungsfreudiger zu werden.

Allerdings gibt es ein paar Ursachen, die sich häufen und immer wieder als Probleme in Studien genannt werden. Picken Sie sich aus der folgenden Liste also bitte jene Punkte heraus, die am ehesten auf Sie zutreffen.

1. Streben Sie nicht nach Perfektionismus.
Perfektionismus wird zuweilen und fälschlicherweise ausschließlich als etwas Positives verstanden. Er wird Leuten zugeschrieben, die hohe Ansprüche haben und diese auch erfüllen. Er steht für Gewis-

senhaftigkeit, Sorgfalt und Qualität. Alles gut, alles richtig. Die negativen Seiten werden hingegen oft verschwiegen, obwohl diese weitaus schwerwiegender sein können: So führt Perfektionismus nicht selten zu einem Tunnelblick. Nichts ist mehr wirklich gut oder gut genug. An Erreichtem kann sich der Perfektionist nicht mehr freuen, schließlich ist es nicht ganz perfekt. Und so kann die Perfektionssucht mit der Zeit das Selbstwertgefühl zerstören und nicht zuletzt Entscheidungen lähmen: Wie soll man sich auch festlegen, wenn der Anspruch die unerreichbare Perfektion ist? Man wird immer ein Haar in der Suppe finden, da es die perfekte Lösung maximal im Laborversuch, aber nicht in der Realität gibt.

Wer schnellere Entscheidungen treffen will, sollte daher nicht nach Perfektionismus streben. Einmal im Hamsterrad der Perfektion gefangen, ist der Weg hinaus holprig. Der selbst auferlegte Druck der fehlerfreien Fassade wiegt schwer auf der Psyche und davon abzuweichen bedeutet immer auch, sich selbst angreifbar zu machen.

Damit es trotzdem gelingt, können verschiedene Wege eingeschlagen werden: So hilft es, sich selbst zu mehr Realismus zu ermahnen und die utopischen Anforderungen an sich selbst und das eigene Handeln zu senken.

Besonders effektiv ist es, sich vor Augen zu führen, dass es nicht schlimm ist, sich bei schnellen Entscheidungen dem Risiko eines Fehlers auszusetzen. Die Welt wird deswegen schon nicht untergehen, und so manches Fehlurteil lässt sich hernach korrigieren.

Oder Sie sehen das Ganze positiv, als Lerneffekt. Beispiel Thomas J. Watson. Der Gründer des IT-Unternehmens IBM stellte seinerzeit einen Mitarbeiter ein, der einen schwerwiegenden Fehler machte und das Unternehmen mehr als eine halbe Million Dollar kostete. So mancher Chef hätte den kostspieligen Kollegen geteert, gefedert und gefeuert – und seine Personalentscheidung verflucht. Nicht so Thomas J. Watson: Der behielt den Mitarbeiter. Als ihn ein Reporter später darauf ansprach, sagte er schlicht: »Ich habe gerade 600 000 Dollar in seine Ausbildung investiert.

Warum sollte jemand anderes diese Erfahrung gratis bekommen?« Watson hatte erkannt, dass es nicht schlimm ist, eine falsche Entscheidung zu treffen, sondern dass es lediglich darauf ankommt, was man daraus lernt und daraus macht.

2. Übernehmen Sie Verantwortung.

Jeder ist für seine Entscheidungen und die damit verbundenen Handlungen selbst verantwortlich. Das klingt so simpel. Trotzdem steht diese scheinbar triviale Erkenntnis zahlreichen Entscheidungen im Weg – erst recht, wenn diese unter dem Aspekt der Geschwindigkeit getroffen werden sollen.

Nicht wenige Entscheidungen werden aus Angst vor der damit verbundenen Verantwortung auf die lange Bank geschoben. Wer abwägt, Informationen beschafft, Ratgeber hinzuzieht, kann die Verantwortung gewissermaßen teilen. Im Zweifel war die fehlende Information schuld, der miese Ratgeber, der verspätete Zeitpunkt, der sich durch das Abwägen nicht umgehen ließ, das Buch über Entscheidungen … Sie merken schon: Ausreden für Fehlurteile gibt es viele.

Nicht so bei der Blitzwahl. Da gibt es zwar auch Informationsdefizite und falsche Einflüsterer. Sie besteht aber – so paradox es klingt – aus zwei Entscheidungen: Erstens, die Entscheidung jetzt und hier *trotzdem* zu treffen und sie – zweitens – damit praktisch *alleine* zu treffen. Für beides zusammen gibt es keine Ausreden oder Entschuldigungen mehr. Die Verantwortung lastet einzig und allein auf dem Entscheider. Geht die Sache gut aus, krönt jede Menge Lorbeer das Haupt, andernfalls regnet es Asche.

Wer also schnellere Entscheidungen treffen will, kommt nicht umhin, mehr Verantwortung zu übernehmen. Ganz bewusst. Das kostet anfangs viel Überwindung, fühlt sich aber mit der Zeit und Häufigkeit immer besser an, weil Sie damit etwas Unbezahlbares gewinnen: Handlungsfreiheit.

Wer sich von seiner Angst vor Verantwortung lenken lässt, gibt die Entscheidungsgewalt letztlich in die Hände anderer und begibt sich damit in eine Situation, in der er oder sie sich mit Konsequenzen arrangieren muss, die er nicht selbst herbeigeführt hat.

3. Verwerfen Sie den Gedanken an Endgültigkeit.

Eine der größten Blockaden für schnelle Entscheidungen ist die Illusion der Endgültigkeit: *Wenn ich mich einmal so entschieden habe, gibt es keinen Weg mehr zurück! Keine Chance auf Korrektur!* Blödsinn.

Die meisten Entscheidungen, mit denen wir uns tagtäglich herumschlagen, führen nicht in Einbahnstraßen. Das neue Kleid gefällt einem nach dem ersten Tragen doch nicht? Kein Problem, es lässt sich umtauschen oder bei eBay verhökern. Die Farbe des neuen Autos brennt nach einigen Wochen schlimmer auf der Netzhaut als Chilifinger? Auch das lässt sich ändern: Dann wird der Wagen eben umlackiert. Das kostet zwar etwas, aber immer noch weniger als ein neues Auto. Selbst die Entscheidungen für eine Ausbildung, ein Studium oder einen Job sind alles andere als endgültig und immer wieder korrigierbar.

Überhaupt: Die wenigsten Karrieren verlaufen linear. Die einzige Konstante ist nicht die Gerade, sondern vielmehr die Zickzacklinie:

WIE DIE MEISTEN DENKEN, DASS KARRIEREN VERLAUFEN:

WIE KARRIEREN TATSÄCHLICH VERLAUFEN:

Wir können im Nachhinein jederzeit unsere Meinung ändern, Arbeitgeber wechseln und uns umentscheiden. Nur ganz wenige Entscheidungen sind ultimativ. Die meisten führen an eine Kreuzung, von der aus man auch wieder eine neue Richtung einschlagen oder zurückgehen kann, falls sich der bisherige Weg als Sackgasse herausstellt.

Lösen Sie sich also von dem Irrglauben der Endgültigkeit einer (schnellen) Entscheidung. Und für die wenigen ultimativen Ausnahmen können Sie sich ja die nötige Zeit nehmen.

UNGEDULD: WOHER KOMMT DIESE UNTUGEND?

Gehören Sie eher zu denjenigen, die Entscheidungen gar nicht schnell genug treffen können, die stolz sind auf ihre Spontaneität und keinen zweiten Gedanken verschwenden wollen, weil sie sich längst festgelegt haben? Nach dem Motto: alles. Jetzt. Hier. Sofort. Dann ist Geduld vermutlich nicht Ihre Stärke.

Was allerdings zu einer interessanten Frage führt: Warum gibt es überhaupt so etwas wie Ungeduld?

Tatsächlich ist hierzu schon allerlei geforscht worden. Kurz gesagt, steckt dahinter eine ökonomische Nutzenfunktion. Im Zentrum stehen dabei zwei Fragen:

- Was will ich jetzt?
- Was werde ich in Zukunft wollen?

Nahezu jede Entscheidung beinhaltet diese beiden Punkte und damit die Frage, ob wir den aktuellen oder den zukünftigen Nutzen unserer Wahl höher einschätzen. Oder anders ausgedrückt: Immer dann, wenn der sofortige Nutzen besser zu sein scheint als der zukünftige, ist der Mensch ungeduldig.

Entsprechend lautet das Äquivalent zur Geduld in der Ökonomie »Konsumverzicht«. Wird dieser Verzicht zu groß, sind wir nicht mehr bereit, ihn zu akzeptieren, werfen wir alle guten Vorsätze über Bord und stürzen uns auf die Belohnung, die bereits jetzt verfügbar ist. Der Ungeduldige ist also keinesfalls ein tugendloser Unhold. Vielmehr ist er ein kühler Kalkulierer und Nutzenmaximierer – auch wenn ihm das nicht immer so klar ist.

MEHR ZEIT FINDEN FÜR WICHTIGE ENTSCHEIDUNGEN

Bleibt noch das Problem, wirklich wichtige Entscheidungen nicht überstürzt zu treffen. Sich die nötige Zeit und Ruhe dafür zu nehmen, ist natürlich das eine. Aber auch eine schreckliche Binse. Nicht selten stecken hinter vorschnellen Entscheidungen unbewusste Zwänge und suggestiver Druck von außen. Diese als solche zu entlarven, schafft oft schon den nötigen Freiraum für mehr Gelassenheit und eine Wahl ohne Qual.

Wie das geht? Zum Beispiel so:

 HINTERFRAGEN SIE SICH.

Sie ertappen sich dabei, eine vorschnelle Entscheidung zu treffen? Dann fragen Sie sich: Warum will ich das gerade? Brauche ich das wirklich? Warum will ich mich so schnell festlegen? Durch das bewusste Infragestellen und die kurze

Selbstreflexion lernen Sie sich besser kennen und können mit der Zeit auch typische Auslöser und Verführer der Eilentscheidung ausmachen. Meine Erfahrung ist außerdem: In dem Moment, in dem Sie sich mit den möglichen Konsequenzen konfrontieren (die sonst gerne ausgeblendet werden), lässt auch der spontane Impuls sofort nach und Sie haben wieder alle Zeit der Welt.

 ## LASSEN SIE SICH NICHT DRÄNGEN.

Hinter manchem Blitzentscheid steckt willkürlich gesetzter Zeitdruck. Denken Sie nur an zeitlich begrenzte Sonderangebote vom Typ »Nur an diesem Supersamstag …«. So manch listiger Verkäufer nutzt das Limit für sein Angebot, um Ihre Kaufentscheidung zu beeinflussen, Motto: jetzt oder nie! Abgesehen davon, dass ein solches Vorgehen in höchstem Maß manipulativ ist, ist es leider auch enorm erfolgreich. Der Masche gehen selbst die erfahrensten Konsumenten auf den Leim. Einzige Chance: Immer dann, wenn Sie es mit einer solch künstlichen Verknappung zu tun bekommen, steigen Sie aus der Verhandlung kurz aus, und gewinnen Sie Abstand zu der Situation und dem zweifelhaften Schnäppchen. In den meisten Fällen gibt es auch noch eine zweite und dritte Chance.

 ## FRAGEN SIE JEMANDEN UM RAT.

Was bei schnellen Entscheidungen praktisch unmöglich ist, funktioniert hier umso besser: Wer zu übereilten Entscheidungen neigt, kann sich vornehmen, vorher einen guten

Freund oder vertrauenswürdigen Ratgeber zu konsultieren. Beide haben die in diesem Fall willkommene Eigenart, fiese Fragen zu stellen: Brauchst du das wirklich? Tut er/sie dir wirklich gut? Warum lässt du nicht los? … Damit wirken sie wie eine natürliche Bremse und entschleunigen unsere Wahlwut. Allerdings gilt auch hier wieder: Die Dosis macht das Gift. Zu viel Beeinflussung ist gefährlich, schließlich müssen Freunde nicht mit den Konsequenzen unserer Entscheidung leben und wissen nicht automatisch, was das Beste für uns ist. Fragen ist allerdings erlaubt.

WARUM KEHREN WIR SO GERNE ZUR ERSTEN WAHL ZURÜCK?

Ein typischer Einkaufsbummel am Samstag. Wir gehen in den ersten Laden, sehen drei Alternativen zur Auswahl – und entscheiden spontan: Alternative A ist es!
Natürlich kaufen wir noch nichts, der Bummel und die Shoppingjagd fangen ja gerade erst an. Also lassen wir uns die Ware eine Stunde lang reservieren und ziehen weiter. Nächster Laden, neue Auswahl. Auch schön. Noch ein Shop, gleiches Spiel. Aber irgendwie reicht nichts an Alternative A heran. Nach einer Stunde kehren wir erschöpft in den ersten Laden zurück und kaufen, was wir hätten gleich haben können. Irgendwie blöd, oder?
Gar nicht. Beim Urlaub läuft es übrigens nicht anders. Da müht sich die Reiseverkehrskauffrau noch so sehr ab, unser Fernweh mit exotischen Abenteuerzielen zu stillen – am Ende wird es doch wieder Spanien. Ach ja, möglichst genauso toll wie im vergangenen Jahr!

Hinter dem Verhalten steckt das, was Forscher den *Unterlassungsirrtum* nennen. Da wir nicht wissen, wie das Hotel, die Region oder das Essen an einem anderen Ort sind, kommen wir lieber zur ersten Wahl zurück. Da weiß man, was man hat!

Ähnlich ist das auch beim Samstagsshopping: Die erste Wahl gefiel uns gut, war genau genommen das, was wir gesucht haben. Aber natürlich bleibt da immer der Restzweifel, ob es woanders nicht doch etwas Besseres, Günstigeres gäbe. Zuerst treibt uns die Angst, etwas zu verpassen. Dann aber gewinnt die Sorge, die Erstwahl zu unterlassen. Das könnte sogar der größere Irrtum sein, dem wir noch Monate hinterhertrauern. Es sei denn, wir finden tatsächlich die ultimativ bessere und billigere Alternative. Kommt auch vor, aber selten.

ENTSCHEIDUNGS-TECHNIKEN: DIE WAHL DER QUAL

WER WILL, FINDET WEGE

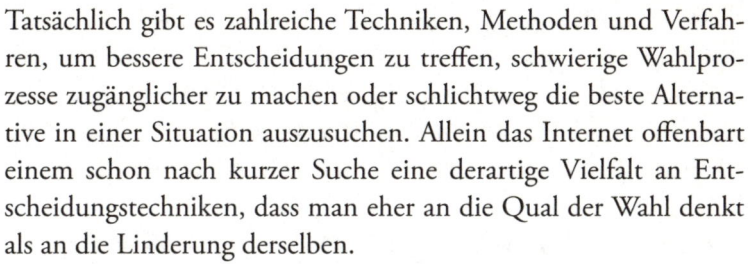

Tatsächlich gibt es zahlreiche Techniken, Methoden und Verfahren, um bessere Entscheidungen zu treffen, schwierige Wahlprozesse zugänglicher zu machen oder schlichtweg die beste Alternative in einer Situation auszusuchen. Allein das Internet offenbart einem schon nach kurzer Suche eine derartige Vielfalt an Entscheidungstechniken, dass man eher an die Qual der Wahl denkt als an die Linderung derselben.

Wer eine für sich passende und funktionierende Entscheidungsmethode finden will, muss daher vorab schon wieder eine Entscheidung treffen – und selten passt der Begriff »paradox« so schön wie hier.

So locken zwar die meisten Ratgeber mit vielversprechenden oder komplizierten Namen, die keinen Zweifel daran lassen sollen, dass sich in ihnen der Weisheit letzter Schluss verbirgt. Die Ernüchterung folgt aber meist auf dem Fuße: Die allgemeine, perfekte, unumstößliche Entscheidungstechnik, die in jeder Situation funktioniert und dazu noch einfach umzusetzen ist – sie existiert nicht.

Jeder Mensch hat andere Vorstellungen und Anforderungen, und genau diese Individualität spiegelt sich auch in den verschiedenen Methoden wider. Mit einer vorgefertigten Lösung, in die nur noch die fehlenden Variablen eingesetzt werden, ist es also nicht getan. Zwar existieren Entscheidungstechniken, die auf diese Weise aufgebaut sind, doch bedeutet das nicht automatisch, dass diese auch für Ihr aktuelles Dilemma die passende Antwort liefern. Jede Vorgehensweise hat ihre individuellen Vorteile, aber eben auch Haken und Stolpersteine, die zu Problemen führen können.

Kurzum: Sie kommen nicht umhin, die wichtigsten (aber teils widersprüchlichen) Entscheidungstechniken kennenzulernen und anschließend eine Wahl zu treffen, welche davon zu der jeweils anstehenden Frage passt. Zweifellos werden sich dabei auch ein paar persönliche Lieblinge herauskristallisieren, andere dienen Ihnen vielleicht nur als Quelle der Inspiration und Sie entwickeln daraus ganz eigene Methoden. Klasse! Das sind meist die besten.

Aber natürlich muss hierbei auch niemand das Rad neu erfinden. Entscheidungsprobleme sind schließlich so alt wie die Menschheit. Selbst Adam und Eva quälte schon das Dilemma, ob sie von der verbotenen Frucht kosten sollten oder nicht … Und wer weiß: Vielleicht hätte ihnen eine der folgenden Techniken dabei geholfen.

Fangen wir also an mit einem besonders simplen Klassiker:

DIE PRO-CONTRA-LISTE

Jeder kennt die Pro-Contra-Liste. Der Vollständigkeit halber soll sie an dieser Stelle trotzdem ihren wohlverdienten Platz bekommen, denn auch wenn sie altbekannt ist – sie funktioniert. Und sie ist denkbar einfach: Man nehme ein Blatt Papier, ziehe in der Mitte von oben nach unten einen Strich und schreibe links oben »Pro«, rechts »Contra« darauf. Anschließend notieren Sie alles und begründen kurz, was *für* beziehungsweise *gegen* die Entscheidung spricht. So lassen sich die Optionen anhand der gefundenen Pro- und Contra-Argumente einfacher vergleichen:

Schon die reine Anzahl der Punkte kann hierbei ein Indiz sein, wie Sie sich entscheiden sollten. Eine Gewichtung ist in den meisten Situationen dennoch sinnvoll: Möglicherweise gibt es ein Contra-Argument, das so schwerwiegend ist, dass es auch durch mehrere kleine Pluspunkte nicht aufgewogen werden kann.

So verspricht ein neuer Job eventuell eine kleine Gehaltserhö-

PRO	CONTRA

hung und mehr Verantwortung, allerdings wäre dafür ein Umzug in ein anderes Bundesland notwendig, wodurch Sie Ihr soziales Umfeld aufgeben müssten und auch der Partner einen neuen Job bräuchte. Der aber ist örtlich festgelegt …

Zahlenmäßig sind die Vorteile 2 zu 1 überlegen, aber die Gewichtung zeigt, dass eine Entscheidung für dieses Jobangebot kaum infrage kommt. Die meisten dürften im Alltag bei dieser Methode auch ohne Papier auskommen und die jeweiligen Vor- und Nachteile im Geiste abwägen. Unterschätzen sollten Sie die Notizen aber trotzdem nicht. Die Pro-Contra-Liste dient vor allem dazu, sich die verschiedenen Argumente bewusst zu machen, sie zu visualisieren und damit buchstäblich vor Augen zu führen. Oft hat das einen viel stärkeren psychologischen Effekt als das Einschätzen im Kopf. Zumal Sie sich so nicht so leicht selber behumsen können: Da steht nun mal schwarz auf weiß, was dagegen spricht. Ebenso können Sie das Feedback von Familien und Freunden in eine solche Liste integrieren, was das Bild noch weiter abrundet.

Der einzige Nachteil dieser Technik ist: Je mehr Alternativen zur Verfügung stehen, desto komplexer werden die Listen und desto schwieriger wird die Auswahl. Meist hilft dann nur noch eine Art Streichkonzert, indem Sie aus den Listen all jene Pro- und Contra-Argumente streichen, die sich gegenseitig neutralisieren, und sehen, was übrig bleibt. Oder Sie wählen gleich eine ganz andere Technik. Etwa …

DIE BENJAMIN-FRANKLIN-LISTE

Der Gründervater der USA, nach dem diese Technik benannt ist, machte sich bereits im 18. Jahrhundert seine Gedanken zu Wahlhemmungen und tüftelte an einem Weg, diese zu überwinden. Seine Lösung ist sichtbar durch die Pro-Contra-Liste inspiriert, widmet sich aber nicht der Gegenüberstellung von Vor- und Nachteilen, sondern vergleicht allein die Pro-Argumente verschiedener Alternativen.

Hierzu wird ein Blatt entsprechend der Anzahl an Alternativen in Spalten eingeteilt und diese mit den Vorteilen – und nur mit diesen – der jeweiligen Option gefüllt. Schnell entwickelt sich da-

raus ein umfangreiches Bild aller Pluspunkte. Diese werden anschließend benotet, um jedem Element in der Liste einen Wert zuzuweisen. Zuletzt werden die Noten der einzelnen Spalten addiert und durch die Zahl der Argumente geteilt. Und schon steht die Gesamtnote für die beste Alternative fest:

Franklins Ansatz zeichnet sich durch seine Einfachheit aus, allerdings gibt es ein großes Manko: Es werden keine Nachteile betrachtet. Dadurch besteht die Gefahr einer eindimensionalen, rosaroten Abbildung, bei der möglicherweise entscheidende Konsequenzen der Wahl keine Beachtung finden.

Die Benjamin-Franklin-Liste empfiehlt sich aus diesem Grund eher zur ersten Orientierung, um die Zahl der möglichen Optionen im Vorfeld zu verringern und so die folgende Entscheidung zu erleichtern.

DER ENTSCHEIDUNGSBAUM

Entscheidungstechniken kommen nicht nur in Form von Listen daher, sondern gerne auch als Grafik, die den Entscheidungsprozess veranschaulichen. Eine mögliche Darstellungsweise ist der sogenannte Entscheidungsbaum, der manchem vielleicht aus Sportturnieren bekannt ist, wo dieselbe Methode genutzt wird, um K. o.-Runden zu visualisieren.

Beim Entscheidungsbaum stellen Sie jeweils zwei Alternativen einander gegenüber, wägen ab – und jene Option, die gewinnt, kommt eine Runde weiter. Das Ganze wird so lange wiederholt, bis sich die beste Wahl durchgesetzt hat – im folgenden Beispiel ist es Option D.

Der Entscheidungsbaum hilft, indem er eine komplexe Anzahl an Alternativen in kleine Wahlduelle herunterbricht und das Abwägen zu einer Art spielerischem Wettkampf macht.

Auch hier gibt es aber eine Crux: Der Entscheidungsbaum funk-

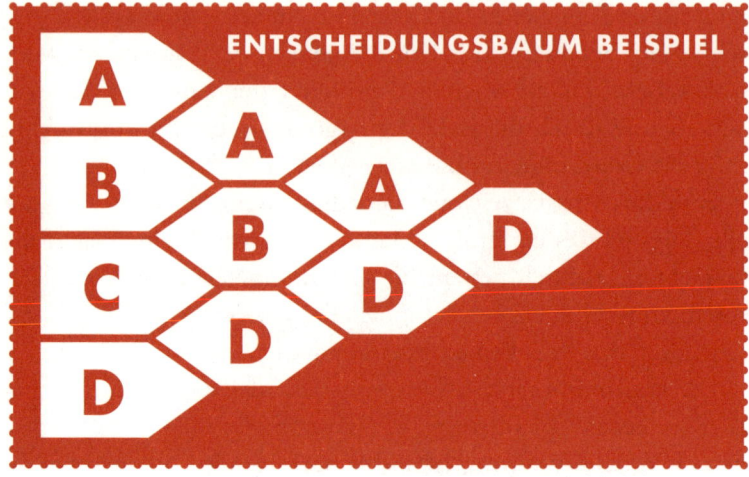

tioniert nur, solange eindeutige Präferenzen existieren und gleichzeitig eine Vielzahl an Optionen zur Wahl stehen. Er bietet keine Hilfe, wenn es sich von Beginn an nur um eine »Ja oder Nein«- beziehungsweise »A oder B«-Entscheidung handelt. Auch stößt diese Technik an ihre Grenzen, wenn man sich nicht festlegen kann, welche Möglichkeit besser zu den eigenen Erwartungen passt.

Das letzte Problem lässt sich allerdings lösen, indem der Entscheidungsbaum beziehungsweise die einzelnen Optionen-Duelle mit anderen Methoden (zum Beispiel der Pro-Contra-Liste) kombiniert werden.

DIE ENTSCHEIDUNGS-MINDMAP

Ein weiteres grafisches Hilfsmittel sind Mindmaps. Sie werden auch in der Schule, an der Universität und im Beruf eingesetzt, um komplexe Zusammenhänge eines Themas zu strukturieren und vor Augen zu führen beziehungsweise zusammenhängend darzustellen. Die Entscheidungs-Mindmap greift dieses Prinzip auf und wendet es auf eine komplizierte Wahl an, wobei die Vorgehensweise beinahe identisch bleibt:

- Den Anfang bildet die Entscheidung, die getroffen werden soll. Diese wird zentral auf ein – falls nötig größeres – Blatt Papier geschrieben und mit einer Farbe gekennzeichnet.
- Von dieser werden nun die Hauptäste des Baums eingezeichnet, wobei jeder eine Alternative darstellt, die an den entsprechenden Ast geschrieben wird.
- Jeder dieser Äste erhält anschließend weitere Verzweigungen. Diese werden – wie Sie vermutlich ahnen – als Pro und Contra beschriftet.
- Zum Schluss folgt die Bewertung der einzelnen Pfade und Äste und ihrer entsprechend positiven und negativen Argumente. Voilà – fertig ist die Entscheidungs-Mindmap.

Sie können zur Bewertung der einzelnen Äste zusätzlich Symbole oder Farben verwenden. Ebenso können Sie jene Äste dicker malen, die zu einer positiven Entscheidung führen. Letztlich geht es dabei aber nicht um Ästhetik, sondern vor allem um das Visualisieren und Verdeutlichen der Entscheidungsstrukturen. So wie im schematischen Beispiel auf der folgenden Seite.

Sie sehen schon: Der größte Vorteil der Entscheidungs-Mindmap ist ihre Übersichtlichkeit bei komplexen Wahlen. Zugegeben, das Ergebnis hängt dann auch ein wenig vom künstlerischen Geschick des Zeichners ab. Wer aber nicht gerade zwei linke Hände hat, dürfte eine respektable Gedankenkarte erzielen, die schnell alle Möglichkeiten und die zugehörigen Vor- und Nachteile aufzeigt.

Was eine Mindmap allerdings nicht schafft, ist, die einzelnen Entscheidungsstränge zu gewichten. Sie können zwar durch die unterschiedliche Aststärke Ihre Bewertung noch einmal differenzieren. Doch entspricht das Ergebnis eher einer gefühlten Gewichtung als einer scharf abgegrenzten Unterscheidung, wie sie etwa bei Methoden mit einer Punktewertung vorherrscht.

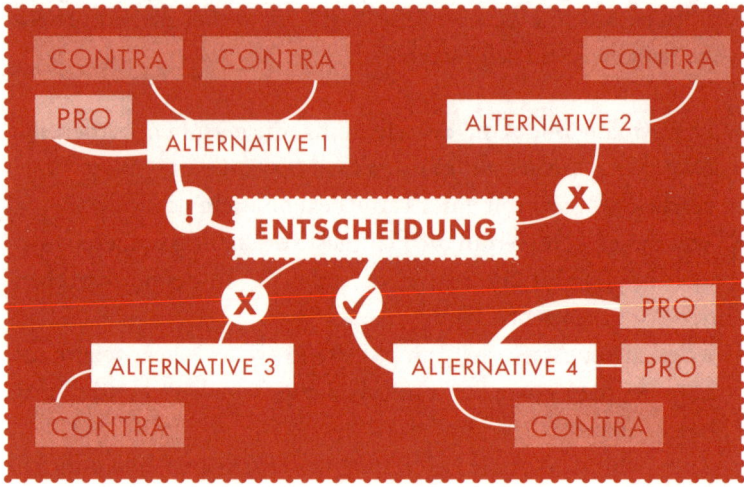

Das macht die Mindmap zu einer Art vorgelagerter Entscheidungshilfe, um die daraus hervorgehenden siegreichen Optionen noch einmal einer genaueren Bewertung zu unterziehen. Zum Beispiel mithilfe der sogenannten Entscheidungsmatrix.

DIE ENTSCHEIDUNGSMATRIX

Bei dem Stichwort Matrizen erinnern Sie sich vielleicht an die schlaflosen Nächte, die das endlose Rechnen im Matheunterricht verursacht hat. Daher gleich die gute Nachricht: Eine Entscheidungsmatrix erfordert kein höheres mathematisches Verständnis.

Nichtsdestotrotz ist sie tief in den rationalen Entscheidungstechniken verankert und zeichnet sich durch ein analytisches Vorgehen aus, was dem ein oder anderen mathematisch Begabten in die Karten spielt – manchem aber auch missfallen kann, der sich lieber an seinem Bauchgefühl orientieren möchte.

Für eine Entscheidungsmatrix werden zunächst alle zur Wahl stehenden Alternativen gesammelt und in die jeweiligen Spalten eingetragen. Im zweiten Schritt muss ein wenig tiefer gegraben werden, um möglichst alle Kriterien herauszufiltern, die bei der Entscheidung von Bedeutung sind und mit diesen die Zeilen der Matrix zu beschriften. Welche das genau sind, hängt von der individuellen Situation ab. Nicht nur monetäre Kriterien sind dabei möglich, sondern auch abstraktere Stichpunkte wie der Spaß, der mit einer Option verbunden ist.

OPTIONEN	OPTION 1	OPTION 2	OPTION 3
KRITERIUM 1	2	4	1
KRITERIUM 2	3	2	2
KRITERIUM 3	1	3	1
DURCH-SCHNITTSNOTE	2	3	1,3

Die Bewertungen der einzelnen Faktoren werden nun entweder auf einer Skala von 1 bis 10 oder als Schulnoten (wie im obigen Beispiel) eingetragen. Zum Schluss addieren Sie entweder alle Punkte zu einer Gesamtzahl oder ermitteln die Durchschnittsnote.

Damit hat die Entscheidungsmatrix zwei große Vorteile: Sie liefert durch einen simplen Rechenprozess einen klaren Favoriten und macht es gleichzeitig leicht, die Faktoren untereinander zu vergleichen und zu gewichten.

Die simple Handhabung und einfache Durchführung der Entscheidungsmatrix macht ihren besonderen Reiz aus. Allerdings verführt das Procedere auch zur Willkür, und es kann zu Fehlern kommen, wenn etwa ein wichtiges Kriterium vergessen wurde. Wer hier aber sorgfältig und durchdacht vorgeht und die eingetragenen Werte begründen kann, dürfte kaum etwas falsch machen.

DIE CONSIDER-ALL-FACTS-METHODE

Der britische Kognitionswissenschaftler und Schriftsteller Edward de Bono, der sich vor allem durch seine Arbeiten im Bereich der Kreativität (»DeBono-Denkhüte«) einen Namen gemacht hat, schlägt mit seiner Consider-all-Facts-Methode in eine ähnliche Kerbe wie die Entscheidungsmatrix.

Wie der Name erahnen lässt, beginnt die Entscheidungsfindung auch bei dieser Methode mit einer Liste aller relevanten Faktoren – und zwar wirklich aller! Ausnahmslos.

Die Größe der daraus resultierenden Liste hängt von der Komplexität und Tragweite der Entscheidung ab. Die kann aber mitunter lang, sehr lang werden. Ein Beispiel: In die Überlegung, welches Haus gekauft werden soll, fließen viele Facetten mit ein: Preis der Immobilie, Möglichkeiten zur Finanzierung, Größe, Lage, Anbindung, Aufteilung der Zimmer, Art der Heizung, letzte Sanierung, direkte Nachbarn, Freizeitmöglichkeiten in der Umgebung, Entfernung zum Arbeitsplatz und zur Schule für die Kinder ... De Bonos Kerngedanke war: Je mehr Faktoren und Informationen zu jeder Möglichkeit vorliegen, desto klarer und eindeutiger wird das Bild.

Natürlich hat auch der Wissenschaftler erkannt, dass es wichtige und unwichtige Faktoren gibt, die in der Liste durch ihre Reihenfolge dargestellt werden können: Wichtiges kommt zuerst, Zweitrangiges und kleinere Punkte finden sich am Ende der Consider-all-Facts-Methode wieder. Am Rand jeder Seite sollten Sie zudem Platz für Ihre Anmerkungen und Bewertungen lassen.

Doch wie lässt sich aus einer solch riesigen Liste überhaupt noch eine vernünftige Entscheidung ableiten? Ganz einfach, indem man jede Alternative anhand der gesammelten Faktoren überprüft und vergleicht (und dies am Rand notiert):

- Welche Punkte werden erfüllt?
- Welche Kriterien bleiben offen und wie wichtig sind diese?
- Wo liegen die Vor- und Nachteile der einzelnen Alternativen?

Mit so einer Liste kann auch im obigen Beispiel des Häuserkaufs mit vielen Variablen eine Entscheidung getroffen werden. Dieser Auswahlprozess zeigt jedoch die gleiche Problematik, an der auch die Entscheidungsmatrix krankt: Nur eine wirklich vollständige Liste aller relevanten Faktoren kann ein korrektes Bild ergeben.

DIE CONSIDER-THE-BEST-METHODE

Das Gegenteil zur Consider-all-Facts-Methode und wegen ihrer Simplizität manchmal besser geeignet, ist die Consider-the-Best-Methode. Kurz und bündig: Hierbei wird der Fokus lediglich auf den wichtigsten Entscheidungsfaktor gelegt. Welcher das ist, liegt natürlich im Auge des Betrachters. Bei Kaufentscheidungen wird häufig der Preis angeführt, was aber nicht immer die beste Wahl darstellt, wenn gleichzeitig die Qualität nicht stimmt.

Schon an diesem simplen Beispiel wird dann auch der Nachteil der Methode klar. Nehmen wir an, Sie wollen sich ein neues Smartphone kaufen. Welche Kriterien spielen dabei eine Rolle? Der Preis? Eine eventuelle Vertragsbindung? Da fängt es schon an komplex zu werden: Wie lange ist die Laufzeit? Wie gut ist das Netz? Vor allem in Ihrer Region? Oder gar auf Reisen? Und so weiter. Sie merken: Die Consider-the-Best-Methode kommt hier schnell an ihre Grenzen, geht sie doch von einer starken Vereinfachung der Realität aus. Oftmals wird so auch frühzeitig ein Faktor über alle anderen gestellt. Am Ende treffen wir unsere Entscheidung dann vielleicht auf einer vollkommen falschen Grundlage.

Gänzlich ignorieren sollte man diese Technik trotz der recht deutlichen Schwäche aber nicht. Sie eignet sich zum Beispiel gut für kleinere Alltagsentscheidungen (vorausgesetzt, Sie sind dabei noch unsicher und brauchen deshalb eine Entscheidungshilfe) oder dazu, sich bewusst zu machen, was bei einer Wahl die gewichtigste Rolle spielt.

DIE SCHEIBCHEN-METHODE

Im Hinterkopf ist bei einer Wahl immer das große Ganze. Gerade bei wichtigen Entscheidungen versuchen wir, den Überblick zu behalten und so die bestmögliche Option herauszufiltern. Genau diese Vorgehensweise kann aber ungeheuer abschreckend wirken. Wir sehen eben wirklich nur noch das GROSSE Ganze – einen riesigen Berg und eine monströse Wahl, die uns eher panisch macht und in die Flucht schlägt. Nicht wenige neigen vor solchen Entscheidungen zum sogenannten Prokrastinieren – also dem notorischen Aufschieben der Wahl durch alternative Beschäftigungen.

Die Scheibchen-Methode könnte hier die Lösung sein: Bei dieser Technik wird das zu lösende Problem in mehrere kleine Stücke aufgeteilt, um die eigentliche Entscheidung zu vereinfachen und zu erleichtern. Es wird wie bei einer Zwiebel, bei der man Pelle um Pelle entfernt, jeweils eine Scheibe abgeschnitten und einzeln betrachtet, was der anfänglichen Wahl den Schrecken nehmen soll.

Statt einer fundamentalen Entscheidung treffen Sie jetzt viele kleine, die sich womöglich auch mal als falsch erweisen können. Das große gemeinsame Ziel wird davon aber nicht wesentlich beeinflusst – es betrifft eben nur ein Scheibchen davon.

Die Scheibchen-Methode ist damit prädestiniert für schwerwiegende Entscheidungen und beschleunigt oft den damit verbundenen Auswahlprozess.

Die Wahl eines geeigneten Berufsweges lässt sich beispielsweise fast bis ins Unendliche ziehen. Die Alternativen sind endlos, und es spielen eine Menge Faktoren mit hinein. Statt zu fragen: »Was soll ich bloß beruflich machen?«, können Scheibchen gebildet werden: »Will ich studieren?«, »Will ich mit Menschen zu tun haben?«, »Möchte ich später im Büro arbeiten?« oder »Fühle ich mich im direkten Kontakt mit Kunden wohl?« Mit jeder beantworteten Scheibe schält sich ein zunehmend klareres und weniger einschüchterndes Gesamtbild heraus.

Leider gibt es auch bei dieser Methode nicht nur Positives: So fehlen in erster Linie die Gewichtung und Bewertung der einzelnen Abschnitte, wie man sie etwa bei einer Pro-Contra-Liste oder den anderen schon erwähnten Techniken finden kann. Jedes Problem lässt sich zwar sinnvoll zerlegen und vereinfachen, eine wirkliche Orientierung bleibt die Scheibchen-Methode aber schuldig. Auch lassen sich so mehrere Alternativen nicht untereinander vergleichen. Im Projektmanagement wird aus der Technik sogar ein Trick, der Ihnen im Hinblick auf Aufgaben oder Zielsetzungen vielleicht als »Salamitaktik« bekannt ist.

Ihre Berechtigung unter den Entscheidungstechniken erlangt die Scheibchen-Methode allein dadurch, dass sie hilft, Wahlhemmungen zu überwinden, und weil sie sich mit anderen Techniken sinnvoll kombinieren lässt.

DER STANDPUNKTWECHSEL

Auch das gibt's: Wir überlegen, grübeln, analysieren, zermartern uns endlos das Hirn und fühlen uns am Ende doch nur wie Faust in Goethes Klassiker: *Ich bin so klug als wie zuvor …*

Manchmal stehen wir uns einfach selbst im Weg. Dann ist aus der eigenen Perspektive einfach keine Entscheidung zu fällen. Wir drehen uns mental im Kreis. Da hilft nur ein Perspektiv- beziehungsweise Standpunktwechsel: Er wirft ein neues Schlaglicht auf die Sachlage und vielleicht erkennen wir so etwas Neues.

Gerade in emotional festgefahrenen Situationen kann ein Perspektivwechsel Klarheit schaffen: Angenommen, Sie müssen mal wieder ausmisten, weil Keller und Schränke längst überquellen. Beim Aussortieren fallen Ihnen dann aber zu jedem Stück Erinnerungen ein. Oder so was wie:»Eigentlich könnte ich das noch gebrauchen. Das ist doch viel zu schade zum Wegschmeißen!« Und weil das Herz hier und da noch dranhängt, ist zwar nach der Aktion der Tag rum, der Keller aber nicht leerer. Je mehr Emotionen ins Spiel kommen, desto stärker wirken die Kräfte der Verblendung, der Verschleierung und des Selbstbetrugs.

Wer sich dann darauf besinnt, dass er oder sie eigentlich Platz schaffen wollte (zum Beispiel für neuen Tand oder um den Keller endlich auszubauen), der vollzieht nichts anderes als einen Perspektivwechsel.

Leider ist diese Methode leichter aufgeschrieben als umgesetzt. Denn trotz aller Hin-und-her-Szenarien weiß der Volksmund längst: *Man kommt nur schwer aus seiner Haut.* Um eine Entscheidung mit anderen Augen zu betrachten, muss man sich auf den Vorgang wirklich einlassen. Viele wollen das nicht und verharren lieber in Routinen und selbstgezimmerten Räumen aus Vorurteilen und Klischees.

Gegen die enge Zelle aus mentalem Zement hilft nicht viel. Manchmal nutzt es, die voreingenommene Haltung aufzubrechen, indem man sich frei macht von der Angst vor Konsequenzen. Oder aber Sie stellen sich eine nur dem Anschein nach einfache Frage: *Was würde ich einem Freund raten, der vor derselben Entscheidung steht?* Auch diese Frage erzwingt einen Perspektivwechsel und nutzt noch einen anderen psychologischen Effekt: Bei anderen sehen wir die Dinge meist viel klarer als bei uns selbst.

Voraussetzung für diese Methode bleibt die Ehrlichkeit vor sich selbst. Dann lüftet der Standpunktwechsel meist den Nebel, der sich über die eigenen Wünsche, Ziele und Prioritäten gelegt hat.

DIE BEST-CASE-/WORST-CASE-ANALYSE

Wer eine Entscheidung zu treffen hat, steht sinnbildlich vor der Gabelung eines Weges. Der Fokus richtet sich dabei zunächst auf die offensichtlichen Abzweigungen in Form von verschiedenen Alternativen. Die nächste gedankliche Phase bleibt aber oft unbeachtet: Jede der Optionen kann sich auf verschiedene Arten entwickeln – positiv wie negativ.

An diesem Punkt knüpft die Best-Case-/Worst-Case-Analyse an, mit der sich zwei verschiedene Szenarien anhand der möglichen Verläufe vergleichen lassen.

Das Prinzip ist schnell erklärt: Für jede Alternative wird gedanklich ein Best-Case-Szenario und ein Worst-Case-Szenario erstellt. Der Nutzen der Methode liegt dabei in der bewussten Auseinandersetzung mit den Vor- und Nachteilen jeder Alternative beziehungsweise dem Betrachten der möglichen Konsequenzen – und zwar explizit in beide Richtungen.

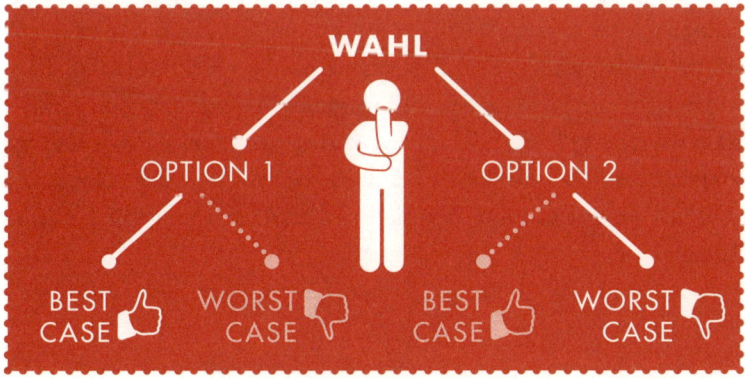

Die Worst-Case-Szenarien spielen dabei in erster Linie mit Wahrscheinlichkeiten und einem potenziell denkbaren Desaster. Das hat aber nichts mit Schwarzmalerei zu tun, sondern soll vor allem als Ausschlusskriterium genutzt werden: Stößt man bei der Analyse auf ein Szenario, dessen schlechtester Ausgang recht wahrscheinlich einer persönlichen Katastrophe gleichkommt, wird diese Alternative sofort aussortiert. Umgekehrt: Ist die Annahme mehr als unwahrscheinlich und selbst im schlimmsten Fall gar nicht mal so arg, offenbart sich sofort ein gangbarer Weg.

Ein Beispiel hierfür wäre eine Investition, bei der im Worst-Case das gesamte eingesetzte Kapital futsch ist. Wie beim Lottospielen. Gut, wer nur Minimalbeträge setzt, dürfte den Totalverlust verschmerzen können. In dem Fall ist der schlimmste Ausgang tatsächlich gar nicht mal so schlimm.

Etwas anderes aber passiert, wenn wir etwa an der Börse mit unserer Altersabsicherung spekulieren. Kann klappen, muss aber nicht. Wer dann nicht bereit ist, das entsprechende Risiko einzugehen – selbst wenn auf der anderen Seite die Chance auf einen großen Gewinn besteht –, sollte einen anderen Weg einschlagen.

Natürlich lässt sich nicht für jedes Szenario eine exakte Wahrscheinlichkeit errechnen. Beim Lottospielen wissen wir zumindest, dass die Chancen auf sechs Richtige mit Zusatzzahlen bei 1 zu 139 838 160 stehen. Im Alltag kommt es aber nicht auf statistische Genauigkeit an, sondern vor allem auf gesunden Menschenverstand. Der reicht oft völlig.

Die Wahrheit, in Form der tatsächlichen Entwicklung, liegt sowieso in 99 Prozent der Fälle irgendwo zwischen den beiden Extremvarianten. Wer sich aber bewusst macht, worauf er sich im schlimmsten oder besten Fall einlässt, bezieht in seine Wahl einen weiteren Faktor mit ein, der die Entscheidung maßgeblich beeinflussen kann.

DIE ENTSCHEIDUNGSFRAGEN

Nicht immer müssen es ausgeklügelte Methoden sein, um eine Entscheidungshilfe zu liefern. Zugegeben, einige davon sind nützlich, um Wahlhemmungen zu überwinden oder sich über mögliche Folgen klar zu werden. Es geht aber auch einfacher und weniger grafisch – mit sogenannten Entscheidungsfragen, die festgefahrenen Gedanken wieder Mobilität einhauchen und ein Hybrid aus allen Methoden darstellen:

BIN ICH EHRLICH ZU MIR SELBST?

Die objektiv betrachtet beste Entscheidung ist leider nicht immer auch einfach oder beliebt. Vielleicht stellt man fest, dass man sich in eine Sackgasse entwickelt hat, aus der es nur durch den Rückwärtsgang wieder hinausgeht. Eine solche Erkenntnis kann ärgerlich sein, weil man sich ein anderes Ergebnis erhofft hat. Die Wahrheit kann bekanntlich wehtun – ist bei der Entscheidungsfindung aber zwingend notwendig, um nicht in kurzer Zeit wieder am selben Punkt zu landen.

HABE ICH AUSREICHEND ALTERNATIVEN GEPRÜFT?

Es ist leicht, sich in die erstbeste Möglichkeit zu verlieben und alles andere als falsch abzutun. Kann funktionieren, geht aber in vielen Fällen nach hinten los. Oft entstehen Fehlurteile gerade deshalb, weil nicht genügend Alternativen in Betracht gezogen wurden – und sei es nur die Option, nicht zu wählen. Mit dieser Frage zwingen Sie sich zur Unbequemlichkeit und dazu, über den Tellerrand hinauszublicken.

BIN ICH MIR ÜBER DIE KONSEQUENZEN IM KLAREN?

Wahlhemmungen gehen nicht selten auf die Angst vor den möglichen Folgen zurück. Wir drücken uns dann vor der Entscheidung. Doch sind diese Horrorszenarien überhaupt begründet? Dahinter versteckt sich nicht die Aufforderung zum Tragen einer rosaroten Brille. Vielmehr ist es ein Aufruf zu einer realistischen Einschätzung, um weder unbegründete Ängste zu schüren noch einen möglichen Fehler zu maskieren und zu vertuschen.

WAS SAGT DER BAUCH? WAS SAGT DER KOPF?

Will die Entscheidung einfach nicht fallen, kann es helfen, sich nicht nur auf ein einzelnes Körperteil zu verlassen. Der Bauch findet vielleicht ein Argument, das der Kopf noch nicht ans Tageslicht befördern konnte – oder umgekehrt. Wir wären schlecht beraten, uns nur als Kopf- oder Bauchmensch zu sehen und uns so selbst die Chance auf eine bessere Entscheidung zu nehmen. Nutzen Sie also Ihr Sensorium – nicht »entweder oder«, sondern »sowohl als auch«.

DIE ZEITREISE-METHODE

Wer hat sich beim Schauen von ›Zurück in die Zukunft‹ nicht vorgestellt, welche Möglichkeiten eine solche Zeitreise böte und wie viele Vorteile sie mit sich bringen würde? Nicht nur die Lottozahlen oder Ergebnisse der nächsten Weltmeisterschaft, sondern auch die Auswirkungen der eigenen Entscheidungen ließen sich prima kontrollieren und gegebenenfalls korrigieren.

Die Technologie, die Doc Brown und Marty McFly im Film durch die Zeit reisen lässt, wird wohl noch einige Zeit auf sich warten lassen. Als Entscheidungstechnik aber können Sie das Prinzip glücklicherweise schon heute durch die sogenannte Zeitreise-Methode umsetzen. Ähnlich wie beim Standpunktwechsel geht es auch hier darum, eine gewisse – oder auch eine enorme – Distanz zum aktuellen Entscheidungsdilemma aufzubauen. So kann die Situation in einem größeren Zusammenhang betrachtet werden.

Suzy Welch, die Frau des Ex-General-Electric-Bosses Jack Welch, hat vor einigen Jahren dazu das sogenannte 10-10-10-Modell entwickelt, bei dem Sie sich lediglich drei Fragen stellen müssen:

- Welche Auswirkungen hat meine Wahl in 10 Tagen?
- Welche Auswirkungen hat sie in 10 Monaten?
- Welche Auswirkungen hat sie in 10 Jahren?

Klingt trivial. Ist es auch. Jedoch hilft ein solcher Auswahlprozess, den Blick in Richtung Zukunft und auf die langfristigen Auswirkungen der Wahl zu fokussieren. Wer etwa einen neuen Job sucht, sollte das 10-10-10-Modell beziehungsweise die Zeitreise-Methode ruhig einmal durchspielen und sich fragen, ob ihn die Stelle wirklich dorthin bringt, wo er oder sie in zehn Jahren hin möchte.

Um von der Zeitreise-Methode zu profitieren, bedarf es allerdings zweier Bedingungen: ehrliche Selbstreflexion und eine möglichst realistische Einschätzung der Zukunft.

! WANN EIGNET SICH WELCHE ENTSCHEIDUNGSTECHNIK?

Nun kennen Sie eine ganze Reihe von verschiedenen Techniken, Methoden und Kniffen, die alle auf die eine oder andere Art geeignet sind, eine Entscheidung zu treffen, diese zu festigen oder wenigstens die Alternativen einzugrenzen und so durch das Ausschlussverfahren zu einer Lösung zu kommen. Der Haken daran: Sie kennen jetzt viele Alternativen und müssen sich – genau – mal wieder entscheiden. Was aber wäre das für ein Buch über Entscheidungen, wenn ich Sie ausgerechnet mit dieser Wahl vollkommen alleine lassen würde?

Was also tun? Sie könnten jetzt die Methoden mithilfe ihrer selbst einem Auswahlprozess unterziehen. Das Ergebnis wäre aber vermutlich Gedankenmett – und eine ziemlich verwirrende Iterationsschleife.

Eine für sich selbst geeignete Methode auszuwählen, geht durchaus einfacher. Teilen Sie Ihre Entscheidung zunächst in drei grundlegende Kategorien ein:

Kurz- oder langfristig? Einige Techniken sind auf Entscheidungen ausgelegt, die sich nachhaltig auf das Leben auswirken. Unter anderen Umständen sind diese jedoch nutzlos.

Viele oder wenige Informationen? Eine Vielzahl (aber nicht zu viele) an Informationen kann helfen, eine fundierte Entscheidung zu treffen – sie ist Basis einiger Entscheidungstechniken. Wer (zu) wenige Informationen besitzt, muss entweder noch etwas recherchieren oder wählt lieber eine andere Methode.

Rational oder emotional? Bei manchen Entscheidungen setzt der Verstand einfach aus, bei anderen dominiert er zu sehr. Es kann daher sinnvoll sein, die Methode so auszuwählen, dass unser jeweils unterlegenes Sensorium wieder mehr zu Wort kommt.

Anhand dieser drei Kriterien lässt sich jede Entscheidungssituation genau einordnen und mit einer passenden Technik kombinieren. So wäre beispielsweise die Wahl eines Studiengangs eine rationale Entscheidung vor einem langfristigen Horizont, für die es (mit ein wenig Aufwand) viele Informationen gibt. Anbieten würde sich dafür zum Beispiel ein Entscheidungsbaum oder eine Benjamin-Franklin-Liste, um die große Auswahl zu begrenzen und danach die Zeitreise-Methode, um die Auswahl zu validieren.

Aber keine Bange: Es gibt auch hierbei wieder kein »richtig« oder »falsch«. Je mehr Sie damit experimentieren, desto eher werden Sie Ihre Lieblingsmethoden erkennen und immer sicherer anwenden.

JA, NEIN, VIELLEICHT

TIPPS FÜR DEN AKUTEN ENTSCHEIDUNGSNOTSTAND

Alles schön und gut, könnte mancher jetzt denken. Wie aber verhält es sich, wenn ich eine Entscheidung hier, jetzt, sofort treffen muss – und eben nicht lange Zeit habe, Mindmaps, Bäume und Tabellen zu malen?

Gute Frage. Allerdings ist Zeitdruck nur selten ein guter Ratgeber. Trotzdem können wir uns auch bei akutem Entscheidungsnotstand an ein paar bemerkenswerten Gesetzmäßigkeiten entlanghangeln. Doppelter Vorteil:

1. Die Regeln geben uns das gute Gefühl, selbst zu entscheiden.
2. Sie erhöhen die Wahrscheinlichkeit, die richtige Wahl zu treffen.

Kein Scherz. Solche Gesetzmäßigkeiten gibt es wirklich. Wenn Sie also keine Lust auf Tabellenkalkulationen und Baumscheiben-Analysen haben, merken Sie sich wenigstens diese fünf Faustregeln. Aus guten Gründen …

Regel Nummer 1: Bleiben Sie bei der ersten Einschätzung

Aus dem vorletzten Kapitel wissen Sie bereits, warum wir so gerne zu unserer ersten Entscheidung zurückkehren. Jetzt die zweite Nachricht dazu: Das ist auch gut so. Bleibt keine Zeit, sich lange mit einer Entscheidung auseinanderzusetzen, haben Sie gute Karten, wenn Sie sich auf die erste Eingebung verlassen und dieser folgen.

Dahinter steckt wieder einmal das Unterbewusstsein, das insgeheim genau weiß, was gut für uns ist – insbesondere, wenn wir über einschlägige Erfahrungen auf dem Gebiet verfügen.

Regel Nummer 2: Wählen Sie die bekannteste Option

Es klingt einfach, fast zu einfach, um wahr zu sein: Wer zwischen mehreren Alternativen schnell wählen muss, sollte sich für die entscheiden, die er am besten kennt.

Aber kann das wirklich funktionieren? Ja, kann es! Hinter diesem Effekt verbirgt sich die sogenannte Wiedererkennungsheuristik, die trotz kompliziertem Namen nichts anderes besagt als: Was bekannt ist, ist in vielen Fällen besser. Es gibt einen messbaren Zusammenhang zwischen Bekanntheit und dem voraussichtlichen Erfolg einer Entscheidung.

Müssen Sie sich beispielsweise zwischen einem unbekannten und einem Markenprodukt entscheiden, empfiehlt die Wiedererkennungsheuristik, sich für das namhafte Produkt zu entscheiden. Zu bedenken ist allenfalls, dass diese Regel keine Rücksicht auf etwaige Preisunterschiede nimmt. Nicht selten besteht aber nicht nur eine Relation zwischen Bekanntheit und Preis, sondern auch zwischen Bekanntheit und Qualität.

Regel Nummer 3: Wählen Sie die meisten Pro-Argumente

Keine Alternative ohne entsprechendes Für und Wider: Lieber das rote Kleid (fällt mehr auf) oder das schwarze (macht schlanker und lässt sich bei mehr Gelegenheiten tragen)? Lieber das saftige Holzfällersteak (macht gut satt) oder doch die Dorade vom Grill (weniger Kalorien und gesünder, weil weniger Fett)? Nun könnte man wie in einigen der oben aufgeführten Techniken Gewichtungen für jeden Entscheidungsfaktor bestimmen, genau abwägen, ob die Signalfarbe die entscheidendere Wirkung auf das Umfeld hat oder die schlankere Silhouette. Doch das dauert. Warum also nicht gleich komplett auf Für-und-Wider verzichten, die Qualität der einzelnen Faktoren achtlos links liegen lassen und sich voll auf die Quantität konzentrieren?

Genau zu diesem Vorgehen rät die englische *Dawes' Rule* – zu Deutsch etwa das *Dawes'sche Gesetz*. Dessen Handlungsempfehlung: Entscheiden Sie sich für die Alternative, für die rein zahlenmäßig die meisten Gründe sprechen. Bei besonders riskanten Entscheidungen lässt sich diese Regel auch umkehren: Wählen Sie jene Alternative, für die rein zahlenmäßig die wenigsten Gegenargumente sprechen.

Regel Nummer 4: Folgen Sie der Masse

Nicht gerade wenige Menschen sind stolz auf ihre Individualität, den eigenen Kopf und betonen gerne, dass sie gegen den Strom schwimmen. Eine lobenswerte Einstellung, die von einer starken Persönlichkeit zeugt. Bei akutem Entscheidungsnotstand ist das aber keine Tugend. Da ist es eher angebracht, die eigene Einzigartigkeit für einen Moment zu vergessen und sich dem Herdentrieb zu beugen.

Das hat nichts mit stumpfem Mitläufertum zu tun, sondern folgt dem Konzept der Schwarmintelligenz. Anders ausgedrückt: Wenn man selbst nicht weiß, wo es langgeht, wissen es alle anderen zusammen oft besser.

Ein beeindruckendes Beispiel dieser Regel lieferten Elizabeth W. Dunn von der Universität British Columbia, Daniel Gilbert von der Universität Harvard und Timothy D. Wilson von der Universität Virginia: Die Wissenschaftler gingen der Frage nach, ob es besser sei, immer nur auf die eigene Einschätzung zu vertrauen oder sich auf den Rat anderer zu verlassen. Das Ergebnis überraschte nicht nur bei Kaufentscheidungen, sondern vor allem im Bereich Liebe und Partnerschaft.

Bei einem der Experimente stellten die Forscher ihre Probandinnen vor die Wahl: Sie durften die Teilnehmer für ein Speeddating anhand von Fotos selbst auswählen – oder die männlichen Kandidaten durch andere Frauen aussuchen lassen und auf deren Einschätzung vertrauen. Wie der Individualitätsgedanke vermuten lässt, wollten die meisten Damen ihr Liebesglück lieber selbst in die Hand nehmen. Wer sollte den eigenen Männergeschmack besser treffen können? Die Antwort der Studie: andere Frauen! Die Teilnehmerinnen, die sich auf ein Speeddating mit den Männern einließen, die von der Masse ausgewählt wurden, bewerteten die Treffen deutlich positiver als jene, die sich den möglichen Partner in spe selbst aussuchten.

Regel Nummer 5: Folgen Sie den Erfolgreichen

Wer nicht der Masse folgen möchte, kann sich auch Vorbilder suchen und sich an denen orientieren. Besonders geeignet für diese Rolle sind logischerweise die Erfolgreichen, die allem Anschein nach einiges richtig gemacht haben, um in diese Position zu kommen. Nicht umsonst gelten sie als Experten, verfügen über große Kenntnisse und können in vielen Fällen bereits auf eine Reihe von Triumphen zurückblicken.

Um selbst auch von Fortuna geküsst zu werden und die richtigen Entscheidungen zu treffen, kann es daher eine clevere Strategie sein, genau diesen Personen nachzueifern. Besonders in Themengebieten, in denen Entscheidungen aufgrund von fehlendem Fachwissen schwerfallen und die deshalb ein großes Maß an Zeit und Aufwand erfordern.

Längst haben sich um diese Regel sogar Geschäftsmodelle entwickelt, die ihre Kunden genau mit diesem Versprechen überzeugen wollen: Im Aktienhandel bieten einige Online-Plattformen an, besonders erfolgreichen Tradern zu folgen und deren Käufe und Verkäufe auf den Finanzmärkten – wenn auch in einem kleineren Rahmen – zu kopieren.

Eine Erfolgsgarantie kann aber auch hier nicht gegeben werden. Selbst die Besten sind nicht vor einem gelegentlichen Fehlgriff gefeit. Pech also, wenn Sie ausgerechnet diese Entscheidung nachgemacht haben. Aber gut, eine Gewähr gibt es auch bei der eigenen Wahl nicht.

DARÜBER SCHLAFEN – BRINGT DAS WAS?

Kaum jemand, der den Rat in seinem Leben noch nicht gehört hat: »Schlaf mal eine Nacht drüber! Am nächsten Morgen sieht die Welt schon ganz anders aus!« Zugegeben, der Tipp kann auch nerven. Da erhofft man sich mentale Unterstützung und Rat – und bekommt eine Schlaftablette. Na, danke für die Hilfe!

Tatsächlich tun wir der Empfehlung damit aber Unrecht. Es mag zwar eine Floskel sein – sie stimmt aber: Im Schlaf lernt unser Gehirn nicht nur, verarbeitet eine Menge Informationen und bringt den Müll raus. Es hat vor allem keinen Druck. Der Stress hinter dem Gedanken »Ich muss jetzt eine Antwort finden« bewirkt in schöner Regelmäßigkeit das genaue Gegenteil: Blackout und Stillstand im Kopf.

Die besten Ideen und Lösungen fallen uns dafür umso öfter ein, wenn wir gerade nichts tun, nichts denken – oder eben schlafen. *Default Mode* heißt dieser Zustand unter Wissenschaftlern. Gemeint ist der Leerlauf des Gehirns, in dem Gelerntes und Erlebtes besonders gut verarbeitet und neu verknüpft werden – die perfekte Voraussetzung, um die Lösung zu einem Entscheidungsdilemma auf dem Silbertablett präsentiert zu bekommen.

HILFE, BLOCKADE! HIER KOMMT DIE ZÜNDENDE IDEE

Falls die Schranke im Kopf sich trotz Schlaf und Schwarmintelligenz partout keinen Zentimeter anheben lassen will, können Sie auch ein bisschen tiefer in die Trickkiste der Psychologie greifen. Nicht nur im Bett sind die grauen Zellen besonders aktiv, sondern

KAPITEL 10 JA, NEIN, VIELLEICHT

auch an anderen Kreativorten, die schon vielen berühmten Persönlichkeiten Geistesblitze beschert haben.

1. Die Lösung unter der Dusche

Für die einen ist es nur ein Ort der Hygiene – oder des schlechten Gesangs. Für andere ist die Dusche der Ort, an dem sie besonders klare Gedanken fassen. 72 Prozent der Menschen haben einer Studie zufolge die besten Einfälle, während sie sich mit Wasser abbrausen oder darin baden.

Bekanntestes Beispiel: Archimedes. Der erkannte im erfrischenden Nass die Lösung zum spezifischen Gewicht von Gold und Blei und soll der Legende nach vor Freude gleich darauf »Heureka!« rufend und nackt durch die Straßen gelaufen sein.

Der Regisseur Woody Allen findet nach eigenem Bekunden dort und beim Rasieren regelmäßig Inspiration, wenn er einmal nicht weiter weiß.

2. Der Einfall auf der Toilette

Das stille Örtchen ist für den Kopf alles andere als ruhig. Bei unseren Umfragen auf Karrierebibel.de gestand mehr als jeder Zehnte: »Die besten Ideen hab ich auf dem Klo.«

Der Grund: Der tägliche Toilettenbesuch ist eine sogenannte Routinehandlung. Wir vollziehen sie, ohne groß darüber nachzudenken, der Kopf hat in dieser Zeit Sendepause, ist aber eben nicht untätig. Das Gehirn kann jetzt die Gedanken schweifen lassen – und schon kommt die zündende Idee aus dem Unterbewussten, auf die wir durch Nachdenken und Grübeln nie gekommen wären.

Schon vor einiger Zeit verriet der Rapper Eminem dem US-Magazin ›The Rolling Stone‹, seine »besten Gedanken auf dem Scheißhaus« zu finden, weil er dort nun mal nichts anderes zu tun habe.

MIT VOLLER BLASE
WÄHLEN WIR BESSER

Es ist eine dieser Erkenntnisse, bei denen man sich fragt, wer bloß auf die Idee kam, das zu erforschen. Aber gut: In dem Fall war es Mirjam Tuk mit einem niederländischen Forscherteam der Universität von Twente. Das Ergebnis ihrer Studien mutet humoristisch an, ist aber durchaus ernst gemeint: Je voller die Blase, desto eher entscheiden wir uns für langfristige Ziele.

Der Zusammenhang erhielt sogar den wenig wissenschaftlich anmutenden Titel *Harndrang-Effekt*. Akademischer ist da schon die Erklärung hinter dem Pipi-Phänomen: die sogenannte Impulskontrolle. Wenn wir einen Impuls kontrollieren können, fällt es uns gleichzeitig leichter, auch andere Reize zu beherrschen. Salopper ausgedrückt könnte man sagen: Wer es schafft, seinen Harndrang kurzfristig zu unterdrücken, der kann auch kurzfristigen Versuchungen entsagen und sich auf das langfristige Wohl besinnen.

3. Der zündende Funke im Wald

Will sich eine Entscheidung einfach nicht in den eigenen vier Wänden finden lassen, dann gehen Sie bitte raus. Ernsthaft. Ein Spaziergang im Wald kann den eigenen Geist buchstäblich auf Wanderschaft mitnehmen und zu neuen Horizonten treiben. Die frische Luft, die verschiedenen Geräusche, Düfte und Empfindungen – all das hilft dabei, einen klaren Kopf zu bekommen und freier an Probleme oder Fragestellungen heranzugehen.

Studien belegen, dass körperliche Bewegung, selbst wenn es sich nicht um anstrengenden Sport handelt, bis zu 50 Prozent bessere Ideen erzeugt. Charles Hillman von der Universität von Illinois konnte zum Beispiel zeigen, dass schon kurze Pausen mit körperlicher Bewegung die Hirnaktivität enorm anregen. Bei den Probanden verbesserten sich danach Reaktionszeiten, Konzentrationsvermögen und die Fähigkeit, schnell zwischen verschiedenen Aufgaben hin und her zu wechseln. Zu ähnlichen Ergebnissen kommen auch die Untersuchungen von Marily Oppezzo und Daniel L. Schwartz. Hier verbesserten sich die kognitiven Leistungen der Probanden durch das Spazierengehen um 23 Prozent.

Ziehen sich die eigenen Gedanken und mit ihnen die Entscheidungen wie Kaugummi, heißt es also: Rein in die Wanderschuhe und raus in die Natur. Natürlich gibt es auch hierfür prominente Vorbilder: Friedrich Nietzsche brachte von seiner Vorliebe für Waldspaziergänge im Engadin seinen ›Zarathustra‹ nach Hause. Und der sagt nicht zufällig: »Ich liebe den Wald. In den Städten ist schlecht zu leben.«

Den Bäumen verdanken wir sogar wichtige Erkenntnisse der Physik: Die Gravitationsgesetze erkannte Sir Isaac Newton im Jahre 1686, als er im Garten den Wolken beim Vorbeiziehen, den Gedanken beim Verfestigen zusah – und einem Apfel beim Herunterfallen. Ludwig van Beethoven wiederum pflegte nach dem Mittagessen einen längeren Spaziergang zu unternehmen, bei dem er auch Papier und Stift dabeihatte. Der Schriftsteller Charles Dickens lustwandelte am Nachmittag regelmäßig bis zu drei Stunden an der frischen Luft. Und der Philosoph Sören Kierkegaard kehrte von seinen Spaziergängen derart beseelt zurück, dass er sich gleich mit Hut, Spazierstock und Regenschirm an den Schreibtisch setzte und losschrieb.

4. Die Idee im Café

Nette Gesellschaft, ein Wort ergibt das andere, und ehe man sich's versieht, gesellen sich zu Kaffee und Konversation noch Klarheit und Klärung, nach denen man so lange gesucht hat. Aus gutem Grund nutzen viele Freiberufler die Atmosphäre ihres Lieblingscafés, um neue Kraft und frische Gedanken zu tanken. Mitunter reicht sogar schon der Duft von frischem Kaffee aus, um derart positive Effekte zu erzielen. Wissenschaftler der Seoul National Universität in Korea konnten nachweisen, dass Kaffeearoma den empfundenen Stress reduziert und dafür sorgt, dass wir uns wacher, entscheidungsfreudiger und -fähiger fühlen.

5. Der Geistesblitz im Auto

Das soll natürlich keine Aufforderung sein, den Verkehr aus den Augen zu lassen, bei dem es bereits ohne Ihr Zutun drunter und drüber geht. Es handelt sich vielmehr um das genaue Gegenteil: volle Konzentration auf die Fahrkünste, dazu Musik und ein fröhliches Lied auf den Lippen – schon schaffen Sie einwandfreie Bedingungen, um Entscheidungen wie im Blindflug zu treffen. Der Trick ist derselbe wie bei den anderen Orten auch: Statt sich auf die Wahl zu konzentrieren, konzentrieren Sie sich auf etwas anderes, und schon sprudeln die Erkenntnisse.

Petra Hesser, damals noch IKEA-Deutschland-Chefin (heute zuständig für Global Human Resources), gab in einem Interview zu, dass sie hinter dem Lenkrad manchmal derart intensiv Szenarien oder Lösungen entwickelt, dass sie sogar ihre Ausfahrt verpasst.

! DER PISTOLEN-TEST: ENTSCHEIDEN IN SEKUNDEN

Und dann gibt es Tage, an denen sich die Klarsicht partout nicht einstellen will – trotz ausgiebigem Waldspaziergang mit Café-Besuch und heißer Dusche danach. Der sogenannte Pistolen-Test (im Englischen auch *gun test* genannt) kann in einer solchen Situation helfen. Und keine Bange: Sie müssen dafür keinerlei schwere Geschütze auffahren – echte Waffen sind an dieser Entscheidungshilfe gänzlich unbeteiligt.

Der geistige Urheber des – zugegebenermaßen – martialisch anmutenden Pistolen-Tests, der Professor für Ingenieurwissenschaft am Hasso Plattner Institute of Design in Stanford, Bernie Roth, stellte sich die Frage, wie man die wirklich wichtigen, lebensverändernden Entscheidungen leichter treffen könnte. Denn diese fallen nun mal den meisten Menschen besonders schwer – und wir verrennen uns bei ihnen auch besonders oft und leicht.

Also entwickelte er folgende Methode: Jedes Mal, wenn einer seiner Studenten zu ihm ins Besprechungszimmer kam und eine besonders schwerwiegende Wahl zu treffen hatte, bei der er überhaupt nicht weiter wusste, formte Roth seine Finger zu einer imaginären Pistole, drückte diese dem Studenten auf die Brust und sagte: »Du hast jetzt genau 15 Sekunden, um dich zu entscheiden. Danach drücke ich ab.«

Ich weiß, das hört sich zunächst einmal so nützlich an wie eine Wärmflasche aus Schokolade. Und nach einem typisch verrückten Professor. Doch Roth ist keineswegs verrückt, sondern eine weithin geschätzte Koryphäe auf seinem Gebiet. Und er schwört auf seine Technik.

Sie funktioniert, weil sie sich einen starken psychologischen Effekt zunutze macht, den Roth in seinem Buch ›The Achievement Habit‹ so beschreibt: »Selbst wenn der Betroffene am Ende nicht den Weg nimmt, für den er sich im Pistolen-Test entschieden hat, so hilft die Übung doch dabei, den großen Druck abzubauen, den sich viele im Zusammenhang mit einer Entscheidung machen. So kommt jeder am Ende seiner individuellen Entscheidung näher.«

Der Pistolen-Test ist einfach durchzuführen und liefert schnelle Ergebnisse, damit ist es eine besonders effektive Methode, Blockaden zu lösen. Doch schon am Anfang einer Entscheidung kann der Pistolen-Test ein wichtiger Hinweis auf die richtige Richtung sein – trotz oder gerade weil man sich im Nachhinein noch umentscheiden kann.

Bernie Roth erklärt das folgendermaßen: Jeder sei sich der Antwort auf seine Entscheidung insgeheim schon bewusst. Der Pistolen-Test sorgt also gar nicht dafür, *dass* wir uns entscheiden, sondern zeigt uns vielmehr, dass wir uns entscheiden *können* – eine Einsicht, die für viele Entscheidungsgeplagte eine wahre Erleichterung darstellt.

Damit ist der Pistolen-Test ein bisschen wie der Münzwurf, den Sie aus dem zweiten Kapitel kennen – nur vielleicht eine Spur drastischer und deshalb eher für größere Blockaden geeignet.

Voraussetzung dafür, dass die Masche funktioniert, ist aber die nötige Ernsthaftigkeit, falls Ihnen mal ein guter Freund die imaginäre Pistole auf die Brust setzt. Außerdem verpufft der Effekt, wenn Sie sich nicht an die vereinbarte Zeit halten, sondern sich in Ausreden flüchten. Man muss sich also schon ein bisschen selbst betrügen, glauben, dass es um Leben und Tod geht und tatsächlich innerhalb von 15 Sekunden seine Entscheidung fällen.

DAS IST JETZT NICHT DAS, WAS ICH WOLLTE!

WARUM SIND WIR HINTERHER UNZUFRIEDEN?

Zum Beispiel Daniel. Ein guter Freund von mir zeichnet sich durch eine ebenso amüsante wie liebenswürdige Marotte aus. Jedes Mal, wenn wir essen gehen, entscheidet er sich zwar spontan für ein leckeres Gericht von der Karte. Wenn er aber sieht, was ich bekomme (vorausgesetzt, ich habe etwas anderes bestellt), schaut er ein bisschen neidisch herüber und ist mit seinem Essen prompt unzufrieden: »Deins sieht irgendwie besser aus«, sagt er dann zum Beispiel. »Tja, hätte ich wohl besser mal gewartet, was du so nimmst und anders entschieden …«

Hätte er nicht! Es würde keinen Unterschied machen. Mit dem sprichwörtlichen Futterneid hat dieser kleine Spleen wenig zu tun. Eher mit einem anderen Psychoeffekt, der sich immer wieder im Alltag – ob beim Essengehen, beim Shopping oder irgendeiner Freizeitbeschäftigung – beobachten lässt: Trotz bester Vorbereitung, Recherche und Konzeption sind wir hinterher mit unserer Entscheidung gleich wieder unzufrieden, und die anderen Wahlmöglichkeiten wirken plötzlich viel aufregender. Wie konnten wir das bloß übersehen???

Ob große, kleine, wichtige oder triviale Entscheidung: Haben wir uns einmal festgelegt, verblasst der einstige Glanz der eigenen Wahl und alle anderen Optionen werden auf ein imaginäres Podest gehoben. Zwar bekommen wir – Männer vor allem – nach erfolgter Entscheidung zunächst eine mentale Belohnung in Form von Glückshormonen präsentiert. Doch ab und an erlaubt sich unsere Oberstube einen Streich, indem sie diesen Serotonin-Mix mit ein paar Selbstzweifeln garniert.

Dann betrachten wir den Ist-Zustand, für den ja vieles spricht und mit dem wir ohne Weiteres zufrieden und glücklich sein könnten, zunehmend kritisch. Es beginnen die Rädchen im Kopf zu rotieren und imaginieren einen fiktiven Soll-Zustand, in dem wirklich alles bis ins kleinste Detail perfekt ist und der mit unserer Wahl leider doch nicht zu erreichen ist. Dumm gelaufen. Denn jetzt fallen uns immer mehr der bisher unbemerkten Kleinigkeiten und Macken unserer Wahl auf.

Daniel sieht zum Beispiel, dass vor ihm zwar ein leckeres Filet-steak steht, der Fisch auf meinem Teller aber für ein Abendessen leichter ist und weniger Kalorien hat. Und dann sind da noch die Beilagen: Wieso hat er fettige Pommes genommen und nicht ein-fach nur Salat oder wenigstens Gemüse? Wo ihm vorher noch beim Gedanken an ein saftiges Stück Biofleisch das Wasser im Mund zusammengelaufen ist, überschattet jetzt ein schlechtes Ge-wissen den Teller.

Besonders gemein: Selbst durch gutes Zureden oder rationale Begründungen lässt sich an diesem Gefühl kaum noch etwas ändern. Es lässt sich nicht ungeschehen machen, dass wir auf die Wahlmängel aufmerksam geworden sind – oder wie es im Eng-lischen so schön heißt: *You cannot unsee.* Jetzt kreist jeder Gedanke um die schlechten Seiten und wir können unsere (gute) Wahl nie mehr so sehen wie zuvor.

Ein solcher Vergleich hinkt nicht nur (was sollte auch mit einer derart stilisierten Idealvorstellung mithalten können?), er basiert zudem auf einem Wahrnehmungsfehler, der gerne entsteht, wenn wir eine Option auserkoren haben: Wir vergessen die Nachteile der Alternative.

Als würde im Kopf ein Schalter umgelegt, verschwinden die Abwägungen, die kurz zuvor noch stattgefunden und zu unserer Wahl geführt haben. Zurück bleibt nur die Erinnerung an das, was man hätte haben können.

Das Phänomen dahinter ist eine Angst, die häufig zur Beschrei-bung der aktuellen Generation genutzt wird: *the fear of missing out* – kurz: FOMO oder auf Deutsch: die Angst, etwas zu verpassen.

Als zentrales Erkennungsmerkmal dieser Generationsangst gilt das Smartphone, das manche ständig in der Hand halten, um ja auf dem Laufenden zu bleiben, was ihre Freunde, Bekannten oder die Leute, mit denen sie über soziale Netzwerke verbunden sind, gerade so machen.

Steigern lässt sich das Ganze noch, wenn wir dann in den Timelines von Facebook, Twitter und Co. etwas sehen, das wir selber in diesem Moment nicht machen oder haben können: Was, wenn die anderen gerade mehr Spaß haben? Was, wenn deren Essen besser, deren Party lustiger oder der Urlaub viel aufregender ist? Und ist die Unzufriedenheit erst einmal da, geht sie so schnell nicht wieder weg und vermiest uns den Tag und die Laune. Schön blöd!

Lassen Sie sich derlei Oberstubenstreiche bitte nicht gefallen. Sie können jederzeit zur Gegenwehr ansetzen und den Effekt mit ein paar Tricks eindämmen:

BIEGEN SIE DIE REALITÄT WIEDER GERADE.

Die Nachteile der eigenen Wahl lassen sich zwar nicht ungesehen machen, doch kann man sich ins Gedächtnis rufen, dass auch andere Optionen nicht ohne Fehl und Tadel gewesen wären. Nehmen Sie den nicht gewählten Alternativen das Podest, auf das sie Ihr Unterbewusstsein gehoben hat. Entweder als reines Gedankenexperiment, indem Sie bewusst über die Schwächen der Optionen nachdenken oder – in besonders hartnäckigen Fällen – als Liste, in der die Fehler festgehalten werden. Zu sehen, dass die scheinbar perfekte Lösung gar nicht existiert, versöhnt uns wieder mit der eigenen Wahl.

 ## AKZEPTIEREN SIE DIE ALTERNATIVEN.

Im Grunde sollten wir froh sein, Alternativen zur Auswahl zu haben, die uns mit unterschiedlichen Vorteilen locken und eine Wahl erst möglich machen. Akzeptieren Sie diese also als das, was sie sind: Optionen, die Sie am Ende eben doch nicht überzeugen konnten. Eine simple Erkenntnis, deren Nichtbeachtung die Unzufriedenheit mit einer Entscheidung erst ermöglicht.

 ## ERFREUEN SIE SICH AN IHRER WAHL.

Fokussieren Sie sich auf die positiven Seiten jener Option, die sich durchgesetzt hat. Genießen Sie deren Vorzüge und schwärmen Sie Freunden oder der Familie ein bisschen von den neuesten Errungenschaften vor. Davon zu erzählen vertreibt die Zweifel – selbstredend und auch durch die positiven Rückmeldungen.

Klüger, als im Nachklapp die Unzufriedenheit und Zweifel zu bekämpfen, wäre es allerdings, diese erst gar nicht groß entstehen zu lassen. Auch hierzu gibt es zwei kleine Tricks:

1. Schaffen Sie sich Absicherungen.
Der Handel hat sich diesen Psychoeffekt längst zunutze gemacht, um Kunden einerseits die Wahl zu erleichtern und sie andererseits damit langfristig zufriedener zu stimmen. Im Fachjargon heißt das Ergebnis schlicht: Umtausch- oder Rückgaberecht.

Kurz: Sie haben für eine gewisse Zeit die Chance, einen (meist folgenlosen) Rückzieher von einer getroffenen Wahl zu machen. Dabei kommt es allerdings gar nicht mal darauf an, von dieser Möglichkeit tatsächlich Gebrauch zu machen. Es reichen allein die mentale Beruhigungspille und das Gefühl »ich könnte, wenn ich wollte«.

Besonders Menschen, die generell zu Zweifeln neigen, können von diesem Trick profitieren, indem Sie sich stets ein paar Hintertürchen offen halten. Allerdings nur, solange sie nicht in die Falle tappen und jede getroffene Entscheidung immer wieder rückgängig machen. Sonst verkehrt sich der Effekt ins Gegenteil, weil sie praktisch entscheidungsunfähig werden.

2. Glauben Sie an Ihre Entscheidungsfähigkeit.
Schon die Einstellung, mit der wir unsere Wahl regelmäßig bewerten, beeinflusst die damit verbundene Zufriedenheit. Wer also beispielsweise glaubt, gerne Fehlentscheidungen zu treffen, sieht natürlich auch verstärkt die Macken und Kanten in seiner Wahl. Es entsteht eine Art selbst erfüllende Prophezeiung. Andersrum wird der bessere Schuh daraus: Seien Sie weniger selbstkritisch und glauben Sie daran, grundsätzlich die für Sie beste Wahl treffen zu können.

WARUM GRUPPEN WÄHLEN, WAS SIE GAR NICHT WOLLEN

Jerry Harvey, 1974 Professor an der George Washington Universität, unternahm gemeinsam mit Frau und Eltern eine Reise in deren Heimatstadt Abilene. Wie sich später herausstellte, war das keine gute Wahl: Der Vorschlag für das Reiseziel basierte auf der Annahme, dass die anderen ein wenig Abwechslung bräuchten. Tatsächlich aber wären alle viel lieber zu Hause geblieben.

Wie konnte es dazu kommen?

Im konkreten Fall stimmte jeder dem Urlaub zu, weil er annahm, die anderen seien ebenfalls dafür. Oder anders ausgedrückt: Manche Entscheidungen erwecken zwar den Eindruck, sie würden auf einem Einverständnis aller Beteiligten beruhen. Tatsächlich aber sind sie auf falsche Wahrnehmungen zurückzuführen. Wir wissen erst dann, dass andere einer Entscheidung nicht zustimmen, wenn diese das auch kommunizieren – und zwar offen. Schweigen hingegen wird oft und fälschlicherweise als Zustimmung interpretiert. Bekannt ist dieser Effekt auch als *Abilene-Paradoxon* oder *Projection Bias* (siehe auch Kapitel 13).

Glücklicherweise lässt sich das Phänomen durch zwei einfache Tricks umgehen:

1. Sagen Sie ehrlich Ihre Meinung.
Mit dieser Strategie fährt man bei Gruppenentscheidungen am besten und gibt anderen die Chance, es einem gleichzutun. Es kostet zwar ein wenig Überwindung, führt aber zu besseren Ergebnissen.

2. Fragen Sie die anderen nach deren Meinung.
Und brechen Sie so das Schweigen. Mit einer kleinen Ermutigung fällt vielen eine ehrliche Antwort leichter und Missverständnisse lassen sich vermeiden.

BITTE HIER ENTLANG

KENNEN SIE IHRE ZIELE?

Wer sein Ziel nicht kennt, weiß auch nicht, welchen Weg er einschlagen soll. Das führt erst zu Ratlosigkeit und schließlich zu Unentschlossenheit angesichts verschiedener Auswahloptionen. Was fehlt, ist die Sicherheit im eigenen Handeln.

Zu wissen, was man will – das klingt so simpel. Für die viel beschriebene Generation Y kann das Benennen der eigenen Ziele aber bereits zur Sinnkrise mutieren. Den heute 18- bis 32-Jährigen wird in Studien immer wieder mangelnde Zielstrebigkeit nachgesagt. Beispielsweise wurde in einer repräsentativen Umfrage im Auftrag der privaten Accadis-Wirtschaftshochschule in Bad Homburg den Ypsilonern auf den Zahn gefühlt. Unter den 1010 Befragten zeigte sich, dass sie nur halb so zielstrebig sind wie die Vorgängergeneration X. Statt sich an festen Mustern der Lebensgestaltung zu orientieren, ließen sie sich lieber treiben.

Dabei sind persönliche Ziele wesentlich mehr als eine reine Orientierungshilfe. Überhaupt schon Ziele zu haben, lässt Menschen länger leben. Kein Witz!

Ein Forscherteam um den Psychologen Patrick Hill von der Carleton Universität in Kanada begleitete etwa für eine Langzeitstudie über 14 Jahre lang rund 7000 Amerikaner zwischen 20 und 75 Jahren. Während dieser Zeit wurden die Studienteilnehmer regelmäßig zu ihren Zielen befragt. Die Forscher interessierte dabei vor allem die Einschätzung zu folgenden drei Aussagen:

- *Manche Menschen gehen völlig ziellos durchs Leben. Ich bin nicht so jemand.*
- *Ich lebe mein Leben im Hier und Jetzt und mache mir über die Zukunft keine Gedanken.*

- *Ich habe manchmal das Gefühl, im Leben schon alles erreicht zu haben.*

Es zeigte sich: Wer angab, zielstrebig zu sein, blieb über die Jahre gesünder und ging zufriedener durchs Leben. Noch erstaunlicher aber war: Viele Studienteilnehmer, die selbst im hohen Alter noch Ziele hatten, wurden älter als ihre ziellosen Zeitgenossen. Zielstrebigkeit hat noch weitere positive Effekte. Sie geht Hand in Hand mit unserer Motivation: Ohne ein Ziel wirft man schneller die Flinte ins Korn. Wer sich dagegen etwas vorgenommen hat, ist eher bereit, Rückschläge und Enttäuschungen zu überwinden.

Auch das Selbstvertrauen wird gestärkt: Wer sich ein Ziel setzt und dieses erreicht, hat nicht nur das gute Gefühl, etwas geleistet zu haben und für seine Mühen entlohnt worden zu sein. Er sieht auch, dass er etwas schaffen kann, wenn er es sich nur vornimmt. Diese Erfahrung untermauert das positive Selbstbild und schenkt Vertrauen für zukünftige Bestrebungen.

Und nicht zuletzt helfen Ziele enorm dabei, bessere Entscheidungen zu treffen. Sie verleihen uns Entschlossenheit: Jemand, der einen Fixpunkt hat, an dem er sich orientieren kann, unterscheidet leichter zwischen wichtigen und unwichtigen Dingen.

Doch wonach lohnt es sich zu streben und wie steckt man sich Ziele, die auch erreicht werden? An dieser Stelle hilft wiederum die Unterscheidung zwischen kurzfristig und langfristig:

- **Kurzfristige Ziele** sollten überschaubar sein. Nehmen Sie sich nicht gleich vor, einen Marathon zu laufen. Wer nicht regelmäßig lange Strecken läuft, wird kaum aus dem Stand einen Lauf über 42 Kilometer schaffen. Starten Sie lieber mit täglich zehn oder anfangs nur fünf Kilometern. Auf diese Weise verhindern Sie, dass sich bereits nach kurzer Zeit Frust und Enttäuschung breitmachen. Der entscheidende Trick: Orientieren Sie sich an den eigenen Stärken. Nur so funktionieren kurzfristige

Ziele. Fällt es Ihnen beispielsweise schwer, sich in die Grammatik und Struktur einer fremden Sprache hineinzudenken? Dann gehört der Wunsch, Chinesisch zu lernen, eher nicht in die Kategorie kurzfristiger Ziele. Wenn Sie sich also ein Ziel setzen, bewerten Sie vorher den Schwierigkeitsgrad und gleichen Sie ihn ehrlich mit Ihren Fähigkeiten ab.

- **Langfristige Ziele** können und sollten hingegen herausfordernd sein. Hier können Sie sich auch etwas vornehmen, das nicht auf Anhieb klappt. Das kann die Beförderung im Job sein oder das Geld für ein Ferienhaus am Meer. Kurzfristige Vorhaben gleichen einem 100-Meter-Sprint. Sie müssen zwar all Ihre Kräfte mobilisieren, um das Zielband zu erreichen, doch der Endpunkt ist in Sichtweite. Langfristige Vorhaben sind hingegen auf Monate, teilweise Jahre ausgelegt. Sie gleichen eher einer Wanderung, bei der es Steigungen und Unwägbarkeiten zu überwinden gilt. Damit Sie das Ziel derweil nicht aus den Augen verlieren, sollten Sie sich Teilziele stecken, sogenannte Milestones. So erleben Sie immer wieder kleine Erfolge, und es fällt Ihnen leichter, über einen längeren Zeitraum am Ball zu bleiben.

Den eigenen Zielen einen zeitlichen Rahmen zu geben, ist aber nur die halbe Miete. Damit die Umsetzung eines Vorhabens gelingt, kommt es ebenso darauf an, wie es formuliert wird:

✔ KONKRET FORMULIEREN

Am Silvesterabend werden gerne Vorsätze wie »Ich werde mehr Sport treiben« gefasst. Wer seine Pläne derart artikuliert, versetzt ihnen von Anfang an den Todesstoß. Das Vorhaben ist so viel zu schwammig und ungenau formuliert. Es gibt nichts, an dem Sie sich orientieren können. Effekt: Die

Motivation geht flöten. Andersrum gelingt es besser: Beziehen Sie in den Vorsatz möglichst viel Konkretes ein. Welchen Sport will ich treiben? Trainiere ich alleine oder mit einem Partner? Wie häufig möchte ich den Sport ausüben? Als Anhaltspunkt können die typischen W-Fragen dienen: Wer? Was? Wann? Wo? Wie?

 ### SCHRIFTLICH FESTHALTEN

Bringen Sie Ihre Ziele zu Papier. So geben Sie Ihren Gedanken Struktur, und Sie verleihen dem Projekt zugleich eine verpflichtende Note. Schwarz auf weiß. Eine solche Notiz wirkt wie eine mahnende Erinnerung. Wo Sie Ihre Ziele festhalten, ist dagegen eine Geschmacksfrage. Bewährt haben sich jedoch Orte, wo sie Ihnen immer wieder begegnen. Am Kühlschrank etwa, am Badezimmerspiegel oder als persönlicher Bildschirmhintergrund. So haben Sie Ihre Ziele immer vor Augen und fühlen sich verpflichtet, an deren Verwirklichung zu arbeiten.

 ### POSITIV AUSDRÜCKEN

Schon die Wortwahl kann motivieren – oder auch nicht. Ein Beispiel: »Ich möchte nicht mehr so fett sein.« Würde Sie das dazu motivieren, abends weniger Schokolade zu essen und stattdessen ins Fitnessstudio zu gehen? Wahrscheinlich nicht. Das Problem an dieser Formulierung ist, dass Sie Ihr Vorhaben von Anfang an mit einem negativen Gefühl verbinden. So aber starten Sie gleich mit weniger Tatendrang. Sich zu bestärken, ist die bessere Wahl. Wie wäre es also beispielsweise mit: »Ich will im Sommer in diesen tollen Bikini passen!« Sprache prägt Wahrnehmung: Wenn Sie Ihre Ziele positiv und ermutigend formulieren, wirkt sich das auch auf Ihre innere Haltung aus.

ZIELE BESTIMMEN FÜR DIE WICHTIGSTEN LEBENSBEREICHE

Ziele finden und benennen, ist nichts anderes als entscheiden. Und das wollen Sie ja trainieren und verbessern – üben Sie es am besten in den wichtigsten Lebensbereichen.

Tatsächlich spielen im Leben der meisten Menschen exakt sechs Bereiche eine zentrale Rolle. Die Entscheidungen, die wir hierbei treffen, haben größte Tragweite; die gesetzten Prioritäten bestimmen maßgeblich unser Glücksempfinden und unsere Zufriedenheit. Es wird also keine leichte Übung. Nehmen Sie sich daher bitte etwas Zeit.

Gleichzeitig kann ich Ihnen versprechen, dass die Erkenntnisse, die Sie dabei gewinnen, und die Entscheidungen, die Sie im Anschluss fällen, Ihnen Sicherheit und Orientierung geben. Aber fangen wir an:

1. Freunde und Familie
Der Partner, die Kinder, die Eltern, unsere Freunde bereichern unser Leben. Im Alltagstrott vergisst man manchmal ihre Bedeutung. Stress, Aufgaben und Termine überschatten zuweilen unsere Beziehungen. Insgeheim aber spürt jeder: Aus den Momenten mit Freunden und Familie schöpfen wir die meiste Kraft.

2. Beruf und Karriere
Arbeit und Beruf sind wichtige Komponenten der Identität und

des Selbstwerts. Viele Menschen definieren sich gar über ihren Beruf. Die Aufgaben, die Herausforderungen, die Karriere – das alles trägt maßgeblich zur eigenen Zufriedenheit bei und gibt dem täglichen Handeln Sinn und Wert. Das gilt vor allem für wiederkehrende Erfolge und das Erreichen beruflicher Ziele.

3. Gesundheit und Körper

Job, Freund und Familie – das alles lässt sich kaum genießen, wenn eines fehlt: die Gesundheit. Wir sind auf unseren Körper angewiesen und pflegen ihn doch so wenig: Für regelmäßigen Sport nehmen wir uns keine Zeit; auf eine ausgewogene Ernährung achten nur wenige; und sich ausreichend Schlaf zu gönnen, kommt manchem gar wie Verschwendung vor. Das Gegenteil ist aber richtig: Achtsam mit unserer Gesundheit umzugehen, zahlt sich aus. Ein Leben lang.

4. Heim und Wohnraum

Das eigene Zuhause ist ein Rückzugsort, ein Ort der Sicherheit. Je stressiger und hektischer Job und Alltag werden, desto mehr haben wir den Wunsch, zu Hause zur Ruhe zu kommen. Auch Gäste sollen sich hier wohlfühlen. Ein kuscheliges Heim hat für viele höchste Priorität und ist ihnen wichtiger als ein teures Auto oder regelmäßiger Urlaub – das gaben zum Beispiel die Teilnehmer einer Wohnstudie 2015 an.

5. Geld und Finanzen

»Geld regiert die Welt«, heißt es im Volksmund. Geld bestimmt zuweilen, welchen Beruf wir ergreifen, wie und wo wir wohnen, welches Auto wir fahren. Es kann uns beschränken oder (finanzielle) Freiheit und Unabhängigkeit ermöglichen. Entsprechend streben zahlreiche Menschen nach viel Geld.

6. Freizeit und Hobby

Bestünde das Leben nur aus Schlafen, Essen, Arbeiten und abends ein paar Stunden auf der Couch, wäre es öde und trist. Tagein, tagaus derselbe Trott – wer will das schon? Hobbys sind ein Weg, um die Tretmühle zu verlassen. Freizeit ist vor allem selbstbestimmte Zeit, die wir nach Lust und Laune einteilen, verbringen oder verschwenden dürfen. In einer Band musizieren, zwischen Gemüse und Blumen gärtnern, sich im Yogakurs dehnen – egal, welche Hobbys wir pflegen: Die Kraft, die wir daraus schöpfen, wirkt sich positiv auf andere Lebensbereiche aus.

ÜBUNG: IHRE LEBENSBEREICHE UNTER DER LUPE

Dazu schauen wir uns jeden Bereich einzeln an und versuchen potenzielle Ziele herauszuarbeiten. In den Tabellen finden Sie zunächst Fragen, die Ihnen dabei helfen sollen, den aktuellen Ist-Zustand zu ergründen und über Ihre Wünsche nachzudenken.

Im zweiten Schritt beantworten Sie dann bitte die Fragen aus der Kategorie »Ziele«. Damit richten Sie den Blick in die Zukunft und versuchen herauszufinden, was Sie noch erreichen wollen. Aber eben erst im zweiten Schritt.

Machen Sie sich dabei ruhig stichwortartig Notizen – Sie wissen ja, wer seine Ziele schriftlich festhält, verleiht ihnen zugleich eine verpflichtende Note.

Beginnen wir also mit dem **Ist-Zustand:**

Freunde und Familie	
Führe ich eine glückliche Beziehung?	
Welches Verhältnis habe ich zu meiner Familie?	
Wen zähle ich zu meinen wahren Freunden?	

Beruf und Karriere	
Welche Talente und Kompetenzen habe ich?	
Was habe ich beruflich schon erreicht?	
Bin ich zufrieden mit meinem Job (Arbeitsklima, Gehalt, Aufgaben)?	

Gesundheit und Körper	
Wie gesund bin ich?	

Schlafe ich ausreichend?	
Wie stressig ist mein Alltag?	
Wie gesund ernähre ich mich?	
Mache ich genug Sport?	

Heim und Wohnraum

Fühle ich mich zu Hause wohl?	
Habe ich mein Zuhause nach meinen Vorstellungen eingerichtet?	
Was stört mich an meiner Wohnung?	

Geld und Finanzen

Wie ist meine aktuelle finanzielle Lage?	
Welche monatlichen Verbindlichkeiten und Fixkosten habe ich?	
Habe ich genug Einnahmen, um Rücklagen zu bilden?	

Freizeit und Hobby

Wie viel Freizeit habe ich?	

Womit verbringe ich meine Freizeit?	
Was macht mir Spaß?	
Was hilft mir, nach einem langen Arbeitstag abzuschalten?	

Nachdem Sie sich über den Ist-Zustand bewusster geworden sind, sind nun die **Ziele** dran: Was wollen Sie noch erreichen, was möchten Sie verändern?

Freunde und Familie	
Wünsche ich mir mehr Zeit für Partner und Kinder? Wenn ja, wie könnte ich das erreichen?	
Was kann ich tun, damit mein Partner sich in unserer Beziehung wohlfühlt?	
Wie kann ich meinem Partner zeigen, wie viel er oder sie mir bedeutet?	
Wie kann ich meine Freundschaften besser pflegen (oder neue Freunde finden)?	

Beruf und Karriere	
Welche Fähigkeiten möchte ich mir noch aneignen?	
Welche Erfahrungen möchte ich beruflich noch machen?	
Wie sieht der Höhepunkt meiner Karriere aus?	

Möchte ich mich selbstständig machen?	
Oder ist es besser, den Job zu wechseln?	

Gesundheit und Körper

Welche ungesunden Gewohnheiten will ich ablegen?	
Welche gesunden Gewohnheiten will ich annehmen?	
Was kann ich tun, um regelmäßiger Sport zu treiben?	
Was kann ich tun, um den Stress zu reduzieren?	
Wie kann ich mich besser ernähren?	

Heim und Wohnraum

Wie würde ich gerne wohnen?	
Was könnte ich in meiner Wohnung umgestalten?	
Bringt mich ein Umzug (andere Stadt? anderes Land?) meiner Traumwohnung näher?	

Geld und Finanzen

Was würde ich mir gerne leisten können?	

Wo kann ich sparen, um Kapital (dafür) aufzubauen?	
Was kann ich für meine Altersvorsorge tun?	

Freizeit und Hobby	
Welche Beschäftigung ist eine gute Abwechslung zur Arbeit?	
Wie kann ich mehr aus meiner Freizeit machen?	
Welches Hobby (surfen, segeln, fliegen …) wollte ich schon immer pflegen?	

Wenn Sie alle Fragen beantwortet haben, stehen in den rechten Spalten vermutlich eine Menge Wünsche und Vorhaben. Entscheidend ist deshalb, Ordnung in diese Sammlung zu bringen beziehungsweise Prioritäten zu setzen – sprich: sich zu entscheiden.

Schauen Sie sich dazu bitte noch einmal Ihre Notizen an. Formulieren Sie anschließend für jeden Lebensbereich ein dominantes Ziel – und bitte wirklich nur eines. Es geht darum, sich auf das Wesentliche zu fokussieren und Energien zu konzentrieren.

Ein solches Ziel könnte zum Beispiel lauten:

»Ich möchte jeden Tag eine Stunde mit meinen Kindern verbringen und einmal im Monat nur mit meinem Partner essen gehen.«

Schreiben Sie danach auf, wie Sie dieses Vorhaben verwirklichen wollen. Das könnte beispielsweise ein Freizeitplan für die gesamte Woche sein oder eine Liste mit Restaurants, die Sie künftig mit Ihrem Partner gemeinsam testen wollen. Das Ziel grob zu skizzieren, reicht dazu völlig aus:

Lebensbereich	Ziel	Was ist dazu nötig?
Familie und Freunde		
Beruf und Karriere		
Gesundheit und Körper		
Heim und Wohnraum		
Geld und Finanzen		
Freizeit und Hobby		

Merken Sie etwas? Sie haben sich im Verlauf dieser kompakten Übung nicht nur eine Menge wichtiger Gedanken gemacht (vielleicht ist Ihnen auch manches erst dadurch bewusst geworden), sondern zugleich auch viele Entscheidungen getroffen und dabei eigene (!) Ziele gesetzt. Klasse! Denn das hat gleich zwei wichtige Effekte:

1. Sie haben gelernt, wie leicht es sein kann, sich zu entscheiden – selbst bei zentralen Fragen zu Beruf oder Familie. Der Grund dafür ist die Systematik dahinter, das Aufbrechen komplexer Zusammenhänge, wie Sie das beispielsweise schon aus der Scheibchen-Methode kennen.

2. Noch wichtiger aber ist, dass Sie nun wissen, was Sie wirklich wollen. Zumindest in diesen sechs Lebensbereichen. Und das wiederum wird Ihnen viele weitere Alltagsentscheidungen erleichtern. Wenn Sie sich beispielsweise vorgenommen haben, mehr Zeit mit Ihrem Partner zu verbringen (weil Sie das glücklicher macht), und die Freizeit schon jetzt knapp bemessen ist, hat es wenig Sinn, eine Beförderung anzustreben, bei der Sie anschließend noch länger im Büro sind.

Sich bewusst zu machen, was man wirklich will, ist allerdings kein einmaliger Prozess. Wir müssen das von Zeit zu Zeit wiederholen – ein Leben lang. Manchmal verschieben sich Prioritäten und Ziele, manchmal merken wir aber auch, dass uns der eingeschlagene Weg in die Irre führt und das Ziel bei Weitem nicht so erstrebenswert ist, wie es am Anfang erschien. Das ist ein wichtiger Lernprozess! Selbstreflexion und Selbsterkenntnis gehen Hand in Hand mit dem Streben nach Glück – und mit zunehmend besseren Entscheidungen. Vorausgesetzt, wir sind dabei schonungslos ehrlich. Was uns zum nächsten Abschnitt bringt …

WIE WIR UNS MANCHMAL SELBST IM WEG STEHEN

Manchmal will es einfach nicht klappen. Das Glück – es scheint uns immer einen Schritt voraus oder ganz woanders abgebogen zu sein. Im Job treten wir nur auf der Stelle, die Auszeit mit Weltreise ist seit Jahren nichts weiter als ein Traum. Alle anderen kriegen das irgendwie hin – nur wir nicht. Ungerechte Welt!

Es ist ein Leichtes, andere dafür verantwortlich zu machen: den inkompetenten Chef, der einfach nicht sehen will, wie viel man leistet; die finanziellen Verpflichtungen, die es nicht zulassen, etwas zur Seite zu legen; der unsichere Arbeitsmarkt, der einen davon abhält, sich endlich einen anderen Job zu suchen, der weniger frustriert ...

Vermeintliche Gründe gibt es viele. Lösungswege allerdings auch. Die unbequeme Wahrheit ist: Wir belügen uns dabei nur selbst und stehen uns selbst im Weg. Oder wie es das Bonmot so schön ausdrückt: *Wer etwas will, findet Wege; wer etwas nicht will, findet Gründe.*

Das Paradoxe an dieser Form der Selbstsabotage ist, dass wir sie pflegen, um uns zu schützen. Immer dann, wenn das Selbstwertgefühl durch Fehler, Misserfolge und Enttäuschungen angegriffen wird, tritt dieser Schutzmechanismus in Erscheinung. Dann stellt er sich vor uns und gaukelt uns vor, die Umstände seien schuld, der Chef, die neidischen Kollegen, überhaupt die Gesellschaft, Deutschland, nein, diese ganze verkehrte Welt! Und weil es natürlich bequem ist, glauben wir dem inneren Saboteur nur allzu gerne – und verharren im Status quo, von dem wir eigentlich längst wissen, dass er uns nicht glücklich macht.

Na, haben Sie sich gerade erkannt? Ein bisschen vielleicht? Alles andere wäre auch unehrlich. Wir alle verfallen hin und wieder diesem Selbstbetrug. Er ist eine menschliche Schwäche und lässt uns unsere Ziele und die dazugehörigen Entscheidungen aus den Augen verlieren.

Denken Sie also noch mal kurz an die Übung zu den sechs Lebensbereichen zurück und warum Sie sich so und nicht anders entschieden haben, insbesondere dann, wenn Sie schon im Kopf Abstriche gemacht und sich selbst bei Ihren Wünschen beschränkt haben.

Warum? Vielleicht stehen dahinter die folgenden Verhaltensweisen und Angewohnheiten, mit denen sich viele Menschen regelmäßig im Weg stehen und so ihr volles Potenzial nie ausschöpfen:

- **Sie suchen sich Ausreden.**
»Ich bin nicht gut genug« oder »Das ist unmöglich zu schaffen« – Aussagen wie diese werden schnell zu Begründungen, warum etwas von vornherein zum Scheitern verurteilt sein soll. Aber ist es das wirklich? Ein solches Denken führt dazu, dass wir Herausforderungen meiden, an denen wir wachsen können.

- **Sie trauen sich nichts zu.**
Jeder hat Momente, in denen er sich fragt, ob er der aktuellen Situation gewachsen ist. Wer aber chronisch an sich und seinen Fähigkeiten zweifelt, wird wenig erreichen. Halten Sie sich vielmehr Ihre Stärken und die bisherigen Erfolge vor Augen. Damit gewinnen Sie an Selbstbewusstsein. Nur wer an sich selbst glaubt, erreicht auch seine Ziele.

- **Sie lassen sich von Nörglern anstecken.**
Es wird immer Menschen geben, die an Ihren Zielen zweifeln und nur darauf warten, Sie scheitern zu sehen. Wer sich aber mit derart pessimistischen und negativen Menschen umgibt, schadet eher früher als später seiner Motivation. Auch wenn es hart klingt: Meiden Sie solche Menschen so gut Sie können.

- **Sie sehen sich als Einzelkämpfer.**
Bill Gates, Warren Buffett oder Coco Chanel – sie alle haben unglaubliche Erfolge gefeiert und sind für viele Vorbilder. Sich

voll reinhängen, hart arbeiten und durchhalten reicht aber nicht. Erfolge werden nur selten alleine erzielt. Wer seine Ziele erreichen will, braucht Unterstützer – Menschen, die einem den Rücken freihalten oder stärken, mit Rat zur Seite stehen, die auf Fehler hinweisen ... Die Liste ließe sich endlos weiterführen. Wichtig ist, dass Sie sich von der Vorstellung trennen, alles alleine machen zu müssen.

- **Sie vernachlässigen Ihre Bedürfnisse.**
  Es ist gut und richtig, sich auf das Erreichen eines Zieles zu konzentrieren. Machen Sie sich aber bitte nicht zum Sklaven dieses Vorhabens. Das Ziel im Auge zu behalten, sollte nicht in einem Tunnelblick enden. Auch wenn Sie sich sehnlich wünschen, befördert zu werden, und sich deswegen in die Arbeit stürzen, sollten soziale Kontakte und Hobbys nicht auf der Strecke bleiben.

- **Sie ergreifen die Initiative nicht.**
  Sie handeln nicht, sondern warten ab. Doch jede Reise beginnt mit dem ersten Schritt. So ist es auch mit den eigenen Zielen – die kommen nicht von alleine näher. Den Weg müssen Sie selbst zurücklegen. Oder anders ausgedrückt: Die Distanz zwischen einem Plan und der Realität heißt: handeln.

DENKEN IST WIE GOOGELN – NUR KRASSER

UNSERE ENTSCHEIDUNGEN SIND ALLES ANDERE ALS OBJEKTIV

Auch wenn wir wissen, was wir wollen, treffen wir unsere Entscheidungen nicht gänzlich frei. Viele denken zwar, aus dem Pott unzähliger Optionen die eine auszuwählen, die ihnen am besten gefällt und auch am besten passt. Aber das stimmt eben nicht zu 100 Prozent. Einen Teil der zur Auswahl stehenden Optionen blenden wir, ohne es zu wissen, aus. Das heißt: Wir wählen aus wesentlich weniger verfügbaren Optionen aus, als wir könnten. Und damit entgeht uns womöglich die beste aller Alternativen.

Unsere Welt ist enorm komplex und wird noch komplexer werden. Also sind wir gezwungen, Annahmen und Regeln über die Welt, das Leben, die Liebe, die Karriere, Politik oder Wirtschaft aufzustellen und diese Komplexität zu verringern. Diese Theorien geben Struktur und helfen, sich in dem Wirrwarr an Informationen und Möglichkeiten zurechtzufinden.

Das Ergebnis ist allerdings auch eine Welt aus Glaubenssätzen, Klischees und Stereotypen: Blonde Frauen sind dumm, große Männer erfolgreich, Schwaben geizig, Ostfriesen maulfaul, Rheinländer gesellig, Ostdeutsche engstirnig … Das Problem bei dieser schnellen Einordnung ist, dass sie unsere Wahrnehmung trübt. Schublade auf, Mensch rein, Schublade zu.

»Quatsch, so bin ich gar nicht!«, sagen viele. Aber es stimmt nicht: Jeder Mensch hat Vorurteile. Die Bilder und Erwartungen, die Sie beispielsweise von Fußballspielern oder Politikern im Kopf haben, sind so fest im Gehirn verankert, dass Ihnen diese vermutlich gar nicht mehr bewusst sind. Nur mit der Realität haben diese Stereotype oft wenig zu tun.

Hirnforscher sprechen dabei auch von *Übergeneralisierung*

oder *Pauschalisierung*. Solche geistigen Abkürzungen nimmt unser Denkapparat nur allzu gerne.

Das Gehirn versucht fortwährend, einen Menschen oder eine Situation einzuordnen, um möglichst rasch Handlungsanweisungen für uns abzuleiten. Das ist zunächst einmal hilfreich. Dabei wird die Welt um einen herum allerdings in Kategorien zerlegt: gut oder böse, schwarz oder weiß, schön oder hässlich und so weiter.

Ein Beispiel: Lisa ist auf dem Heimweg von einer Party. Als einer ihrer Freunde ihr anbietet, sie nach Hause zu bringen, lehnt sie ab. »Sind doch nur zehn Minuten Fußweg«, denkt sie. Doch schon als sie um die nächste Straßenecke biegt, bereut sie ihre Entscheidung: Die Straßen sind menschenleer, nur das dämmrige Licht der Laternen erhellt den Gehweg. Unbehagen steigt auf. Als Lisa plötzlich Schritte hinter sich hört, bekommt sie Angst und beschleunigt automatisch ihren Schritt.

Entscheidend für diese Reaktion ist nicht die tatsächliche Gefahr. Die Person hinter Lisa muss keine schlechten Absichten haben, vielleicht ist es ein Nachbar, der denselben Weg hat. Lisa nimmt die Welt in diesem Moment allerdings nicht so wahr, wie sie ist, sondern ihr Gehirn gleicht die Situation mit gespeicherten Bildern und Informationen ab – Szenarien aus Krimis oder Nachrichten.

Das Vorurteil, das hinter Lisas Handeln steckt: Folgt einem nachts jemand in dunklen Gassen, hat der nichts Gutes im Sinn. Solche Denkschablonen kreiert unser Gehirn regelmäßig und mithilfe von Informationen aus dem eigenen Umfeld. Intensität und Häufigkeit haben dabei den größeren Einfluss als der Wahrheitsgehalt.

Herkunft, Haarfarbe, Kleidung oder Beruf – all diese Merkmale dienen, wenn auch nur oberflächlich, als Verhaltenshilfe. Vor allem bei Unsicherheit, Stress oder in Not wird verstärkt darauf zurückgegriffen. Die stabilisierende Wirkung auf Kosten einer differenzierten Betrachtung wird dabei gerne in Kauf genommen.

Vorurteile verändern aber nicht nur das eigene Verhalten gegenüber Menschen, die wir damit belegen. Oft genug wiederholt und inhaliert, wandelt sich das Verhalten jener, die wir vorverurteilen. Psychologen nennen dieses Phänomen *Priming*. Wie sich das für die betroffenen Personen anfühlt, weiß jeder, der blond, dick, arbeitslos, alleinerziehend oder geschieden ist.

Margaret Shih, Todd Pittinsky und Nalini Ambady haben das Phänomen vor einiger Zeit an der Harvard Universität genauer untersucht. In einem Experiment schauten sich die drei Forscher zwei Vorurteilsklassiker an:

- Frauen sind schlecht in Mathematik.
- Asiaten verfügen über ein besonderes Talent in Mathematik.

Was ist aber, wenn beide Vorurteile aufeinandertreffen? Sind Frauen asiatischer Herkunft gut oder schlecht in Mathe?

Shin, Pittinsky und Ambady baten also asiatische Studentinnen, an einem Mathetest teilzunehmen. Die Frauen wurden in zwei gleich große Gruppen eingeteilt und bekamen unterschiedliche Fragebögen.

Gruppe A sollte Fragen zum Geschlecht beantworten, beispielsweise: »Listen Sie drei Gründe auf, warum Sie reine Frauenwohnheime gemischten Wohnheimen vorziehen.« Die Fragen an Gruppe B drehten sich hingegen um deren Herkunft. Gefragt wurde etwa, mit welcher Sprache sie aufgewachsen waren oder welche Sprache ihre Großeltern sprachen. Damit wurden die Teilnehmerinnen vorgeprägt beziehungsweise geprimt – die einen auf ihre Identität als Frau, die anderen auf ihre Identität als Asiatin.

Können Sie sich denken, wer bei den Matheaufgaben besser abschnitt?

Genau: Studentinnen, die an ihre asiatische Herkunft erinnert wurden, hatten deutlich bessere Ergebnisse als jene, denen ihre Geschlechtsidentität ins Gedächtnis gerufen wurde. Unterbewusst legten die Studentinnen der Gruppe A einen Schalter um, verhielten sich den Erwartungen entsprechend und schnitten tatsächlich schlechter ab.

Dass wir dazu neigen, mit Scheuklappen durchs Leben zu laufen, zeigt auch ein Experiment der ›Washington Post‹. Die wollte herausfinden, wie groß die Wertschätzung für Kunst im Allgemeinen und Musik im Speziellen ist. Es war ein ganz gewöhnlicher Freitagmorgen, mitten in der Stoßzeit. Kurz vor acht Uhr stieg ein unscheinbar aussehender Mann aus der U-Bahn. Er trug eine ausgewaschene Jeans, ein einfaches T-Shirt und auf dem Kopf eine Kappe. Mit einem abgewetzten Geigenkasten bezog er zwischen Eingangstür und Mülleimer Stellung, packte seine Geige aus und begann zu spielen. In den nächsten 43 Minuten gab er sechs klassische Stücke zum Besten. Von den 1097 Menschen, die an diesem Morgen die U-Bahn-Station »L'Enfant Plaza« betraten, blieb kaum einer stehen.

Was die Fahrgäste allerdings nicht wussten: Bei dem Mann handelte es sich nicht um irgendeinen Gelegenheitsgeiger – es war Joshua Bell mit seiner Stradivari im Wert von dreieinhalb Millionen Dollar. Statt tosenden Beifall für das kostenlose Konzert zu erhalten, wurde der große Violinist nicht einmal beachtet. Dieselben Menschen hätten allerdings abends im John F. Kennedy Center for the Performing Arts viel Geld für eine Eintrittskarte bezahlt. Immerhin: Für die Geschichte, die aus diesem Experiment entstand, erhielt die ›Washington Post‹ den Pulitzer-Preis.

Auch rund zehn Jahre später lässt sich leicht über das Streich-Konzert schmunzeln. Allerdings nicht, ohne sich zu fragen: Wäre es mir nicht genauso ergangen?

Die Washingtoner haben an diesem Morgen nur einen gewöhnlichen Straßenmusiker gesehen und keinen Weltklassegeiger. Bell stand nicht auf der Bühne eines großen Konzerthauses, er trug keinen schicken Frack. Obwohl der Musiker herausragend spielte, ließen sich die Fahrgäste von seinem Äußeren blenden. Für sie stand fest: Einfache Klamotten sind ein Zeichen für einfache Musik. Auf die Qualität des Spiels hörten sie nicht.

Im Oktober 2013 kam es in New York zu einem ähnlichen Experiment. Diesmal stellte der britische Graffiti- und Streetart-Künstler Banksy seine Meisterwerke am Straßenrand in der Nähe des Central Park für 60 Dollar das Stück (umgerechnet rund 45 Euro) zum Verkauf. Ein Spottpreis. Auf Auktionen erzielten die handsignierten Werke bereits siebenstellige Summen.

Hier an einem unscheinbaren Stand aber, mit einem grauhaarigen Herrn als Verkäufer, interessierte sich kaum jemand dafür. Die BBC hielt das Experiment sogar per Video fest. Dort ist zum Beispiel zu sehen, wie eine Frau zwei Bilder für ihre Kinder kauft – allerdings erst, nachdem sie den Preis um die Hälfte runtergehandelt hat. Am Ende des Tages wurden gerade einmal 420 Dollar Umsatz erzielt.

Die Kunstwelt reagierte schockiert. Schließlich offenbarte der Banksy-Streich einen teils pervertierten Markt mit kaum Kenntnis, aber preistreiberischem Kommerz. Und so mancher New Yorker Passant dürfte sich insgeheim geärgert haben, hier nicht das beste Schnäppchen seines Lebens gemacht zu haben.

Was den Washingtonern in der U-Bahn-Station, den New Yorkern am Central Park und uns im Alltag an anderer Stelle passierte und passiert, nennt die Wissenschaft *Confirmation Bias*. Dabei handelt es sich um die Tendenz, Informationen so zu interpretieren, dass diese unsere vorgefertigten Theorien und Meinungen bestätigen: Wir hören, was wir hören wollen, und sehen, was wir sehen wollen – auch wenn die Realität eine andere ist. Alles, was nicht in unser Weltbild passt, wird herausgefiltert.

Nicht im Traum hätten die U-Bahn-Fahrgäste daran gedacht, dass sie der Musik von Joshua Bell lauschten, diese Möglichkeit ließ ihr Verstand gar nicht zu. Und genau dieses Herausfiltern von widersprüchlichen Informationen ist problematisch: Aldous Huxley, Autor des literarischen Klassikers ›Schöne neue Welt‹, sagte einmal:»Tatsachen hören nicht auf zu existieren, nur weil sie ignoriert werden.«

Das Perfide am Confirmation Bias ist allerdings: Die Informationen werden in den meisten Fällen von uns nicht aktiv ausgeblendet. Keiner verschließt absichtlich seine Augen. Es ist vielmehr so, als würden wir in eine andere Richtung schauen und die Widersprüche deswegen nicht mitbekommen. Auf unsere Handlungen und Entscheidungen wirkt sich das freilich trotzdem aus.

Auf welche Art und Weise der Confirmation Bias unser Urteilsvermögen manipuliert, konnten die beiden Wirtschaftswissenschaftler Barry Staw und Ha Hoang vor einiger Zeit zeigen. Das Duo vertiefte sich dazu in Basketballstatistiken, genauer gesagt in die der amerikanischen National Basketball Association (NBA).

Staw und Hoang wollten wissen, ob das Auswahlverfahren Einfluss auf die Karriere eines Spielers hatte. Insgesamt 241 Spieler im Zeitraum von 1980 bis 1986 schauten sie sich dazu genauer an. In einem ersten Schritt beurteilten die Wissenschaftler die Leistung eines jeden Spielers anhand von drei Faktoren:

1. **Punkte:** Wie viele Körbe und Freiwürfe wurden im Spielverlauf gemacht?
2. **Einsatz:** Wie viele Rebounds sowie Blocks gab es pro Minute?
3. **Tempo:** Wie viele Ballgewinne und Pässe konnte der Spieler pro Minute erzielen?

Die so ermittelten Leistungen verglichen Staw und Hoang anschließend damit, wie viel Zeit die Spieler auf dem Spielfeld erhielten.

Rational betrachtet, müssten Spieler, die ein temporeiches Spiel machen, Einsatz zeigen und viele Punkte erzielen, auch viel Spielzeit bekommen. Eigentlich.

Die Analyse der Wirtschaftswissenschaftler zeigte allerdings etwas anderes: Die Trainer bewerteten ihre Spieler keineswegs objektiv. Stattdessen orientierten sie sich am Rang des Spielers im Auswahlverfahren. Dieser wurde zum Etikett, mit dem der Trainer seine Spieler mit »Top« oder »Flop« abstempelte.

Um das zu verstehen, vielleicht noch ein paar Worte zum NBA-

Auswahlverfahren: Den Weg in die beste Basketballliga der Welt finden Nachwuchstalente über den sogenannten Draft. Wer mindestens ein Jahr am College verbracht hat, kann sich dafür melden. Für die Teams der NBA ist das die Möglichkeit, sich mit jungen Talenten zu versorgen und sich die Rechte an einem Spieler zu sichern. Pro Runde darf ein Team einen Spieler auswählen. Das Besondere: Damit es ausgeglichen zugeht, darf das schlechteste Team der letzten Saison zuerst wählen und hat damit die Chance, sich das größte Talent zu sichern.

Staw und Hoang entdeckten nun, dass ein Spieler, der beispielsweise als Achter gewählt wurde, bis zu 23 Minuten kürzer spielen durfte als einer mit einem höheren Rang (also ein Spieler, der an siebter Stelle oder noch eher gewählt wurde). Dieser Spieler konnte noch so viele Punkte erzielen, Bälle erobern oder Angriffe blocken – seinen Stempel wurde er nicht los.

Eigentlich sollte man meinen, dass die Karten neu gemischt werden, sobald man es einmal in die Mannschaft geschafft hat. Die Analyse bewies allerdings das Gegenteil: Der Topstar erhielt mehr Spielzeit, hatte so die Chance, das eigene Können unter Beweis zu stellen – und das einmal gefasste Urteil verfestigte sich.

Bis ins fünfte Profijahr hat der Rang im Auswahlverfahren Einfluss auf die Spielzeit. Und nicht nur das: Je später ein Spieler gewählt wurde, desto größer war die Wahrscheinlichkeit, dass er weiterverkauft wurde. Allein dieses Beispiel zeigt, wie schwer es ist, den ersten Eindruck zu verändern.

Denn nicht nur Basketball-Coaches entscheiden so. Wenn Sie sich einer schwerwiegenden Operation unterziehen müssten, welchen Chirurgen würden Sie wählen? Den, auf dessen Namensschild ein »Prof. Dr. med.« prangt oder den mit einem schlichten »Dr.«? Die meisten Menschen würden vermutlich dem Mediziner mit Professorentitel mehr Kompetenz unterstellen, dabei könnte der einfache Doktor der bessere Operateur und Spezialist sein.

Der amerikanische Psychologe Harold Kelley zeigte schon in den frühen Fünfzigerjahren, dass nicht nur Merkmale wie Kleidung oder Herkunft unsere Meinung über einen Menschen beeinflussen, sondern auch wie andere über diesen sprechen. Allein die Wortwahl reicht aus, um den Eindruck über jemanden zu manipulieren.

In einem seiner Experimente wurden Studenten gebeten, einen neuen Dozenten am Ende der Kursstunde zu bewerten. Vorab erhielt jeder Kursteilnehmer eine Kurzbiografie des Lehrenden. Allerdings wurden zwei verschiedene Biografien in Umlauf gebracht: In einer wurde der Dozent als warmherziger Mensch beschrieben, in der anderen als kühle und sachliche Person. Das war der einzige Unterschied.

Allein diese Einschätzung reichte aber aus, um das Urteil der Studenten zu verändern. Wer die positive Biografie erhalten hatte, bewertete den Dozenten positiv, während die anderen zu dem Fazit kamen, der Dozent sei verschlossen und distanziert.

So unterschiedlich wie die Beurteilung fiel auch das Verhalten der Studenten aus: Wer aufgrund der Biografie glaubte, der Dozent sei warmherzig, gab sich selbst offener und interagierte mehr. Erstaunlich, wenn man bedenkt, dass beide Studentengruppen in demselben Raum saßen und demselben Seminar beiwohnten!

Noch ehe man eine Person kennengelernt hat, greift der Confirmation Bias und beeinflusst unsere Wahrnehmung und unsere Entscheidungen über einen Menschen. Damit sehen wir nicht den Menschen, der vor uns steht, sondern den, den wir sehen wollen. Was dieser Umstand mit der Wolke sieben und der Liebe zu tun hat, erkläre ich Ihnen in einem späteren Kapitel.

Lässt sich dem mächtigen Confirmation Bias denn überhaupt entgegenwirken? Leider gibt es hierzu keine gute Nachricht: im Grunde kaum.

Der beste Weg ist immer noch der, den schon Charles Darwin nutzte: Er machte es sich seinerzeit zur Aufgabe, allen Hinweisen, die seinen Theorien widersprachen, besondere Aufmerksamkeit zu schenken. Wer seinen Vorurteilen, Meinungen und Glaubenssätzen auf diese Weise begegnet, Gegenmeinungen erst einmal zulässt, hinterfragt und sich womöglich überzeugen lässt, gibt dem Confirmation Bias zumindest weniger Spielraum.

RÄTSEL: IN WELCHE RICHTUNG FÄHRT DER BUS?

Sehen Sie sich das obige (schematische) Bild bitte genau an, dann entscheiden Sie sich: In welche Richtung fährt der Bus? Das ist übrigens keine Fangfrage. Auch Vorschulkindern wurde dieses Bild gezeigt und dieselbe Frage gestellt – 90 Prozent von ihnen wussten es.

Okay, hier kommt die Lösung:

Schulkinder antworten völlig richtig: »Der Bus fährt nach links.« Auf die Frage, was sie dabei so sicher macht, sagten sie: »Weil man die Tür nicht sehen kann, um in den Bus einzusteigen.«

Kindliche Logik ist simpel, deshalb finden Kinder manchmal die besten Lösungen. Wir verkopften Erwachsenen dagegen sehen die Dinge oft viel komplizierter als sie sind. Bis wir eine Lösung gefunden haben, ist der Bus deshalb manchmal schon längst abgefahren.

VOR DIESEN WAHRNEHMUNGS-FEHLERN SOLLTEN SIE SICH HÜTEN

Mir ist natürlich klar, dass Sie die weitere Lektüre nicht allzu glücklich macht, weil sie uns die eigene Fehlbarkeit so drastisch aufzeigt. Aber es führt nun mal kein Weg daran vorbei: Wollen wir besser entscheiden, müssen wir uns mit unserem – mitunter miesen – Urteilsvermögen auseinandersetzen. Schönfärberei wäre ja auch irgendwie langweilig und vorhersehbar.

Deshalb beginne ich gleich mit einem besonders schönen Beispiel: Stellen Sie sich vor, Sie gehen in ein nobles Sterne-Restaurant. Typisch: Die Portionsgrößen dort stehen in reziprok proportionalem Verhältnis zum Preis. Kurz: Auf dem Teller ist mehr Teller zu sehen als Essen, dafür sind auf der Rechnung mehr Zahlen als auf der letzten Gehaltsabrechnung. Immerhin: Es schmeckte vorzüglich.

Eines Tages kommen Sie wieder in das Restaurant. Dabei schweift Ihr Blick zur Küche hinüber, deren Klapptür zufällig einen Blick ins Allerheiligste zulässt. Sie sehen zum ersten Mal den Koch – und dessen Schürze ist so gar nicht weiß, sondern übersät mit Soßenspritzern und Flecken in den Lieblingsfarben von Andy Warhol. Na, mit wie viel Appetit essen Sie Ihr Sterne-Menü an diesem Abend?

Okay, das war eine rhetorische Frage. Denn dieser kurze Moment hat bereits gereicht, um einem der bekanntesten Wahrnehmungsfehler zu erliegen: dem *Halo-Effekt*. Das Phänomen beschreibt, wie eine einzelne Eigenschaft so dominant wirkt, dass sie alles andere überstrahlt.

In dem Fall also eine schmutzige Schürze, von der wir sofort auf die Kochkünste, die Hygiene und den Geschmack schließen. Instinktiv erwarten wir von einem Sternekoch, dass seine Schürze strahlend weiß und rein ist. Denn so belegt er gleich, dass er ein Meister seines Fachs sein muss. Wo sich andere Hobbyköche bei derart raffinierten Kreationen abmühen und besudeln, sieht dieser

Held so aus, als ginge ihm das alles leicht – und vor allem unfallfrei – von der Hand. Chapeau!

Natürlich wissen wir in der hypothetischen Situation gar nicht, ob der Hilfskoch vielleicht gerade einen Unfall verursacht hat, und der Chef seine Schürze gleich wieder ins Reinweiße wechseln wird. Womöglich hat der auch eine aufregende neue Speise erfunden, die noch nicht so wollte, wie der Maître de Cuisine es ersann. Kurzum: Der eine Blick in die Küche und auf die Schürze sagt im Grunde gar nichts – wirkt aber nachhaltig.

Das Gleiche passiert beim Betrachten der Portionen und der Speisekarte: Wenn sie so klein und so verflixt teuer sind, muss es ja gut sein – denken wir. Es kann aber auch nur eine Masche sein, um das Ambiente von Sterne-Restaurants zu imitieren.

Einen ähnlichen Effekt erzielen beispielsweise Brillen, deren Trägern viele sofort eine höhere Intelligenz zusprechen, obwohl es dafür keinerlei Anlass gibt. Die Person hat zunächst einmal nur Probleme mit den Augen – ob sie auch belesen und gebildet ist, wissen wir nicht.

An derlei Oberflächlichkeit kaum noch zu überbieten ist unser Verhältnis zur Attraktivität. Sie bildet den Gipfel der subjektiven Wahrnehmung. Ist jemand besonders schön, glauben wir bereitwillig, dass diese Person auch begabt, freundlich und sogar vertrauenswürdig sein muss. Schon mehrere Studien konnten hierzu zum Teil erschreckende Erkenntnisse liefern, wie wir uns von attraktiven Menschen einlullen und blenden lassen.

Überall im Alltag begegnen uns solche falschen Rückschlüsse. Kostspielige noch dazu. Nur dank ihnen ist es möglich, dass in der Modebranche Accessoires oder auch Kleidungsstücke für Hunderte Euro verkauft werden, obwohl diese für wenig Geld in Asien produziert wurden. Aber einmal an einem hübschen Model präsentiert oder im Fernsehen an einer prominenten Persönlichkeit gesehen – und schon glauben wir, uns mit dem Kauf ein bisschen von deren Aura aneignen zu können und sind bereit, einen hohen Preis dafür zu bezahlen.

Welche Macht optische Reize auf uns, unsere Stimmung, unser Verhalten und natürlich auf unsere Entscheidung ausüben, zeigen die extrem spannenden Untersuchungen von Henk Aarts, Professor für Verhaltensforschung an der Universität Utrecht, und seinem Kollegen Ruud Custers.

Stellen Sie sich vor, Sie kommen morgens ins Büro und alles ist so wie immer – mit einer kleinen Ausnahme: Auf dem Schreibtisch liegt eine kleine lederne Brieftasche.

Sie denken sich nichts Besonderes dabei und arbeiten weiter wie sonst auch. Denken Sie. Sie denken falsch! Ihnen ist zwar nicht bewusst, dass Sie sich mit der Brieftasche auseinandersetzen, doch in Wahrheit wetteifern in Ihrem Inneren bereits zahlreiche Gefühle, Gedanken und Assoziationen, die Ihnen erst zu einem späteren Zeitpunkt in den Sinn kommen.

In dem konkreten Versuch der niederländischen Forscher reichte dieser kleine optische Reiz aus, um das Konkurrenzverhalten der Kollegen erkennbar zu steigern. Der unbewusst herbeigeführte Gedanke an die finanzielle Situation war ausschlaggebend dafür, den Wettbewerb anzuheizen.

Wer glaubt, dass der Effekt nur funktioniert, wenn Geld im Spiel ist, irrt. Die Forscher wiederholten das Experiment – nur hängten sie diesmal das Bild einer Bibliothek auf. Langweilig? Mitnichten! Die Atmosphäre im Büro wurde daraufhin prompt harmonischer.

Noch ein anderes Experiment, eine andere Sinneswahrnehmung, aber ein ähnliches Ergebnis: Diesmal reichte ein leichter Geruch von Reinigungsmitteln in der Luft aus, um den Ordnungssinn anzukurbeln und die Probanden zum Aufräumen zu animieren.

Auf den ersten Blick mögen diese Verhaltensänderungen keinen weltbewegenden Unterschied machen. Wichtiger aber ist der Gedanke dahinter: Ohne dass wir es bemerken, können unsere Entscheidungen durch scheinbar unwichtige Details beeinflusst werden.

Eine Erkenntnis mit großer Tragweite. Denn nur wer die unbewussten Mechanismen kennt, kann seine Entscheidungen und Handlungen besser kontrollieren und damit auch potenziell böswillige Manipulationen verhindern. Wie weitreichend die mögliche Beeinflussung sein kann, haben Forscher in zahlreichen faszinierenden Studien offenbart. Nur mal drei Beispiele:

- Verhandelt man mit einem Verkäufer über einen möglichen Preisnachlass, gewährt dieser eine geringere Ermäßigung, wenn er während der Verhandlung auf einem harten Stuhl sitzt.

- Wer mit Begriffen rund um das Thema Durst konfrontiert wird (also beispielsweise »Wasser«, »Getränk« oder »Erfrischung«), trinkt automatisch mehr. In Gaststätten, Kneipen und Lokalen kann dieser Trick (beispielsweise durch Bilder an der Wand) angewendet werden, um die Kundschaft zu animieren, mehr Getränke zu bestellen.

- Probanden neigten in einer Studie dazu, konstruktiveres Feedback zu geben, wenn im Hintergrund eine Tafel zu sehen war, auf der die Namen ihrer Liebsten notiert waren.

Irre, oder? Leider ist es auch hierbei kaum möglich, alle potenziellen Wahrnehmungsfehler aufzulisten, ohne den Rahmen des Buches zu sprengen. Mehr als 130 davon habe ich übrigens in meinem dritten Buch ›Ich denke, also spinn ich‹ zusammen mit meinem Co-Autor Daniel Rettig gesammelt und beschrieben. Über ein paar ganz besonders gemeine sollten Sie jedoch schon hier und jetzt Bescheid wissen, da sie uns regelmäßig hinters Licht führen und Entscheidungen sabotieren:

Der Projection-Bias
Schon der Name lässt erahnen, dass hier etwas projiziert wird. Nur was? Es sind die eigenen Ansichten, die wir auf andere Menschen

übertragen. Wir erwarten, diese wie auf einer Leinwand zurück-geworfen zu bekommen. Dabei ist das die Ausnahme.

Wahrscheinlich hat es jeder schon einmal erlebt: Man glaubt genau zu wissen, was der andere gerade denkt. Nämlich das Gleiche wie man selbst. Diese Haltung ist nicht nur ziemlich arrogant, sondern auch gefährlich für die eigenen Entscheidungen: Fälschlicherweise anzunehmen, die anderen wären der gleichen Meinung oder kämen zum selben Schluss wie man selbst, schafft imaginäre Grundlagen und Mehrheiten, die einen kalt erwischen und peinlich überraschen können (wie beim Abilene-Paradoxon, Sie erinnern sich?).

Der Begründungs-Effekt

Sie stehen an der Supermarktkasse. Von hinten nähert sich ein Kunde und fragt Sie:»Entschuldigung, ich habe nur diese zwei Teile. Könnten Sie mich bitte vorlassen?« Wie reagieren Sie? Ihre Entscheidung hängt vermutlich davon ab, wie lange Sie bereits warten oder wie sympathisch Ihnen der Fragensteller erscheint. Natürlich ist das Beispiel nicht zufällig gewählt. Experimente da-mit kamen zu dem Ergebnis, dass etwas mehr als die Hälfte gewillt ist, eine solche Person vorzulassen.

Was aber wäre, wenn man die Frage verändert:»Entschuldigung, ich habe nur diese zwei Teile. Könnten Sie mich bitte vorlassen, weil ich einen dringenden Termin habe?« Am ersten Teil der Frage hat sich nichts geändert. Hinzugekommen ist lediglich eine Be-gründung, die man jetzt glauben kann oder nicht. Die Psycholo-gen Ellen Langer und Robert Cialdini haben auch damit Versuche angestellt, und ob Sie es glauben oder nicht: Dank der Begrün-dung entschieden sich stolze 94 Prozent zur Hilfsbereitschaft und ließen den Kunden vor.

Wirklich verblüffend wird der Effekt aber erst bei der dritten Vari-ante:»Entschuldigung, ich habe nur diese zwei Teile. Könnten Sie mich bitte vorlassen, weil ich schnell bezahlen muss?« Die Begründung ist so was von fadenscheinig, tautologisch geradezu. Ein Affront für jeden halbwegs intelligenten Menschen. Und doch: Ganze 93 Prozent gaben auch noch der durchsichtigen Bitte nach. Oder wie das Forscher-Duo es ausdrücken würde: Wir können Begründungen kaum widerstehen, deren Qualität ist dabei herzlich egal.

Der Framing-Effekt

Niemals, wirklich niemals sollten Sie die Macht der Zahlen unterschätzen. Unser Hirn saugt sie auf wie ein Schwamm und kreiert daraus eine mitunter recht eindimensionale Realität. Ein Beispiel: Ein Arzt sagt Ihnen dank einer neuen Behandlungsmethode Heilungschancen von bis zu 50 Prozent voraus. Das klingt doch gut, oder? Es klingt nach Genesung und Weiterleben und sorgt für Erleichterung. Der Arzt könnte stattdessen aber auch anmerken, dass für gut die Hälfte der Patienten trotzdem keine Hoffnung besteht. Sie merken, worauf das hinausläuft? Genau das ist der Framing-Effekt: Die Fakten sind dieselben, aber der Rahmen (englisch »frame«), in dem sie präsentiert werden, beeinflusst maßgeblich unsere Wahrnehmung.

Der Default-Effekt

Demokratie ist eine feine Sache: Endlich können wir mitbestimmen. Und nicht nur bei der Wahl der nächsten Regierung. Überall gibt es Mitbestimmungsrechte und Entscheidungsfreiheiten. Aber nutzen wir diese auch? Nein. Die traurige Wahrheit ist: Wir sind lieber faul und greifen auf Bewährtes zurück. Selbst wenn uns eine Chance gegeben wird, bevorzugen wir es, diese nicht zu nutzen.

Default-Effekt nennt sich das Ganze, was so viel wie »Voreinstellung« bedeutet. Bei einem Computerprogramm ist das etwa die Standardeinstellung, die vom Hersteller vorgegeben wurde. Bei Entscheidungen ist es die bevorzugte Option, die, die wir immer wählen. Hauptsache, wir müssen keine Änderung vornehmen. Denn das katapultiert uns aus dem gewohnten Trott – raus aus der Komfortzone und rein ins kalte Wasser.

Der Effekt kann so stark sein, dass wir selbst in einer Krise am Status quo festhalten und diesen einer durchaus gebotenen Veränderung vorziehen. Denken Sie dabei nur an manchen Arbeitslosen, der partout nicht umziehen will, obwohl es in seiner Gegend absehbar keine passenden Jobangebote geben wird. Neuer Job *und* neue Umgebung – das ist eine unsichere Variable zu viel. Der Default-Effekt verringert also unsere Optionen, obwohl diese durchaus vorhanden sind.

Der Authority-Bias

Diesen Wahrnehmungsfehler könnte man auch mit »Obrigkeitsgläubigkeit« übersetzen – oder im Extrem mit »Kadavergehorsam«. Der Autor Rolf Dobelli beschreibt das Wesen des Authority-Bias zum Beispiel so: »Gravierender wiegt die Tatsache, dass wir in der Präsenz einer Autorität das selbstständige Denken um eine Stufe zurückschalten. Wir sind gegenüber Expertenmeinungen unvorsichtiger als gegenüber anderen Meinungen. Und: Wir gehorchen Autoritäten, selbst dort, wo es rational oder moralisch keinen Sinn macht.«

Natürlich ist das kein Aufruf zum Generalaufstand. Viele Chefs wissen durchaus genau und auch gut genug, was sie tun oder von anderen verlangen. Gesundes Misstrauen gegenüber Experten und Statusträgern kann aber trotzdem nicht schaden. Erinnern Sie sich noch an die Geschichte des verunglückten KLM-Flugzeugs unter Kapitän Jacob Veldhuyzen van Zanten? Obwohl der Erste Offizier bemerkte, dass die Starterlaubnis fehlte, führte er die Anweisungen der Autorität – in diesem Fall des Kapitäns – eisern aus. Mit fatalen Folgen. Aus demselben Grund kann es nicht schaden, auch mal eine zweite Meinung einzuholen oder einen Investitionsvorschlag von Warren Buffett nicht einfach blind ins eigene Portfolio aufzunehmen. Der Mann ist gut, keine Frage – aber nicht unfehlbar.

Der Bumerang-Effekt

Soll eine fundierte Entscheidung getroffen werden, sind weiterführende Informationen genau das, wonach wir suchen. Normalerweise. Kennen Sie das Bonmot: »Klug ist, wer nur die Hälfte von dem glaubt, was er so hört oder liest«? Und in der Tat verursacht genau diese Hälfte regelmäßig Probleme bei Entscheidungen: Wir glauben Halbwahrheiten – selbst dann, wenn wir wissen, dass sie falsch sind und sie zurückschlagen und schaden. Das ist der sogenannte Bumerang-Effekt.

Mit diesem Phänomen beschäftigten sich die beiden Psychologen Stephan Lewandowsky und Ullrich Ecker von der Universität von Westaustralien und kamen zu dem Ergebnis, dass in erster Linie unsere geistige Faulheit für den Glauben an Halbwahrheiten verantwortlich ist. Es erfordert schlicht viel weniger mentale und geistige Anstrengung, neue Informationen abzulehnen, als das bisherige Wissen zu hinterfragen. Was Hänschen einmal gelernt hat, mag Hans nimmermehr verlernen.

Der Wiederholungs-Effekt

Es gibt Zeitgenossen, die spielen auf unseren Nerven »La Paloma« und erzählen ständig das Gleiche. Immer und immer wieder. Bis Blut aus den Ohren kommt. Politiker machen das besonders gern. Verkäufer aber auch. Und sie haben sogar einen guten Grund dafür: Die Wirkung solcher Wiederholungen ist verblüffend. Bekommen wir etwas nur oft genug zu hören, sind wir irgendwann der Meinung, dass es stimmt.

Die Werbung macht sich den Effekt zunutze, indem sie ein und denselben Spot jeden Abend penetrant im TV wiederholt und Zeitschriften wie Litfaßsäulen mit demselben Motiv zupflastert. Die Aussage kann totaler Murks sein. Aber irgendwann glauben wir sie doch.

Als Kimberlee Weaver vom Institut für Sozialforschung an der Universität Michigan einmal die Ursache des Wiederholungs-Effekts untersuchte, fand sie heraus: Schuld ist schlicht und einfach unser mangelndes Erinnerungsvermögen. Ist die Anzahl der Wiederholungen groß genug, hört das menschliche Gehirn auf zu unterscheiden, wer die Aussagen gemacht hat. Ob es ein und dieselbe Person war oder sich viele für einen Standpunkt ausgesprochen haben, spielt dann keine Rolle mehr. Was wir oft genug gehört haben, muss einfach stimmen. Was für ein Irrtum!

WER EINEN HELM TRÄGT, RISKIERT MEHR

Apropos Wahrnehmungsfehler: Die Erkenntnis wirkt auf den ersten Blick banal – das Tragen eines Fahrrad- oder Motorradhelms steigert die Risikobereitschaft und führt gleichzeitig zum Wunsch, mehr Abenteuer zu erleben. Der Effekt bekommt jetzt aber einen faszinierenden Dreh: Er bezieht sich eben nicht nur auf das Radfahren oder andere Situationen, in denen ein Helm sinnvoll ist.

Eine Studie der Psychologen Tim Gamble und Ian Walker von der englischen Universität von Bath ergab, dass die Art der Kopfbedeckung sogar in absolut ungefährlichen Szenarien, etwa vor einem Computerbildschirm, die Risikofreude bei Entscheidungen erhöhte.

Unter dem Vorwand, die Augenbewegungen messen und verfolgen zu wollen, wurden die Studienteilnehmer in zwei Gruppen aufgeteilt: Eine bekam besagte Helme aufgesetzt, die anderen gewöhnliche Baseballkappen. Anschließend erhielten beide Gruppen dieselben Aufgaben, bei denen man mal mehr, mal weniger Risiken eingehen konnte. Obwohl der Test so angelegt war, dass zwischen Helm und Aufgabe kein Zusammenhang bestand, waren die Ergebnisse eindeutig: Wer einen Schutzhelm trug, riskierte mehr und mitunter sogar sein Ausscheiden aus dem Spiel.

Nun könnte man zu Recht einwerfen, dass wir in der Praxis

nur selten einen Helm tragen, wenn wir vor dem Computer sitzen. Auf den kommt es allerdings auch nicht an. Der springende Punkt ist, dass durch den Helm unbewusst ein Gefühl der Sicherheit erzeugt wird.

So haben sich bereits weitere Studien mit ähnlichen Phänomenen beschäftigt und gezeigt, dass sich beispielsweise Sportler aggressiver in Zweikämpfe stürzten, wenn sie entsprechende Schutzkleidung trugen. Auch Autofahrer, die den Sicherheitsgurt angelegt haben, verhalten sich im Straßenverkehr anders.

Ganz praktisch lässt sich dieser Effekt auch bei Quizsendungen beobachten: Kandidaten, die sich bei Günther Jauch für eine Sicherheitsstufe von 16 000 Euro entscheiden, tendieren im weiteren Verlauf der Fragen häufiger dazu, zu raten. Fehlt die Sicherheitsstufe, werden die Kandidaten vorsichtiger und überlegen länger.

Schon der Ort, an dem wir uns befinden, etwa die eigenen vier Wände, kann ausschlaggebend dafür sein, welche Kommentare wir ins Netz stellen. Dinge, die wir einem anderen Menschen so – aus gutem Grund – nie ins Gesicht sagen würden, verknüpfen wir dann auf Ewigkeit mit unserem Namen und Profil. Nicht unbedingt die beste Entscheidung!

SIE DÜRFEN NICHT ALLES GLAUBEN, WAS SIE DENKEN

Das Bonmot von Heinz Erhardt bringt es auf den Punkt. Unsere anfällige Wahrnehmung sowie der Hang zur Gutgläubigkeit, zur Ignoranz und zum Selbstbetrug lullen uns regelmäßig ein. Doch was ist mit unserer Intuition? Kann uns nicht das weiter vorne gelobte Bauchgefühl vor derlei Fehlern bewahren?

Leider nein. Denn wie jeder gute Freund kann auch das Unterbewusstsein uns gelegentlich einen schlechten Ratschlag erteilen. Genau das ist bei typischen Denkfehlern der Fall, denen selbst die besten Entscheider immer wieder erliegen. Gegen sie ist auch die beste Technik nutzlos – es hilft nur, die falschen Freunde zu erkennen, mundtot zu machen und die Negativspirale falsch interpretierter Informationen zu stoppen, bevor sie sich so richtig entfalten kann.

Immerhin: Die Tatsache, dass Sie das hier gerade lesen, hilft schon mal sehr.

Manche unserer Denkfehler haben sich jedoch so tief in unseren Kopf gegraben, dass wir sie als solche kaum noch erkennen. Es sind Denkgewohnheiten und -prozesse, von deren Nützlichkeit wir über die Jahre mehr als überzeugt sind – nur hat das mit der Realität so viel gemeinsam wie klassische Musik mit deutschem Schlagergut.

Um nicht in deren Falle zu tappen, finden Sie im Folgenden die häufigsten Wahlbetrüger:

1. Generalisieren

Weil das Leben bunt und komplex ist, befinden wir uns auf einer ständigen Suche nach Vereinfachung. Die stärkste Form der Simplifizierung ist das stupide Generalisieren. So lässt sich jedes Problem mit einem Patentrezept lösen: Das funktioniert so, und der oder die ist so und so – und dank der Faustformel spielt der Kontext keine Rolle mehr. Derart zugespitzt wird natürlich jedem klar, dass das keine gute Idee ist. Trotzdem generalisieren wir nur allzu gerne – insbesondere beim Blick auf andere. Sich einzubilden, deren Entscheidungen ließen sich jedes Mal eins zu eins auf uns übertragen, ist naiv bis gefährlich.

Das lässt sich dagegen tun: Immer dann, wenn einzelne Ratschläge zum Dogma erhoben werden und den Ritterschlag der Allgemeingültigkeit bekommen, sollten Sie misstrauisch werden.

Entscheidungen, Erfahrungen, Erfolge, Ratschläge oder Lösungen sind eine Kombination aus vielen verschiedenen Variablen, die so einzigartig sind wie ein Fingerabdruck. Nutzen Sie diese daher nur als Orientierungshilfe und entwickeln Sie ein eigenes Konzept – auch wenn das mehr Mühe macht.

2. Voreingenommenheit

»Kenne ich schon ...«, »Hab ich schon gemacht ...«, »Kann mich nicht mehr überraschen ...« Erfahrungen sind wertvoll, keine Frage. Sie haben allerdings eine trügerische Kehrseite: Wer zu oft dieselben einschlägigen Erfahrungen gemacht hat, erhebt sie leicht in den Status eines ehernen Gesetzes, einer Faustformel (siehe oben). Es entsteht eine Art eingebildete Allwissenheit. Bemerkbar macht sich dieser Denkfehler unter anderem in zwei gleichermaßen negativen Verhaltensweisen: Voreingenommenheit und anderen nur noch halbherzig zuzuhören. Das Ergebnis: selektive Wahrnehmung, bei der wir nur noch das mitbekommen, was wir hören wollen und schon zu wissen glauben. Klar, dass die Qualität der eigenen Entscheidungen darunter erheblich leidet.

Das lässt sich dagegen tun: Was wir glauben zu kennen und zu wissen, ist immer nur Stückwerk. Es erfordert allerdings Mut und ein gesundes Selbstbewusstsein, sich selbst einzugestehen, dass man eben nicht alles weiß, sich etwas nur eingebildet hat oder sich die Dinge schon wieder geändert haben. Was gegen die Voreingenommenheit am besten hilft, sind Neugier und Lernwille – auch wenn manches Ego darunter erheblich leidet.

3. Wenn-dann-Haltung

»Wenn ich eine Gehaltserhöhung bekomme, dann werde ich mehr Spaß in meinem Job haben.« Oder: »Wenn ich ein paar Kilo abnehme, dann werde ich glücklicher sein.« Ziele zu haben ist wichtig. Das wissen Sie aus dem zwölften Kapitel. Nicht wenige verbinden ihre Ziele und Entscheidungen allerdings mit einer

Wenn-dann-Bedingung. Fatal! Es ist keinesfalls sicher, dass diese Verknüpfung überhaupt funktioniert beziehungsweise die Fakten derart kausal zusammenhängen. Eher ist es der Einstieg in ein Hamsterrad: Wir hecheln dem Geld oder einer fiktiven Kilozahl hinterher und wundern uns, warum das Leben trotzdem nicht besser wird. Egal, wie wir uns innerhalb der Wenn-dann-Verknüpfung entscheiden – wir haben immer das Gefühl, die falsche Wahl getroffen zu haben.

Das lässt sich dagegen tun: Machen Sie sich bewusst: Nicht die Wahl ist falsch, die Verknüpfung ist es. Sie können sich zwar dazu entscheiden, ein paar Kilo abzuspecken. Ob Sie danach glücklicher sein werden, steht aber auf einem anderen Blatt. Eher stellt sich die Frage, ob das eigene Selbstwertgefühl der Waage untergeordnet werden sollte. Was am meisten gegen den Denkfehler der Wenn-dann-Haltung hilft, ist Dankbarkeit. Kultivieren Sie diese Haltung – insbesondere dann, wenn Sie etwas erreicht haben.

4. Schwarzsehen

Natürlich sollte man seine Entscheidungen im Rückblick hier und da überdenken. Sie werden dadurch besser. Wie bei allem kann man es mit dem Analysieren, Bedenken und Problematisieren aber auch übertreiben. Heraus kommt dann ein recht blockierender Pessimismus, der in jeder Alternative nur nach Fehlern sucht und einem am Ende allein die Wahl zwischen Pest oder Cholera lässt.

Das lässt sich dagegen tun: Letztlich handelt es sich auch beim Schwarzsehen um eine Form der selektiven Wahrnehmung und des Extremismus. Dahinter stecken der Wunsch nach Perfektion und die Angst vor Fehlern. Wer alles schwarz sieht und deshalb lieber nicht entscheidet, kann weder negativ überrascht werden noch Fehler begehen. Dabei ist das schon der erste (Denk-)Fehler. Machen Sie sich vielmehr klar: Wo Schatten ist, muss es auch

Licht geben. Das übersieht der Schwarzseher im ersten Moment. Lenken Sie Ihren Blick also bewusst auch auf die (positiven) Kehrseiten.

5. Fremdziele

Unser Umfeld prägt nicht nur unsere Einstellung und Meinung zu bestimmten Themen, es kann ebenso beeinflussen, wie und welche Entscheidungen wir treffen. Das gilt besonders im Hinblick auf unsere Ziele, die, wie sich leider manchmal zeigt, gar nicht unsere eigenen sind. Stellen Sie sich folgende Situation vor: Sie erfahren, dass jene Kommilitonen, mit denen Sie zu Unizeiten öfters feiern waren, inzwischen eine Führungsposition bekleiden, und im Freundeskreis gab es kürzlich auch zwei Beförderungen. Was passiert? Durch den Vergleich entstehen Unzufriedenheit und neue Erwartungen, die sich verdächtig nach eigenen Zielen anfühlen, es aber womöglich gar nicht sind. Vielleicht sind Sie mit Ihrer Karriere viel glücklicher und wollten nie Führungsverantwortung und entsprechend lange Arbeitszeiten.

Das lässt sich dagegen tun: Das Gemeine an diesem Denkfehler ist: Er fühlt sich an wie etwas, das wir selber wollen. Dagegen hilft jedoch eine simple Frage, die man sich vor größeren Entscheidungen sowieso immer wieder stellen sollte: Wozu? *Wozu will ich das? Wozu brauche ich das?* Und so weiter. Wozu-Fragen richten den Blick nach vorn und machen uns zugleich bewusst, ob unsere Pläne auch zu unseren langfristigen Zielen passen.

6. Wahrscheinlichkeiten

Sie wissen ja schon, dass es verschiedene Möglichkeiten gibt, Wahrscheinlichkeiten in Entscheidungen mit einfließen zu lassen. Man betrachtet etwa die Wahrscheinlichkeiten, dass etwas gut oder schlecht ausgeht, und wählt dann, ob sich das Risiko lohnt. Das klappt wunderbar, solange die Wahrscheinlichkeiten stimmen. Leider zeigt sich immer wieder, dass viele Wägbarkeiten intuitiv falsch bewertet werden. Das bekannteste Beispiel hierfür ist das sogenannte Geburtstagsparadoxon: Wie hoch ist die Wahrscheinlichkeit, dass bei 23 Personen in einem Raum mindestens zwei am selben Tag Geburtstag haben? Die meisten Schätzungen liegen irgendwo um die 5 Prozent. Falsch! Tatsächlich liegt die Wahrscheinlichkeit bei über 50 Prozent. Erhöht man die Anzahl der Personen auf 50, steigt die Wahrscheinlichkeit sogar auf über 97 Prozent (falls Sie das nicht glauben – hier finden Sie eine Erklärung per YouTube-Video: https://youtu.be/RIBrYgEhu2g). Unser intuitives Urteilsvermögen ist also alles andere als zuverlässig.

Das lässt sich dagegen tun: Da wohl nur eine Handvoll Menschen in Statistikkursen so gut aufgepasst haben oder über ein angeborenes Talent verfügen, mit Wahrscheinlichkeiten zu rechnen, ist diesem Denkfehler nur schwer beizukommen. Was Sie aber tun können: Wann immer Sie glauben, eine Entscheidung aufgrund einer Wahrscheinlichkeit treffen zu können, sollten Sie diese hinterfragen: Stimmt die Rechnung wirklich – oder ist es nur eine (voreilige) Annahme? Und da hilft leider nur nachrechnen.

? ## DENKEN SIE EHER INTUITIV ODER LOGISCH?

Im ›Journal of Economic Perspectives‹ erwähnt Shane Frederick in seinem Artikel (»Cognitive Reflection and Decision Making«) einen hübschen Selbsttest, mit dem Sie – angeblich – Ihre vorherrschende Denkweise überprüfen können: emotional-intuitiv oder eher rational-logisch. Das ist von einer solchen Aufgabe vielleicht etwas zu viel verlangt. Spaß macht der Test aber trotzdem.

Lust? Dann los:

Nehmen wir an, in einem Teich wachsen Seerosen besonders

gut. So gut, dass sich die Größe des Seerosenspiegels auf dem Wasser täglich verdoppelt. Am Ende brauchen die Pflanzen 40 Tage, um den ganzen Teich zu bedecken.

Jetzt die Frage: Wie lange brauchen Sie, um die Hälfte des Teichs zu begrünen?

Antworten Sie ganz spontan!

Hier die Lösung: Falls Sie zu dem Schluss gelangt sind, dies müsste schon nach 20 Tagen passieren (40 : 2 = 20 Tage), liegen Sie leider falsch – pflegen aber offenbar eine intuitive Denkweise. Die hat hier allerdings das exponenzielle Wachstum der Seerosenblätter übersehen. Deren Anzahl verdoppelt sich ja jeden Tag. Die richtige Antwort, die der logisch Denkende natürlich erkannt hat, lautet daher: 39 Tage. Wenn der Teich am 39. Tag zur Hälfte mit Seerosen bedeckt ist, braucht es nur noch einen Tag, damit ihn die Pflanzen vollständig überwuchern.

Ein aufmunternde Botschaft gibt es trotzdem noch zum Schluss dieses Kapitels: Schon das Bewusstsein über all diese Zusammenhänge schärft Ihre Sinne und reicht meist aus, um weniger affektiv zu handeln und die eigenen Entscheidungen und das daraus resultierende Verhalten zu reflektieren. Oder anders ausgedrückt: Wir gehen unserem Unterbewusstsein und den Denkfehlern nur so lange auf den Leim, wie wir uns – in gewisser Weise arrogant – für entscheidungssicher und unfehlbar halten.

Oder wie es der lateinische Dichter Vergil einmal formuliert hat: »Felix, qui potuit rerum cognoscere causas« – Glücklich, wer den Dingen auf den Grund sehen konnte.

KAUF MICH!
KAUF MICH!
KAUF MICH!

ENTSCHEIDEN –
BEIM EINKAUFEN

Ein Dilemma, Sie wissen es, ist eine Situation, in der man zwischen zwei Optionen wählen muss, sich damit aber enorm schwer tut (bei drei Optionen heißt es übrigens *Trilemma*, bei noch mehr Möglichkeiten *Polylemma*). Eine richtige Zwickmühle also.

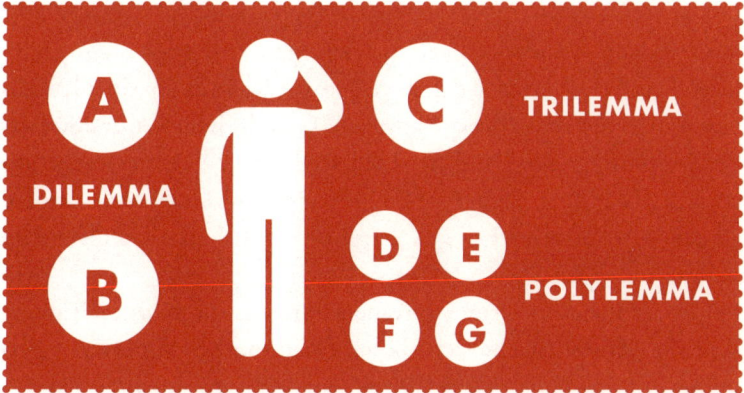

Im günstigsten Fall müssen Sie dann zwischen zwei positiven Möglichkeiten wählen. Beide sind wünschenswert, aber eben nur eine erreichbar. Im schlechtesten Fall führen beide Optionen zu einem unerwünschten Resultat – Sie haben also nur die Wahl zwischen Pest oder Cholera beziehungsweise dem geringeren Übel. Und gar nicht zu wählen, ist diesmal leider keine Option. Sie müssen wählen. Punkt.

Ein Klassiker in dem Zusammenhang ist das sogenannte Gefangenendilemma. Es stammt ursprünglich aus der Spieltheorie und beschreibt die Situation von zwei Gefangenen, die beschuldigt werden, gemeinsam ein Verbrechen begangen zu haben. Beide Täter werden einzeln verhört und können sich nicht miteinander abstimmen. Allerdings haben sie drei Optionen:

- Leugnen beide das Verbrechen, erhalten beide auch nur eine geringe Strafe, da ihnen so die Tat nicht vollumfänglich nachgewiesen werden kann.
- Gestehen beide, erhalten beide eine hohe Strafe – wegen des Geständnisses aber nicht die Höchststrafe.
- Gesteht hingegen nur einer und belastet damit den anderen, geht dieser als Kronzeuge straffrei aus, während den anderen die Höchststrafe erwartet.

Was würden Sie in der Lage machen: gestehen oder nicht gestehen? Das Fiese daran ist: Schweigen beide, müssen sie allenfalls zusammen ein paar Monate absitzen. Gesteht jedoch nur einer, ist der Verpfiffene der Dumme. Und weil sie sich vorher nicht abstimmen können, wissen sie einfach nicht, ob der jeweils andere singen wird oder nicht. Tja, es gibt einfach keine Ganovenehre mehr …

Genau aus dem Grund gestehen übrigens die meisten Täter – und die Polizei macht sich dieses Dilemma bei Verhören regelmäßig zunutze. Die Frage dahinter – soll ich mit meinem Partner kooperieren oder doch lieber meinen Eigennutzen maximieren – taucht nicht nur im Krimigenre auf, sondern ist eine ganz zentrale ökonomische Überlegung.

Allerdings haben wir es im Alltag nur selten mit solch reinen Dilemmata zu tun. Eher haben wir die Wahl zwischen noch mehr Optionen (was die Sache nicht unbedingt einfacher macht). Besonders gravierend wirkt sich das bei unseren Konsumentscheidungen aus. Zum Beispiel bei der Kleidung, wo uns die Modeindustrie die Wahl lässt zwischen gefühlten 3 678 921 Kombinationen.

Wohl kaum eine TV-Ikone verkörpert die Lust am Konsum im Allgemeinen und an Riemensandalen, Peeptoes, Slingpumps oder

Stilettos im Besonderen so gut wie Sarah Jessica Parker alias Carrie Bradshaw in der Serie ›Sex and the City‹.

In einer Folge erzählt sie beispielsweise ihrer besten Freundin, wie sie versucht, einen Kredit für den Kauf einer Wohnung in New York zu bekommen – um sich anschließend zu wundern, wohin ihr ganzes Geld verschwunden ist. Ihre Freundin Miranda rollt daraufhin mit den Augen und zeigt nur auf die cremefarbenen Schuhe in Carries Händen, ein sündhaft teures Modell: »Bei 400 Euro das Paar kann ich dir sagen, wo dein Geld abgeblieben ist. Wie viele hast du davon – 50?«

Carries Schuhtick ist berüchtigt. Folge für Folge shoppt sie sich durch die Kollektion bekannter Designer: Jimmy Choo, Prada, Christian Louboutin ... Vor allem einer hat ihr Herz im Sturm erobert, der Spanier Manolo Blahnik. »Ich mag mein Geld genau da, wo ich es sehen kann ... in meinem Schuhschrank«, sagt sie ein anderes Mal.

Doch Carrie hat ein Problem, das jeder von uns kennt und täglich bewältigen muss: Wofür gebe ich mein Geld aus und wie viel bin ich bereit, für etwas zu bezahlen? Überhaupt: Woran bemesse ich den Wert eines Produktes, und wie treffe ich darauf basierend eine Kaufentscheidung?

Gut, bei so manchem ist der Kontoauszug auch nichts anderes als eine Aufzeichnung fragwürdiger Entscheidungen. Doch lassen Sie uns trotzdem einen Schritt zurückgehen und versuchen zu verstehen, weshalb jemand bereit sein sollte, viel Geld für irgendein Konsumdings auszugeben. Lassen Sie mich Ihnen dazu die Geschichte von Salvador James Assael erzählen.

Assael war einer der berühmtesten Perlenhändler der Welt. Ins Perlengeschäft gelangte er aber per Zufall: Während des Zweiten Weltkriegs verkaufte er wasserdichte Uhren an die Amerikaner, speziell an die Soldaten im Pazifik. Das lief eine Weile sehr gut. Doch kurz nach Kriegsende gab es kaum noch Bedarf dafür. Assael blieb auf Unmengen von Uhren sitzen.

Glücklicherweise fand er bald darauf neue Abnehmer unter den besiegten Japanern. Die gaben ihm für seine Uhren allerdings kein Geld, sondern Perlen. Anfang des 20. Jahrhunderts hatten die Japaner die Kultivierung der Zuchtmuscheln perfektioniert, jedoch mit einem kleinen Makel: Es waren schwarz schimmernde Perlen, die in den Lagunen der polynesischen Atolle von der schwarzlippigen Perlenauster produziert wurden. Damals wurde diese Perle nur auf Tahiti als Schmuck verwendet, als Ohrringe oder aufgefädelt auf lange Bänder, die die einheimischen Frauen beim Tanzen trugen.

Assael war fasziniert von der einzigartigen Schönheit dieser Perle und beschloss, sie auch in den USA zu verkaufen. Einen Markt dafür gab es allerdings noch nicht. Bis dato kannten die Amerikanerinnen nur das schneeweiße Pendant und waren deshalb mehr als skeptisch. Sämtliche Versuche Assaels, amerikanische Juweliere für die Tahitiperle zu begeistern, scheiterten. Amerikanische Frauen hätten kein Interesse an schwarzen Perlen, bekam Assael immer wieder zu hören.

Aber deshalb aufgeben? Assael hatte eine bessere Idee: Er kaufte ganzseitige Anzeigen in Modemagazinen, bildete seine schwarzen Perlen wie selbstverständlich neben Diamanten und anderen kostbaren Edelsteinen sowie Luxusschmuck ab. Zusätzlich bat er einen befreundeten und angesehenen Edelsteinhändler, die Tahitiperle zu einem horrenden Preis im Schaufenster seines Geschäfts zu präsentieren.

Der Coup gelang: Mit einem Mal wurde aus einer Perle, die niemand haben wollte, eine exotische Kostbarkeit. Nun standen die feinen Damen für Ohrringe und Ketten aus Tahitiperlen Schlange. Luxusjuweliere wie Tiffany und Cartier sprangen auf den Zug auf und nahmen die Tahitiperle in ihr Sortiment auf. Assael wurde ein reicher Mann.

Der Unternehmer verstand es, geschickt mit der Psyche seiner Kundinnen zu spielen und ihnen einzureden, dass sie etwas wollten, von dem sie bis dahin noch gar nichts gehört hatten. Assael durchschaute, dass seine Zielgruppe, reiche und prominente

Frauen, nach seltenen Kostbarkeiten gierte und bereit war, unverschämt hohe Summen dafür auf den Tisch zu legen. Diese Bereitschaft nutzte er aus und machte den Frauen weis, die Tahitiperle sei eine solche Preziose, obwohl sie vor Assaels Anstrengungen praktisch wertlos war.

Und wie vollführte der Unternehmer dieses Kunststück? Er machte sich gleich zwei menschliche Bedürfnisse zunutze: das Vergleichen und das Sich-abheben-Wollen.

Von Anfang an verortete er seine Perlen im oberen Preissegment. Ganz automatisch stellten die Damen einen Vergleich des neuen, ihnen noch unbekannten Schmuckstücks mit teuren Edelsteinen wie Diamanten her. Nur: Diamanten hatten eben schon viele – Tahitiperlen aber noch nicht. Mit ihnen konnte man zeigen, trendy zu sein beziehungsweise etwas Besonderes zu haben und herauszuragen.

Nichts anderes machen ein halbes Jahrhundert später Designer und Produkthersteller wie Manolo Blahnik, Apple, Porsche oder Rolex. Natürlich benutzen sie teilweise hochwertige Materialien und neue Technologien. Doch den Wert, den wir den Produkten zuweisen, erhalten diese durch ihre vermeintliche Einzigartigkeit – die wird uns so lange eingeredet, bis wir auf diese Einschätzung vertrauen und rationale Entscheidungen, wie das Sparen auf eine Wohnung, hintanstellen.

Beispiel gefällig? Das iPhone ist seit Jahren ein Trendprodukt und unverzichtbarer Begleiter der technikaffinen Generation. Ich besitze selbst eines – schon in der vierten Generation.

Bei jedem Verkaufsstart eines neuen Modells zelten manche Apple-Eleven (ich aber nicht) bereits tagelang vor dem Laden und sind bereit, rund 900 Euro auszugeben. Für diese Gruppe steht fest, dass der Preis absolut gerechtfertigt ist. Doch ist das wirklich so, wenn man sich vor Augen führt, dass die Herstellung schätzungsweise nur 210 Euro kostet?

Händler und Marketingexperten wissen sehr genau über unser Dilemma zwischen vernunftbasierter und impulsiver Kaufentscheidung Bescheid – und sie kennen die Schrauben, an denen sie drehen müssen, um uns in die für sie lukrativere Richtung zu drängen. Zum Beispiel am Preis …

WIE DER PREIS KAUFENTSCHEIDUNGEN BEEINFLUSST

Im Alltag sind wir ständig von Preisen umgeben: 28 Cent für ein Brötchen, 75 Cent für einen Liter Milch, 9,95 Euro für ein Taschenbuch, 13 Euro für eine 3D-Kinokarte und so weiter. All diese Preise wirken sich auf unsere Kaufentscheidungen aus – indem sie ein Bewusstsein dafür schaffen, was bestimmte Dinge kosten.

Dieses Bewusstsein manifestiert sich, sobald wir uns für ein Produkt interessieren. Vorher spielen die diversen Preisschilder, die einem täglich begegnen, keine Rolle. Wenn beispielsweise Ihr Laptop kaputtgeht und Sie einen neuen brauchen, richten Sie Ihr Augenmerk auf den Preis. Und weil Sie sich nicht täglich einen Laptop kaufen, fragen Sie sich ganz automatisch: *Was kosten diese Dinger eigentlich aktuell?* Für die meisten Kunden gehört der Preis damit zu den wichtigsten Kaufargumenten und Entscheidungskriterien.

Was wir bereit sind auszugeben, variiert allerdings. Die einen kaufen sich ein MacBook für 1500 Euro, während die anderen sich für ein Modell von Asus oder Dell für um die 500 Euro entscheiden.

Warum aber sind die einen bereit, das Dreifache für einen Laptop zu bezahlen? Liegt das am Budget?

Zum Teil. Der aktuelle Kontostand hat sicher einen Einfluss auf unseren Konsum. Er entscheidet – wie die Wissenschaft heute weiß – aber nur zu einem Teil, ob wir einen Preis akzeptieren oder nicht. Den größeren Ausschlag gibt unsere Prägung – ein Gespür dafür, wie viel Geld ein bestimmtes Produkt kostet.

Bleiben wir beim Beispiel des Laptops: Das Produkt ist Ihnen nicht völlig unbekannt, Sie haben höchstwahrscheinlich schon mal einen gekauft. Ebenso besitzen Ihre Freunde, Kollegen und Bekannten einen. All diese Erfahrungen und Begegnungen mit Laptops summieren sich zu einem Preisbewusstsein.

Das bedeutet: Auch wenn Sie sich fragen, was die Dinger gerade kosten, haben Sie im Hinterkopf bereits eine Ahnung. Und die prägt Sie mehr, als Sie ahnen.

Haben Sie etwa beim ersten Laptopkauf 500 Euro dafür ausgegeben und waren mit dem Teil zufrieden, werden Sie beim nächsten Mal alle Preise mit diesem vergleichen. Ein Modell für 300 Euro wäre demnach ein Schnäppchen, eines für 1500 Euro in Ihren Augen ziemlich überteuert. Der erste Preis, mit dem Sie in Berührung kamen, hat sie geprägt.

In der Wirtschaft spricht man dabei auch vom *Ankerpreis*: Von nun an orientieren Sie sich an diesem Anker und wollen sich nicht zu weit von ihm entfernen – auch wenn sich die Umstände beim Kauf geändert haben.

Nicht selten führt genau das zu völlig irrationalem Verhalten. Wie etwa bei den Teilnehmern einer Studie zum Wohnungsmarkt.

Die Wirtschaftswissenschaftler Uri Simonsohn und George Loewenstein untersuchten, wie sich Menschen bei einem Umzug in eine andere Stadt mit einem ganz anderen Wohnungsmarkt verhielten. Sie entdeckten, dass die Leute sich dabei an ihren gewohnten Mietpreisen orientierten: Wer in eine teurere Stadt zog, war dennoch nicht bereit, mehr für eine Wohnung auszugeben und nahm lieber in Kauf, beengter und weniger komfortabel zu wohnen. Die Preisverankerung beeinflusste die Mieter auch im umgekehrten Fall: Wer von einer teuren Stadt in eine günstigere zog, reduzierte seine Mietausgaben nicht, wohnte nun aber umso großzügiger.

Vernünftige Entscheidungen sind das nicht. Es wird sogar noch absurder: Dan Ariely, Drazen Prelec und George Loewenstein fanden ebenfalls heraus, dass der Ankerpreis, an dem wir uns orientieren, ziemlich willkürlich und damit leicht zu manipulieren ist.

Ein Experiment unter ihren Studenten brachte sie dem Phänomen auf die Spur. Im Seminar präsentierten die Professoren ihren Studenten verschiedene Produkte: Wein, belgische Pralinen, eine Tastatur, eine Maus und ein Buch über Design. Anschließend erhielten die Seminarteilnehmer einen Bewertungsbogen, auf dem sie notieren sollten, wie viel sie für das jeweilige Produkt zahlen würden. Zuvor sollten sie allerdings noch die letzten zwei Ziffern ihrer Sozialversicherungsnummer als Preis aufschreiben – im Fall der Nummer 306-30-2348 wären es also 48 Dollar.

Und tatsächlich: Die höchsten Gebote gaben diejenigen mit den Endziffern von 80 bis 99 ab, während diejenigen mit Endziffern von 1 bis 20 am wenigsten zahlen wollten. Die Studenten orientierten sich ganz selbstverständlich an diesen willkürlichen zwei Zahlen ihrer Versicherungsnummer und waren je nach Endziffer im Schnitt bereit, entweder 16 oder 56 Dollar für die Tastatur zu bezahlen. Ein Unterschied von satten 40 Dollar!

Laut Ariely, Prelec und Loewenstein funktioniert eine solche Art der Manipulation natürlich nicht nur mit der Sozialversicherungsnummer, sondern auch mit der Temperatur oder einer unverbindlichen Preisempfehlung. Und zwar am besten, wenn wir ein Produkt noch gar nicht kennen. In der Annahme, beim ersten Mal eine kluge Wahl getroffen zu haben, bauen wir all unsere künftigen Entscheidungen rund um dieses Produkt oder die entsprechende Produktgattung auf diesem ersten Preis auf. Ein Schneeballeffekt und Schwachpunkt, der uns im Laufe der Zeit enorm viel kosten kann und uns immer wieder auf Verkaufsmaschen hereinfallen lässt.

Weil diese erste Kaufentscheidung einen solch prägenden Effekt hat, sollten Sie ihr unbedingt besondere Aufmerksamkeit schenken. Auch wenn es nach einem Einzelfall aussieht – sie ist die tonangebende in einer langen Reihe von künftigen Konsumentscheidungen.

Ebenso schadet es nicht, wenn Sie vor dem Kauf eines Produktes ihren Preisanker hinterfragen. Zum Beispiel: Warum bin ich eigentlich bereit, so viel Geld für ein neues Smartphone auszugeben? Warum kaufe ich den teuren Starbucks-Kaffee? Mit Sicherheit werden Sie so bei der einen oder anderen Gelegenheit ungeahnte Sparpotenziale entdecken.

VIER ARTEN VON KAUFENTSCHEIDUNGEN

1. Extensive Kaufentscheidungen

Ein Auto, ein Fernseher oder ein Kühlschrank – Dinge wie diese kaufen Sie nicht jeden Tag. In der Regel handelt es sich um hochklassige Produkte, für die eine Menge Geld fällig wird, weswegen Sie sich den Kauf gründlich überlegen.

Einen Kühlschrank kauft keiner spontan, sondern die meisten Menschen werden sich vor dem Kauf ausgiebig informieren und Vergleiche anstellen. Der kognitive Aufwand dafür ist also enorm hoch. Der lohnt sich aber, vor allem, wenn Sie als Käufer stark emotional involviert sind. Das ist beispielsweise der Fall, wenn sich ein Hobbyfotograf eine neue Kamera kaufen will. Er wird sich ganz genau überlegen, welches Modell seinen Anforderungen entspricht.

2. Limitierte Kaufentscheidungen

Nehmen wir an, Sie sind ein großer Serienfan, und die amerikanische Politserie ›House of Cards‹ mit Kevin Spacey in der Hauptrolle gehört zu Ihren Favoriten. Werden Sie beim Kauf der neuen Staffel zögern? Wohl eher nicht. Verglichen mit extensiven Kaufentscheidungen erfordert dieser Typus deutlicher weniger kognitiven Aufwand von Ihnen. Sobald Sie ein Produkt gefunden haben, das Ihren Ansprüchen und Vorlieben genügt, verkürzen Sie bei Folgekäufen den Abwägungsprozess. Sie stützen sich auf Ihr Vorwissen und Ihre Erfahrungen, zusätzliche Informationen werden nicht mehr benötigt. Sie sind Fan – also kaufen Sie.

3. Habitualisierte Kaufentscheidungen

Jeden Morgen auf dem Weg ins Büro holen Sie sich beim Bäcker um die Ecke ein belegtes Brötchen und einen Kaffee. Der Kaffee ist immer frisch, die Brötchen lecker – Sie sind zufrieden und kommen gerne wieder. Auf die Idee, Ihren Kaffee woanders zu kaufen, kämen Sie gar nicht erst. Das ist ein typischer Gewohnheitskauf mit minimalem kognitivem Aufwand. In der Regel kaufen Sie dabei Produkte im niedrigen Preissegment.

4. Impulsive Kaufentscheidungen

Sie laufen an einem Schaufenster vorbei, eine der Puppen trägt ein Sommerkleid. Es ist aus einem luftigen, fließenden Stoff mit filigranem Karomuster. Sie sehen sich darin barfuß über den Strand laufen. In diesem Moment ist es passiert: Sie haben sich in das Kleid verliebt und können nicht umhin, es zu kaufen. Solchen Spontankäufen geht ein Reiz – eine Werbung, die Präsentation im Schaufenster, ein Aktionsangebot – voraus. Meistens fällt die Entscheidung zum Kauf erst bei der Betrachtung des Produkts, eine konkrete Absicht gab es zuvor nicht. Impulsiv eben.

DER FIESE TRICK MIT DEN RABATTEN

Was den Preis anbelangt, lassen wir uns also schon mal ankern und verführen. Es geht aber noch manipulativer: durch einen scheinbaren Preisnachlass, auch bekannt als übergroßes Prozentzeichen am Preisschild – den Rabatt.

Erst kürzlich war ich mit ein paar Freunden auf Mallorca. Wir machen das regelmäßig im Frühjahr. Weit ab von Ballermann und Schinkenstraße suchen wir uns ein ruhiges Hotel und erkunden vier Tage lang die schönsten Strände, Weingüter und noch möglichst unbekannte Feinschmecker-Restaurants. Eine Art kulinarische Entdeckungstour mit Sightseeing. Mallorca ist traumhaft, wenn man sich auf Land und Leute einlässt.

Natürlich besichtigen wir dabei auch manche Ortschaft und streifen über den einen oder anderen Markt. So auch an diesem Samstag in Cala Ratjada. Lars, einer meiner Freunde, suchte noch eine kurze Hose für den Sommer. Und so fiel unser Blick auf ein Geschäft mit einem besonderen Angebot: »Kauf drei Teile und bezahle nur zwei.«

Was soll ich sagen: Mit einem Mal war unser Jagdtrieb geweckt. »Eigentlich könnte ich ja auch noch eine kurze Hose gebrauchen«, dachte ich mir. Und die Teile waren sowieso schon reduziert. Ein Schnäppchen! Also suchte ich mir gleichfalls eine Hose, und wir probierten zudem ein paar passende Shirts an. Unser Freundschaftsdeal: Wer das beste dritte Teil findet, der bekommt es kostenlos; den Rest teilen wir durch zwei.

Natürlich wurden wir fündig. Aber das ist gar nicht die Geschichte. Was tatsächlich passierte, ist: Die Aussicht auf ein Gratiskleidungsstück hatte unsere Kaufabsichten spontan verändert. Wir nahmen mehr mit, als wir ursprünglich wollten.

Dass etwas *gratis* ist, übt einen nahezu magischen Reiz auf uns aus. Wenn wir für etwas nichts bezahlen müssen, gibt uns das ein extrem gutes Gefühl, die Laune steigt sofort. Null ist aber nicht einfach nur ein Preis wie jeder andere, sondern aus Marketingsicht ein Volltreffer. Nichts verführt uns mehr.

Auch hierzu gibt es wieder ein schönes Beispiel aus der Verhaltensforschung und von Professor Ariely. Diesmal postierte er sich vor dem Hauptgebäude seiner Universität und verkaufte dort zwei Pralinensorten: Trüffel von Lindt für 15 Cent das Stück – und amerikanische Hershey's Kisses für einen Cent.

Um ein besseres Verständnis für die Auswahl zu bekommen, sei gesagt: Die kleinen Schokoladentröpfchen der Firma Hershey sind in den USA zwar sehr beliebt, jedoch nicht annähernd mit

Lindt-Schokolade zu vergleichen. Statt zartschmelzend, sind sie eher krümelig und hart. Rund 73 Prozent der Studenten entschieden sich denn auch prompt für die Trüffel, nur 27 Prozent wählten die Hershey-Schokolade. Angesichts des Qualitätsunterschieds der Pralinen eine durchaus rationale Entscheidung.

Dann aber veränderte Ariely das Angebot, und die Vernunft der Studenten war mit einem Schlag wie weggeblasen: Er reduzierte beide Pralinenpreise um einen Cent: Damit kostete die Lindt-Praline jetzt 14 Cent und den Hershey's Kiss gab es umsonst.

Eigentlich sollte man meinen, dass die Preissenkung kaum einen Unterschied machen würde – doch weit gefehlt! Die Mehrheit der Studenten bevorzugte nun den kostenlosen »Kiss«. Das Gratisangebot veränderte die Entscheidung der Studenten radikal.

Klar, genau genommen kann man bei einem Gratisangebot kaum von einer *Kauf*entscheidung sprechen. Bezahlt wurde ja nun mal nichts. Wo ist also das Problem? Ganz einfach: Das Wort »gratis« besitzt die Macht, vernünftige Abwägungen auszuschalten. Es führt dazu, dass wir uns – ohne es zu merken – zu unserem Nachteil entscheiden. Haben wir die Wahl zwischen zwei Produkten, kann ein zusätzliches Gratisangebot dazu führen, dass wir die schlechtere Option wählen.

Warum sonst essen Menschen eine Schokolade, obwohl ihnen die andere viel besser schmeckt und nur wenige Cent kostet? Ist der Sinn von Schokolade nicht genau der, vor allem gut zu schmecken? Um hochwertige Ernährung wird es dabei wohl kaum gehen.

Ein anderes Beispiel. Stellen Sie sich vor, Sie hätten die Wahl zwischen einem kostenlosen Kinogutschein im Wert von fünf Euro oder einem Gutschein im Wert von 15 Euro, der Sie aber fünf Euro kostet. Welchen würden Sie wählen?

Gut, mit dem Vorwissen wählen Sie bestimmt schon klüger (sehen Sie, die Lektüre wirkt!). Die meisten Menschen entscheiden sich aber für den Gratisgutschein – was schon rechnerisch die schlechtere Wahl ist. Für 15 Euro können Sie sich bequem eine Kinokarte sowie eine Portion Popcorn kaufen, machen also einen

Gewinn von zehn Euro. Für den anderen Gutschein zahlen Sie zwar nichts, der Gewinn ist jedoch eher zweifelhaft, falls Sie im Kino auch noch Popcorn und Cola kaufen. Vor allem wenn man bedenkt, dass Sie für fünf Euro in den meisten Kinos nicht einmal eine Karte erstehen können.

Marketingexperten wissen um die Verzückungen, die eine Null bei uns auslöst und setzen dieses Wissen gezielt ein, um uns zu verführen oder beispielsweise die Attraktivität von Restposten zu steigern. Ein älteres Modell einer Kaffeemaschine wird mit ein paar Paketen Gratiskaffee gleich viel verlockender. Ein Auslaufmodell bleibt es trotzdem.

Derselbe Effekt tritt nicht nur bei Gratisangeboten auf, sondern bei Rabatten generell. Nur ist deren Wirkung nicht ganz so groß. Trotzdem lohnt es sich, beim Anblick von rabattierten Angeboten erst einmal seinem Drang zum Schnäppchenkauf zu widerstehen und die Optionen zu prüfen und zu vergleichen. Auch wer sich die Zeit nimmt, genau nachzurechnen, ist hier im Vorteil. Nur so können Sie erkennen, ob es sich wirklich lohnt, zuzuschlagen, oder ob Sie am Ende sogar draufzahlen.

 ## DAS PHÄNOMEN DER HAMSTERKÄUFE

Glaubt man der Schokoladenriegel-Werbung, entwickeln manche Menschen divenähnliche Züge, wenn sie zu lange nichts gegessen haben. Fest steht auf jeden Fall, dass sich Hunger deutlich auf unsere Entscheidungen auswirkt – und zwar negativ.

Alles scheint dann eine Versuchung zu sein, man kann sich kaum bremsen und der Einkaufswagen wird voller und voller. Schlimmer noch: Am Ende landen auf der Rechnung hauptsächlich Dinge, die ungesund sind und aus genau diesem Grund eigentlich im Regal bleiben sollten.

Wie schlimm die Auswirkungen des Hungers auf Entscheidungen sind, zeigte etwa Baba Shiv, Professor an der Stanford Universität. In seinen Untersuchungen ließ er insgesamt 165 Studenten ein paar Zahlen memorieren. Für die einen galt es, sich sieben Stellen zu merken; die zweite Gruppe brauchte sich hingegen nur eine zweistellige Nummer einzuprägen. Nach einer kurzen Merkphase sollten die Probanden sich in einen anderen Raum begeben, um dort die Zahl aus ihrem Gedächtnis aufzusagen.

Aber wozu das Ganze, und was hat es mit Kaufentscheidungen zu tun?

Die wirkliche Aufgabe wartete auf dem Weg zum anderen Raum: Dort stand ein Tisch, vollgepackt mit Süßigkeiten und Fruchtsalat zur freien Auswahl. Wie häufig bei solchen Versuchen wurden die Leckereien zur Tarnung als Dankeschön für die Teilnahme angeboten.

Wirklich interessant war jedoch der Zusammenhang zwischen der Aufgabe und dem ausgewählten Gratisessen: Wer sich sieben Zahlen merken musste, griff fast ausschließlich zur leckeren, aber eher ungesunden Schokolade. Die Teilnehmer, die nur zwei Zahlen im Kopf hatten, wählten häufiger den gesunden Obstsalat.

Der Forschungsleiter hat dazu auch die passende Erklärung: Wenn der Kopf mit einer Aufgabe massiv beschäftigt ist, übernehmen die Emotionen das Zepter für jede weitere Entscheidung. Das Ergebnis ist weniger gesund, dafür mehr darauf ausgerichtet, den akuten Heißhunger zu bekämpfen und den knurrenden Magen zufriedenzustellen.

Auch andere Untersuchungen kamen zu dem Ergebnis, dass Hunger die Selbstkontrolle senkt und Entscheidungen negativ beeinflussen kann. Kurz: Wir neigen dann zu Hamsterkäufen im Wortsinn.

Wie willkürlich unsere Wahl unter dem Einfluss von Hunger ausfällt, bemerkte Shai Danziger, als er sich die Entscheidungen israelischer Richter anschaute. Eine Berufsgruppe also, die darauf geschult ist, objektive und neutrale Entscheidungen zu treffen. Konkret ging es bei der Studie um die Beurteilung, ob Häftlinge frühzeitig aus der Haft entlassen werden oder nicht. Umso erstaunlicher, wie sich die Urteile unterschieden, wenn sie vor oder direkt im Anschluss an eine Pause verkündet wurden: Mit vollem Magen fielen die Entscheidungen der Richter deutlich wohlwollender aus, und es gab mehr Haftentlassungen. Je länger die Pause hingegen her war, desto drakonischer wurden die Urteilssprüche.

Daraus lassen sich zwei Dinge ableiten: Treffen Sie keine weitreichenden Entscheidungen mit knurrendem Magen – und: Bevor Sie Ihren Chef das nächste Mal um eine Gehaltserhöhung bitten oder Ihren Partner für eine kostspielige Ausgabe erweichen wollen, gehen Sie mit ihm lecker essen.

WARUM ESKIMOS KÜHLSCHRÄNKE KAUFEN

Ein guter Verkäufer braucht dieselben Qualitäten wie ein guter Pokerspieler. Beide benötigen Menschenkenntnis. Denn etwas zu verkaufen, hat wenig mit dem Produkt zu tun, aber viel mit dem Menschen, der es kaufen will.

Als Kunde stehen wir vor der Frage: Wessen Rat vertraue ich bei meinen Kaufentscheidungen? In der Regel sind das Menschen, die einem nahestehen: der Partner, Freunde oder Familienmitglieder. Das sind Menschen, deren Urteil man schätzt und worauf man sich im Zweifel verlässt, weil sie scheinbar neutral sind.

Doch auch ein Verkäufer, der sein Handwerk versteht, kann in eine solche Vertrauensposition kommen. Vielleicht nicht gerade, wenn es um so etwas Profanes wie den Kauf von ein paar Socken geht. Aber schon bei der Suche nach einer passenden Jeans oder einer guten Jacke gelingt das Kunststück. Besonders stark ist dieser Einfluss bei extensiven Kaufentscheidungen, wenn also viel Geld im Spiel ist und es um etwas nicht Alltägliches geht, beispielsweise um den Jahresurlaub.

Am Strand die Sonne genießen, sich verwöhnen lassen, neue Länder kennenlernen – Urlaub ist für viele die schönste Zeit des Jahres. Ganze 1071 Euro pro Person für zwölf Tage Urlaub fernab von zu Hause geben die Deutschen im Schnitt dafür aus. Dabei greifen viele Reisefreudige nicht unbedingt auf Vergleichsseiten für Flüge oder Hotels zurück, sondern gehen noch ganz klassisch ins Reisebüro.

Sich bloß mal eben informieren – mit dieser Einstellung wird das Reisebüro meist betreten. Nun folgen eine nette Begrüßung, vielleicht ein Kaffee, die Einladung, sich an den Beratungstisch zu setzen … Um die Reise, das eigentliche Produkt, geht es an dieser Stelle noch nicht. Vielmehr darum, eine freundschaftliche Basis zu schaffen, Gemeinsamkeiten zu finden. Das löst Sympathien aus und erzeugt Vertrauen.

Das nächste Ziel eines guten Verkäufers wäre dann, den ganz persönlichen Kaufauslöser des Kunden zu finden, sozusagen seinen roten Knopf zu drücken. Entsprechend geschulte Händler unterteilen Kunden dabei in vier Haupttypen:

- **Der rote Kunde.** Er ist ein Macher, fordernd und sachorientiert. In seiner Art ist dieser Kunde direkt, kann im ersten Moment sogar aggressiv wirken. Seine Zeit will er nutzen, um etwas zu erreichen. Rote Kunden sind voller Energie und fackeln bei Kaufentscheidungen nicht lange.

- **Der gelbe Kunde.** Ebenso wie der Rote ist er eine extrovertierte Persönlichkeit. Was die gelben von den roten Kunden unterscheidet, ist, dass sie weniger sachorientiert sind. Den Gelben geht es um Spaß und Abwechslung, sie brauchen viel Lob und Anerkennung.

- **Der grüne Kunde.** Er ist ein Beziehungsmensch durch und durch. Die Grünen sorgen sich um das Wohl ihrer Mitmenschen, scheuen vor Streit und Auseinandersetzungen zurück. Auch vor Preisverhandlungen. Besonders wichtig ist ihnen Sicherheit.

- **Der blaue Kunde.** Das ist der Analytiker, der alles ganz genau wissen will. Die Blauen stellen kritische Fragen, handeln besonnen und lassen sich ihre Kaufentscheidungen intensiv durch den Kopf gehen.

Diese Kundeneinteilung habe nicht ich mir ausgedacht, sie basiert auf den Erkenntnissen des Psychologen Carl Gustav Jung und wurde im Laufe der Zeit vielfach weiterentwickelt. Die Typologie dient heute als Hilfestellung, um Kunden und ihre Motivation besser einschätzen zu können.

Im obigen Fall könnte unsere Reisekauffrau also zum Beispiel beim Smalltalk bemerken, einen gelben Kunden vor sich zu haben, der sich durch Spaß und Zuspruch überzeugen lässt. Statt schöner Strandfotos zeigt sie ihm also besser Impressionen aus verschiedenen Orten, gibt jeweils Shopping- und Partytipps für den Abend und noch ein paar persönliche Anekdoten als Zuschlag. Und natürlich vergisst sie nicht, den Kunden für seine bisherigen Destinationen zu loben: »Ach, da waren Sie auch schon? Ist super da, oder? ... Ich sehe, Ihnen kommt es auf das besondere Ambiente an!«

Hat unsere Reisekauffrau den Kunden so auf ihre Seite gebracht, gilt es, das Produkt ins Spiel zu bringen. Aber eben erst jetzt. Und wohlgemerkt: Bisher ging es an keiner Stelle um einen Preis! Der rückt komplett in den Hintergrund. Der Kunde soll sich schließlich erst in das Produkt verlieben. Erst wenn man schon in

Gedanken am azurblauen Pool liegt, einen Cocktail in der Hand hält und sich abends auf das Sonnenuntergangs-Happening freut, wird eröffnet, wie viel Geld die Realisierung dieses Traums kosten wird. Würde die Reisekauffrau nun noch etwas sagen wie: »Privat kann ich Ihnen diese Reise empfehlen, ich selbst war schon oft dort«, würde ihr wohl jeder glauben.

Dahinter steckt die Überzeugung, dass diese sympathische Frau, mit der man sich gerade mehr als 20 Minuten lang gut unterhalten hat, einem nur die richtige Reise empfehlen wird. Es ist wie ein Tipp unter Freunden. Ist es aber nicht.

Ganz perfide wäre die anschließende Frage: »Ein tolles Angebot, oder?« Wer an dieser Stelle zustimmt, sitzt praktisch schon im Flieger Richtung Süden. Denn hat ein Kunde sich positiv zu dem Produkt geäußert, hat ihn der Verkäufer genau da, wo er ihn haben will: Implizit hat man eine Zusage abgegeben, auf die einen der Verkäufer nun verpflichten kann. Dahinter steckt der menschliche Drang, unseren Worten auch Taten folgen zu lassen. Im Verkaufsjargon spricht man auch von einem *Commitment*.

Bevor Sie jetzt den Eindruck bekommen, jeder Verkäufer sei nur darauf aus, seine Kunden derart auszutricksen: Dem ist natürlich nicht so. Den meisten ist tatsächlich daran gelegen, Kunden gut zu beraten und ihnen ein Produkt zu verkaufen, das sie im besten Fall glücklich macht. Doch es gibt eben auch die andere Sorte Verkäufer. Und wer darüber Bescheid weiß, worauf ein Verkäufer achtet und wie ein Verkaufsgespräch abläuft, bleibt Herr der Lage und erkennt einen Manipulationsversuch eher.

❓ SELBSTTEST: WELCHER KUNDENTYP BIN ICH?

Wer sich dem externen Einfluss auf seine Entscheidungen entziehen – sprich: weniger beeinflussbar werden – will, tut gut daran, seine eigenen »roten Knöpfe« zu kennen. Der Fachbuchautor

Frank M. Scheelen hat die Erkenntnisse von Carl Gustav Jung schon vor einiger Zeit weiterentwickelt und dazu sein sogenanntes »Insights-Modell« entworfen sowie einige Persönlichkeitstests geschaffen.

Der folgende Selbsttest soll diese zwar nicht ersetzen, bietet aber einen eigenen ersten, schnellen Überblick. Wer es noch genauer wissen will, findet auf der Website des Scheelen-Instituts (scheelen-institut.com) noch mehr Analysetools.

Den folgenden Test habe ich mit ein paar Fachleuten selbst erstellt. Er orientiert sich an den vier verschiedenen Farbtypen, die auch in der Insights-Theorie verwendet werden. Er besteht aus elf Fragen, jede Antwort ist mit einem Buchstaben versehen, A, B, C oder D.

Kreuzen Sie einfach die Antwort an, die am besten zu Ihnen passt (aber bitte nur eine!), und zählen Sie anschließend zusammen, welchen der Buchstaben Sie am häufigsten gewählt haben. Am Ende folgt die Auswertung. Aber jetzt erst einmal der Selbsttest:

1. Sie betreten ein Geschäft. Wie gehen Sie auf den Verkäufer zu?
- Ich gehe nie auf den Verkäufer zu, sondern schaue mich erst einmal um. **(A)**
- Ich habe schon einen klaren Auftrag im Kopf und brauche nur noch eine Person, die sich um mein Anliegen kümmert. **(B)**
- Ich habe einen Verkäufer gesehen, lächle freundlich und warte ab, bis dieser für mich Zeit hat. **(C)**
- Obwohl ich den Verkäufer nicht kenne, begrüße ich ihn mit Handschlag wie einen alten Kumpel und bitte ihn, mir kurz bei meinem Anliegen unter die Arme zu greifen. **(D)**

2. Mit welchem Ziel sind Sie einkaufen gegangen?
- Ich verfolge kein spezielles Ziel, sondern bummle einfach durch die Geschäfte, weil es mir Spaß macht. **(D)**

- Mit dem Ziel, ein bestimmtes Produkt zu kaufen, sonst wäre ich nicht aus dem Haus gegangen. **(B)**
- Ich habe mich mit einer Freundin auf einen Kaffee verabredet und wir haben gemeinsam beschlossen, uns etwas Gutes zu tun und shoppen zu gehen. **(C)**
- Ich habe ein ganz konkretes Ziel vor Augen und weiß auch schon genau, wo ich mein Wunschobjekt zum besten Preis kaufen kann. Alles eine Frage der Vorbereitung. **(A)**

3. Sie sind auf der Suche nach einem stromsparenden und preiswerten Kühlschrank. Wie kommunizieren Sie das Anliegen?

- Ich spreche in kurzen, klaren Sätzen und sage ganz unumwunden, was ich haben möchte. **(B)**
- Mir fällt es schwer, mit der Sprache rauszurücken, weil es mir etwas peinlich ist, dass ich mir ein teures Modell nicht leisten kann. Der Verkäufer muss schon zwischen den Zeilen lesen. **(C)**
- Ich halte dem Verkäufer die letzten Ergebnisse der Stiftung Warentest vor die Nase und bitte ihn, mir eines der Siegerprodukte zu zeigen. **(A)**
- Ich erzähle begeistert von dem Kühlschrank meiner Nachbarin und sage dem Verkäufer, dass ich genau so einen haben will. **(D)**

4. Ein neuer Laden hat in Ihrer Stadt eröffnet. Neugierig schauen Sie sich um. Eine Verkäuferin kommt auf Sie zu und beginnt auf Sie einzureden. Wie reagieren Sie?

- Die herzliche Begrüßung gefällt mir, ich fühle mich gleich wohl. **(C)**
- Das überfordert mich. Ich hatte noch gar keine Zeit, mich richtig umzusehen. **(A)**
- Ich finde es super, dass die Dame so engagiert ist und unterhalte mich angeregt mit ihr. **(D)**
- Ich bin froh, dass ich keine Zeit verschwenden muss, um eine

Verkäuferin zu finden, kürze den Smalltalk ab und komme gleich zur Sache. (B)

5. Sie unterhalten sich mit einem Verkäufer. Wie ist Ihre Körperhaltung im Gespräch?

- Ich bleibe auf Distanz, will Berührungen um jeden Preis vermeiden. (A)
- Ich bin entspannt und nehme eine lockere Haltung ein. (D)
- Ich bin präsent und lasse mein Gegenüber spüren, dass ich genau weiß, was ich will. (B)
- Ich bin etwas nervös und weiß noch nicht, ob ich der anderen Person vertrauen kann. (C)

6. Welche Eigenschaften bringt ein guter Verkäufer in Ihren Augen mit?

- Ich schätze es, wenn ein Verkäufer Sinn für Humor hat, seinen Beruf leidenschaftlich gern ausübt und mich zu begeistern weiß. (D)
- Mir ist es wichtig, dass ein Verkäufer nicht meine Zeit verschwendet. Er muss kompetent sein, eine schnelle Auffassungsgabe mitbringen. Nichts nervt mehr, als wenn ich etwas lang und breit erklären muss. (B)
- Ich will mit einem Fachmann sprechen und erwarte absolute Professionalität. (A)
- Ich wünsche mir, dass der Verkäufer sich Zeit für mich nimmt, mir zuhört und auf meine Bedürfnisse eingeht. (C)

7. Ihr Auto hatte seine besten Tage schon hinter sich, es war mal wieder Zeit für ein neues. Sie haben Geld gespart und sich einen teuren SUV gegönnt. Wem erzählen Sie davon?

- Meinen Arbeitskollegen. Am nächsten Tag in der Mittagspause gibt es für mich kein anderes Thema. Ein Auto ist für mich ein Statussymbol. (B)
- Meiner besten Freundin/meinem besten Freund. Bei der Gele-

genheit bedanke ich mich auch gleich für den guten Tipp, was den Autohändler anbelangt. **(C)**
- Meinen Freunden. Ich lade sie zu einer Spritztour mit dem neuen Wagen ein. Anschließend poste ich ein Foto von der Tour auf Facebook. **(D)**
- Niemandem. Ich prahle nicht gerne mit einem Neuerwerb. **(A)**

8. Sie stehen an der Supermarktkasse. Auf das Band haben Sie nur eine Packung Kaffee, Milch und Cornflakes gelegt. Statt zu bezahlen und zu gehen, kramt die alte Dame vor Ihnen in ihrem Portemonnaie und sucht nach Kleingeld. Wie reagieren Sie?
- Ich warte geduldig, bis die alte Dame fertig ist, und versichere ihr, dass alles in Ordnung ist, als sie mich schuldbewusst ansieht. **(C)**
- Ich biete der Dame meine Hilfe an. Wahrscheinlich hat sie Schwierigkeiten, die passenden Münzen zu finden. **(D)**
- Ich überprüfe, ob die Schlange an einer anderen Kasse kürzer ist. Nein, gut da kann man nichts machen. Ich nutze die Zeit, um meine Ware zu sortieren und auszurechnen, wie viel ich gleich bezahlen muss. **(A)**
- Innerlich brodelt es in mir, ich kann mich nur schwer zurückhalten, die Situation zu kommentieren. Es ärgert mich, wenn Leute so unvorbereitet sind. **(B)**

9. Sie wollen einen neuen Fernseher kaufen und haben sich verschiedene Modelle angesehen. Modell A überzeugt durch sehr gute Bildqualität, Modell B besticht durch diverse Spezialfunktionen. Wie treffen Sie Ihre Entscheidung?
- Ich kann mich nicht auf Anhieb entscheiden. Jeder Kauf will gut überlegt sein. Ich werde die Entscheidung vertagen, um beide Modelle noch mal in Ruhe zu vergleichen. **(A)**
- Ich bin unsicher und wende mich hilfesuchend an meinen Partner, der neben mir steht. **(C)**

- Ich entscheide mich ganz pragmatisch für das preisgünstigste Modell. **(B)**
- Ich will das Erlebnis, die Spielfilme in 3D, die Bundesligaspiele so gestochen scharf, dass man die Spieler schwitzen sieht. Ich entscheide mich aus dem Bauch heraus für das Modell mit den Spezialfunktionen. **(D)**

10. **Sie stehen in einem Möbelhaus und haben sich gerade über ein Sofa informieren lassen. »Das ist ein unschlagbares Angebot, Sie treffen die richtige Entscheidung«, sagt der Verkäufer. Wie reagieren Sie?**
- Ich fühle mich in meiner Entscheidung bestätigt und kann es kaum erwarten, es mir zu Hause darauf bequem zu machen. **(D)**
- Der Verkäufer ist mir sympathisch, ich vertraue seinem Urteil. **(C)**
- Ich bin skeptisch und hinterfrage das Angebot. So leicht lasse ich mich nicht beeinflussen. **(A)**
- Preis, Qualität und Design stimmen, der Mann hat recht mit seiner Aussage. Wenn jetzt noch die Lieferzeit stimmt, hat er mich überzeugt. **(B)**

11. **Sie beobachten, wie der Filialleiter eines Supermarkts seine Auszubildende zur Schnecke macht, weil sie etwas falsch einsortiert hat. Was geht Ihnen in diesem Moment durch den Kopf?**
- Das arme Mädchen tut mir leid. Wie man so mit seinen Mitarbeitern umgehen kann, verstehe ich nicht. Ich lächle der Auszubildenden aufmunternd zu. **(C)**
- Mir ist das Verhalten des Filialleiters unangenehm, ich gehe schnell weiter. **(A)**
- Richtig so, die Auszubildende sollte von Anfang an lernen, wie man es richtig macht. **(B)**
- Ich verlasse das Geschäft, in so einer Atmosphäre macht das Einkaufen keinen Spaß. **(D)**

Auswertung zum Selbsttest

Welchen Buchstaben haben Sie bei den Fragen am häufigsten ausgewählt? A, B, C oder D stehen jeweils für einen der vier Kundentypen. Bei Ihnen hat sich keine eindeutige Tendenz abgezeichnet? Keine Sorge, nur selten gehören wir einem der Typen in Reinform an, sondern vereinen Eigenschaften von zwei oder sogar drei Typen in uns.

Hier die Auswertung zu den einzelnen Buchstaben-Schwerpunkten:

A: Sie sind der Denker (der blaue Kundentyp)

Ihre Kaufentscheidungen treffen Sie sehr gewissenhaft und sorgfältig. Dafür brauchen Sie Zeit und Ruhe. Für Sie zählen die Fakten eines Produktes, Sie lassen sich nicht von den schönen Worten eines Verkäufers blenden. Zu einer guten, fachlichen Beratung sagen Sie nicht Nein, doch es stört Sie, wenn ein Verkäufer zu aufdringlich wird. Sie wollen sich mit dem Gegenüber nicht anfreunden und wollen auch keine persönlichen Details aus seinem Leben wissen, Ihnen geht es rein um die Sache.

B: Sie sind der Pragmatiker (der rote Kundentyp)

Wenn Sie etwas kaufen, muss das Bauchgefühl stimmen. Ist das der Fall, fackeln Sie nicht lange. Sie wollen auf geradem Weg zum Ziel kommen, Smalltalk ist dabei überflüssig. Eine direkte und ehrliche Art hingegen schätzen Sie und sind es gewohnt, den Ton anzugeben. Einem Verkäufer gegenüber treten Sie selbstbewusst auf und fordern, dass dieser Ihre Wünsche zur vollsten Zufriedenheit erfüllt. Sie selbst stecken voller Energie, wollen Ihre Zeit effizient nutzen. Deswegen fehlt Ihnen für Trödler jegliche Geduld. Das optimale Produkt ist eines, das zu Ihrem Ansehen passt oder dieses noch steigert.

C: Sie sind der Gefühlsmensch (der grüne Kundentyp)
Sie begegnen Ihren Mitmenschen immer freundlich und zuvorkommend, deswegen ist es Ihnen auch wichtig, dass Sie von anderen ebenso behandelt werden. Treffen Sie jemanden zum ersten Mal, sind Sie zunächst zurückhaltend und müssen mit der neuen Person warm werden. Bevor Sie etwas kaufen, muss der Verkäufer Ihr Vertrauen gewinnen. Gute Beratung bedeutet für Sie, dass sich jemand die Zeit nimmt, Ihnen zuzuhören, und auch auf Ihre Bedenken bezüglich eines Produktes eingeht. Hat man Sie jedoch für sich gewinnen können, sind Sie ein treuer Kunde, gehen immer zu demselben Friseur und kaufen Ihr Gemüse immer am selben Marktstand. Das Vertraute gibt Ihnen ein gutes Gefühl.

D: Sie sind der Kontaktfreudige (der gelbe Kundentyp)
Der Spaß an etwas steht für Sie immer im Vordergrund. Auch beim Einkaufen wollen Sie sich amüsieren und pflegen zu Verkäufern einen leichten und lockeren Umgang. Einen guten Plausch und ein Tässchen Kaffee genießen Sie, machen auch gerne einen Spaß mit. Bei einem Verkaufsgespräch wollen Sie sich fühlen, als würden Sie mit einem Freund und nicht mit einem Verkäufer sprechen. Fällen Sie eine Kaufentscheidung, suchen Sie nach Lob und Anerkennung dafür. Sie wollen hören, dass auch andere der Meinung sind, dass Sie die richtige Entscheidung treffen. Sie neigen zu Spontankäufen und lassen sich manchmal von Ihrer Begeisterung davontragen.

Was bedeutet das Ergebnis?

Jeder dieser Kundentypen hat Stärken und Schwächen. Vor allem Letztere zu kennen und zu wissen, wie Sie darauf reagieren, kann Ihnen helfen, sich vor Beeinflussung zu schützen. Die Typologien zeigen Ihnen aber auch, warum Ihnen manche Verkäufer sofort sympathisch sind und andere so gar nicht. Denn immer wenn zwei unterschiedliche Typen aufeinanderprallen, kann das zu unterschwelligen Spannungen oder Missverständnissen führen:

- Der Denker sieht sich als analytische, gewissenhafte Person, doch auf andere kann er kühl, penibel und steif wirken.
- Der Pragmatiker hält sich für selbstbewusst, andere schätzen sein Verhalten als arrogant oder sogar autoritär ein.
- Der Gefühlsmensch sieht seine größte Stärke in seiner Einfühlsamkeit. Einige halten ihn jedoch für festgefahren in seinen Gewohnheiten oder für zu verletzlich, weil er alles gleich persönlich nimmt.
- Der Kontaktfreudige ist gerne unter Menschen, er hat ein fröhliches und offenes Naturell. Doch auf einige wirkt gerade das aufdringlich, indiskret oder auch oberflächlich.

So gesehen könnten Sie die Typologien auch dazu nutzen, die roten Knöpfe Ihres Verkäufers zu drücken und so zu einer besseren Beratung zu kommen. Je sympathischer Sie sich beide sind, desto eher wird auch mal Tacheles gesprochen und desto besser das Ergebnis.

! VERKAUFSTRICKS: ICH HÄTTE DA NOCH WAS FÜR SIE …

Leider wenden manche Verkäufer bei ihren Methoden auch Psychotricks an, um uns sprichwörtlich das Geld aus der Tasche zu ziehen. Diese wirken so hochmanipulativ, dass uns kaum noch eine Wahl bleibt – solange wir die Tricks nicht als solche erkennen. Deshalb, daher und darum und rein zur Prophylaxe eine Auswahl der fiesesten Verkäufertricks:

Der Reziprozitäts-Trick
Dieser Kniff funktioniert nach dem einfachen Prinzip: Wer gibt, dem wird gegeben. Eine freundlich lächelnde Verkäuferin hält einem ein Tablett mit eingelegten Oliven, gefüllten

Paprika und marinierten Champignons hin. »Probieren Sie mal«, fordert sie einen auf. Just in dem Moment, in dem eine der Köstlichkeiten in Ihrem Mund landet, sind Sie in die Falle getappt. Studien zeigen: Solche Gratiskostproben erhöhen die Wahrscheinlichkeit, dass der Kunde das Produkt anschließend kauft, deutlich. Dadurch, dass man etwas bekommen hat, fühlt man sich in der Schuld und verspürt das Bedürfnis, etwas zurückzugeben. Dieses machen sich Handeltreibende gerne zunutze. Nicht nur im Supermarkt wird dieser Trick verwendet, sondern auch in der Gastronomie. Wer der Rechnung ein Stück Schokolade oder ein Bonbon beilegt, darf sich über durchschnittlich zehn Prozent mehr Trinkgeld freuen.

Der Knappheits-Trick

Die Angst, leer auszugehen, ist so tief in uns verwurzelt, dass bei den Worten »das letzte Exemplar« unsere Alarmglocken schrillen. Plötzlich haben wir das Gefühl, uns mit der Entscheidung beeilen zu müssen, bevor uns jemand anderes zuvorkommt. Gerne verwendet wird dieser Trick, wenn ein Kunde noch unschlüssig ist. Der Verkäufer erzeugt dann eine künstliche Knappheit, appelliert damit an unsere Verlustängste und bringt uns dazu, alle rationalen Abwägungen über Bord zu werfen. Auch bei Rabatten und Sonderaktionen werden Kunden damit zum Kauf animiert. Das vermeintliche Schnäppchen könnten sie sonst womöglich verpassen.

Der Vergleichbarkeits-Trick

Ob etwas teuer oder günstig ist, können wir nur beurteilen, weil wir Produkte und ihre Preise untereinander vergleichen. Verkäufer nutzen diesen Umstand und beeinflussen deshalb die Art und Weise wie wir vergleichen: Wer in einem Braut-modengeschäft soeben mehrere Tausend Euro für ein Braut-kleid ausgegeben hat, wird keinen Moment darüber nach-denken, wenn es darum geht, hundert Euro für einen Schleier zu bezahlen. Im Vergleich ist der Schleier doch günstig. Falsch. Bei solchen Kaufentscheidungen erliegen wir einem Irrtum. Wir vergleichen die Preise von Brautkleid und Schleier statt von Schleiern untereinander (siehe auch Decoy-Effekt, Seite 59).

VORSICHT! KAUFHÄUSER STECKEN VOLLER VERSUCHUNGEN

Wissen Sie, was das Gemeine ist an Kaufhäusern? Sie kommen immer mit etwas anderem zurück, als Sie ursprünglich kaufen wollten! Der Comedian Mario Barth hat es mal in einer Anekdote treffend beschrieben: In der Absicht, eine Jacke zu kaufen, geht seine Freundin shoppen, doch kaum hat sie den Eingangsbereich des Kaufhauses passiert, wird ihr ursprünglicher Plan auf wunder-liche Art und Weise gelöscht. Als könnte sie sich an nichts mehr erinnern, marschiert sie geradewegs auf ein Kaffeeservice zu. Und weil es im Angebot ist, kauft sie es. Zu Hause präsentiert sie stolz ihre Errungenschaft. »Wolltest du nicht eine Jacke kaufen?«, fragt ihr Partner verdutzt.

Das passiert nicht nur Mario Barths fiktiver Sketch-Freundin. Jeder kennt ähnliche Situationen. Marketingexperten und Innen-architekten lassen sich einiges einfallen, um uns zum Kauf zu be-wegen. Dahinter steht ein weiteres Dilemma, das jedem während des Einkaufs begegnet: Kaufe ich viel oder wenig?

Natürlich sind Geschäftsbetreiber daran interessiert, so viel wie möglich zu verkaufen. Und wie bringen sie uns dazu, mehr einzukaufen? Ganz einfach, sie verlängern unsere Verweildauer im Geschäft.

Untersuchungen zeigen: Je länger sich ein Kunde im Geschäft aufhält, desto mehr kauft er.

Damit das passiert, muss ein Kunde sich in dem Geschäft allerdings wohlfühlen. In einer Lagerhalle will kaum jemand viel Zeit verbringen und gemütlich durch die Reihen schlendern. Design und Inneneinrichtung spielen beim Kaufentscheid also eine wichtige Rolle. Daneben sind noch zahlreiche subtilere Faktoren von Bedeutung. Etwa die Raumtemperatur: 19 Grad haben sich bei Untersuchungen als optimale Temperatur herausgestellt – es ist nicht so heiß, dass Kunden ins Schwitzen kommen, aber auch nicht so kalt, dass sie sich beeilen, um schnellstmöglich den Laden wieder zu verlassen.

Auch die Laufrichtung nimmt Einfluss auf unser Wohlbefinden. Schließen Sie bitte einmal kurz die Augen und stellen Sie sich den Supermarkt, in dem Sie regelmäßig einkaufen, vor. Sehen Sie ihn vor Ihrem inneren Auge? Wo liegt die Eingangstür? In den meisten Geschäften befindet sich der Eingang auf der rechten Seite, der Ausgang ist links. Entsprechend gehen Sie gegen den Uhrzeigersinn durch das Geschäft. Das liegt daran, dass jeder Mensch sich anhand einer inneren Landkarte durch den Verkaufsraum bewegt. 95 Prozent der Menschen haben einen angeborenen Drang, Linkskreisen zu folgen. Eine Wegführung gegen den Uhrzeigersinn bringt den zusätzlichen Vorteil, dass die Kunden so bequem mit der rechten Hand (der dominanten Hand der meisten Menschen) nach der Ware greifen können. Auch das wird als angenehm empfunden.

Der Verhaltensforscher Herb Sorensen hat einmal untersucht, ob sich die Laufrichtung der Kunden auch auf die Einnahmen auswirkt. In einem Testladen ließ er Kunden sowohl im als auch gegen den Uhrzeigersinn durch den Verkaufsraum führen. Was soll ich sagen: Es zeigte sich, dass Kunden, die sich gegen den Uhrzeigersinn bewegten, im Schnitt zwei Dollar mehr ausgaben. Nicht viel. Aber rechnen Sie das mal auf Hunderttausende Kunden im Jahr hoch! Allein die richtige Laufrichtung verleitet uns dazu, mehr einzupacken, und beschert Supermarktketten Millionenumsätze.

Sogar die Geschwindigkeit, mit der sich Kunden durch ein Geschäft bewegen, kann förderlich für den Verkauf sein. Wer ein gemütliches Lauftempo an den Tag legt, schaut sich mehr um und hat mehr Zeit, die Ware anzufassen. Der Soziologe Paco Underhill stellte etwa fest, dass Kunden üblicherweise in raschen Schritten ein Geschäft betreten. Meistens kommen sie vom Parkplatz, haben es eilig. Einkaufen ist zuweilen ja auch eine lästige Pflicht. Deswegen lautet seine These:»Kunden, die einen Laden betreten, brauchen eine Landebahn.« Sie müssen sich erst einmal im Geschäft zurechtfinden, ihren Schritt verlangsamen. Damit das geschieht, müsse es einen deutlichen Übergang zwischen drinnen und draußen geben.

Eine Methode, um Kunden buchstäblich auszubremsen, ist das sogenannte Blocking. Aufsteller mit Werbung werden so platziert, dass sie im Weg stehen und auf diese Weise das Tempo rausnehmen. Dies geschieht nicht nur im Eingangsbereich, sondern immer wieder im Laden.

Ein weiterer Trick, um die Verweildauer zu steigern, ist Spaß. Das Einkaufen soll zum Erlebnis werden, positive Gefühle sollen freigesetzt werden. Deshalb finden wir beispielsweise in so gut wie allen Supermärkten direkt hinter dem Eingangsbereich die Obst- und Gemüseauslagen. Leuchtend rote, reife Tomaten, grüne, knackige Äpfel – spüren Sie, wie Ihnen allein bei der Vorstellung das Wasser im Mund zusammenläuft? Genau so werden Sie zum Kauf verführt.

Die bunten Farben und der anregende Duft steigern den Appetit und die Kauflust. Der positive Nebeneffekt: Die Avocado nehmen Sie in die Hand, um zu prüfen, ob sie reif ist. Auch die Schale Erdbeeren wird genau beäugt, ob auch ja keine matschigen darunter sind. Kurz: Sie nehmen sich Zeit, Ihr Obst und Gemüse auszusuchen. Es ist kein Zufall, dass auch dieses Prüfen und Beschauen die Hektik aus dem Einkaufsprozess nimmt und Sie abbremst. Licht, Duft, Klang – all das kann und soll positive Gefühle auslösen. Beispielsweise haben Forscher herausgefunden, dass ein dezenter Vanilleduft bei Frauen die Kauflust massiv steigert. Der Future Store in Krefeld erprobt zum Beispiel solche Methoden. Der Fischkauf wird dort zum besonderen Erlebnis, weil die Luft an der Fischtheke an salzige Meeresluft erinnert und von einem sanften Meeresrauschen begleitet wird. Zack – schon fühlt sich der Kunde weniger wie im Supermarkt und mehr wie auf dem Fischmarkt in irgendeiner Hafenstadt.

Es geht darum, Emotionen zu wecken und die Fantasie anzuregen. Auch in Möbelhäusern wird auf diese Weise Geld verdient: Nicht nur der Küchentisch wird Ihnen präsentiert, sondern die gesamte Küche inklusive Obstschale, Tischdecke und Besteck. Sie betrachten die Einrichtung und das ursprüngliche Kaufobjekt nicht einzeln, sondern stellen sich vor, wie Sie mit Ihrer Familie an diesem Tisch sitzen und gemütlich frühstücken. Schon reingefallen! Denn leider gefällt Ihnen die Vorstellung so gut, dass Sie außer dem Tisch auch gleich noch die Teller, das Besteck und die Obstschale kaufen.

Dahinter steckt der Trick, dass Produkte, die zusammengehören, stets auch zusammen präsentiert werden sollten. So finden Sie beispielsweise in der Spargelsaison neben dem Spargel den passenden Wein, die Sauce Hollandaise und den Parmaschinken. Eigentlich wollten Sie nur ein Kilo Spargel kaufen. Nun aber sehen Sie auch die anderen Produkte und denken: »Gute Idee! Nehme ich auch gleich mit.« Schon landen lauter Sachen im Einkaufswagen, die man eigentlich gar nicht kaufen wollte. Im Extrem wollten Sie eben nur eine Tüte Milch erstehen – und kommen mit einem Fahrrad nach Hause.

FRAUEN TREFFEN ANDERE KAUF-ENTSCHEIDUNGEN ALS MÄNNER

Frauen gehen shoppen, Männer kaufen ein. Das zumindest behaupten Diana Jaffé und Vivien Manazon, die sich auf Gender Marketing (geschlechtsspezifisches Marketing) spezialisiert haben. Jaffé und Manazon sind der Ansicht, dass Männer und Frauen beim Einkaufen völlig andere Bedürfnisse haben, sie unterscheiden sich nicht nur darin, was sie einkaufen, sondern auch wie sie es kaufen.

Der Großteil der sogenannten Bedarfskäufe wird vom weiblichen Geschlecht übernommen. In Untersuchungen fanden die beiden Expertinnen heraus, dass 90 Prozent aller Lebensmittel von Frauen gekauft werden. Diese erwerben sie aber nicht nur für sich, sondern vor allem für andere – für die Familie und für Freunde.

Bei Männern ist der Anteil an Lebensmitteleinkäufen – vor allem jenen, die sie für andere kaufen – verschwindend gering. Studien zeigen, dass sie die Nahrungsaufnahme unkompliziert gestalten wollen, gerne auf Restaurants oder Lieferdienste zurückgreifen. Bedarfseinkäufe aller Art geben Männer am liebsten in fremde Hände – vorzugsweise die der Freundin, Frau, Mutter oder wer sich sonst darum kümmern will. Nur wenn es unbedingt sein muss, im Kühlschrank nur noch ein einsames Glas Gewürzgurken zu finden und die Partnerin nicht da ist, werden Männer freiwillig in den Supermarkt fahren.

Umso öfter sind Männer hingegen in Elektronikgeschäften und Baumärkten zu beobachten. Stellt der Bedarfskauf für einen Mann ein notwendiges Übel dar, sind Einkäufe für die Freizeit oder das eigene Ansehen für ihn ein regelrechtes Vergnügen. Sie sind das männliche Äquivalent für das, was Frauen als *Shopping* bezeichnen.

Wie unterschiedlich Männer und Frauen Käufe tätigen, machen Jaffé und Manazon an einer Situation fest, die Paare nur allzu gut kennen: dem Erwerb einer neuen Couch.

Für eine Frau ist das eine sehr wichtige Kaufentscheidung,

schließlich ist eine Couch eine langfristige Investition mit unzähligen Nebenwirkungen. Frau geht nicht einfach nur los und kauft das nächstbeste Sofa, sondern investiert Zeit, um sich zu informieren: Sie grübelt darüber, welches Modell am besten in ihr Wohnzimmer passen würde, an welcher Farbe sie sich nicht sattsehen wird, welches Material sich auch nach Jahren noch gut anfühlen wird und strapazierfähig ist. Auf der Suche nach Inspiration stöbert Frau in Zeitschriften und Katalogen. Und weil Frauen von Natur aus kommunikative Wesen sind, sprechen sie mit Freundinnen und Bekannten über ihr Kaufvorhaben und holen sich Ratschläge.

Mit einer groben Vorstellung ihres Wunschsofas marschieren sie dann ins nächste Möbelhaus und begutachten das Sortiment. Infrage kommende Modelle werden genau inspiziert. Ist die Couch bequem? Gut verarbeitet? Sieht die Sitzlandschaft in der kleinen Wohnung immer noch gut aus? Bleibt genügend Beinfreiheit? Nicht nur funktionelle Aspekte werden beachtet. Frauen denken bei solchen Kaufentscheidungen immer auch an die Menschen in ihrem Umfeld. Sie fragen sich, ob die Couch tobenden Kindern standhält; ob Freunde, die von auswärts zu Besuch kommen, zur Not auch bequem darauf schlafen könnten.

Sie merken schon, eine Couch, die all diese Kriterien erfüllt, ist seeeehr schwer zu finden. Doch allein diese Erwartungshaltung zeigt, dass Frauen die wirklich beste Couch kaufen wollen und sich kaum mit etwas Geringerem zufriedengeben.

Erinnern Sie sich noch an den Test zu den Entscheidungstypen, speziell an die Genügsamen und die Maximierer? Die Mehrheit der Frauen gehört zu den Maximierern. Auf der Suche nach dem optimalen Sofa wird frau sich nicht nur in einem Möbelhaus umschauen, sondern in Dutzenden. Selbst große Entfernungen werden sie nicht abschrecken.

Männer sind da völlig anders. Laut Jaffé und Manazon haben nur zehn Prozent von ihnen ihre Möbel allein gekauft. »Möbelhäuser sind mit die qualvollsten Orte für Männer, wie wir bei unzähligen Tests beobachten konnten«, schreibt das Forscherinnenduo. Kauft ein Mann ein Sofa, will er, dass es bequem und bezahlbar ist. Bevor er sich durch einen langwierigen Auswahlprozess quält, stellt er sich lieber ein paar Europaletten mit Matratze ins Wohnzimmer, nennt das Ergebnis *retro* oder *Industrial-Design* und fühlt sich herrlich avantgarde.

Während Frauen sich bei extensiven Kaufentscheidungen auf die Details konzentrieren und nach Bestätigung durch ihr persönliches Umfeld suchen, sind Männer lieber selbst die Spezialisten, denn das bringt gefühlte Anerkennung. Männer reagieren geradezu allergisch darauf, wenn ihnen der Partner einen Rat geben will. Darin hören sie vor allem Kritik an ihrer Fachkenntnis. Oder wie die Genderexpertinnen es formulieren: »Jeder Kauf ist für den Mann auch eine Jagd. Er will gewinnen, einen Vorteil für sich herausholen, der für ein gutes Gefühl sorgt.« Einkaufen sei für Männer auch ein Mittel zur Steigerung des Selbstbewusstseins.

All diese Unterschiede im Einkaufsverhalten von Mann und Frau führen nicht selten zu Streitigkeiten zwischen Paaren, weil dem einen nicht klar ist, was dem anderen wichtig ist und umgekehrt. Das Wissen darüber sorgt in jedem Fall für mehr Verständnis. Und das wiederum führt langfristig zu besseren *gemeinsamen* Entscheidungen.

IM DUNKELN TREFFEN WIR RATIONALERE ENTSCHEIDUNGEN

Rationale Entscheidungen erfordern sachliches und logisches Denken sowie das Ausblenden der eigenen Emotionen. Auf dem Papier eine Leichtigkeit, doch wie setzt man das bitteschön in die Tat um?

Die erstaunliche Antwort: durch einen leichten Dreh am Lichtschalter. Ein Team von Wissenschaftlern um Alison

Jing Xu von der Rotman School of Management und Aparna Labroo von der Northwestern Universität konnte in Studien nachweisen, dass die Helligkeit der Umgebung enorme Auswirkungen auf die eigenen Emotionen hat.

Im Klartext: Helle, lichtdurchflutete Räume schaffen eine Atmosphäre, in der unsere Emotionen aufblühen. Mit dem Licht dimmen wir aber zugleich auch unsere Gefühlslage, die (hochgekochten) Emotionen machen dem Verstand Platz. Das spricht für Paarentscheidungen bei Kerzenschein.

SCHMETTERLINGE IM BAUCH MACHEN AUCH NICHT SATT

ENTSCHEIDEN – IN DER LIEBE

Die Musik, der Tanz, die Farben berauschen Romeos Sinne, lassen sein Herz rasen, seine Haut kribbeln. Er beugt sich über das Waschbecken, spritzt sich eiskaltes Wasser ins Gesicht, versucht wieder zu sich zu kommen. Neugierig schaut sich der junge Montague um, bleibt fasziniert am Aquarium hängen. Gebannt betrachtet er, wie die Fische schwerelos durchs Wasser schweben, sich an die Korallen anschmiegen, inmitten der blauen Idylle taucht plötzlich etwas auf – ein smaragdgrünes Auge.

Völlig unerwartet erscheint auf der anderen Seite des Aquariums eine junge Frau. Das lange Haar fällt ihr sanft ins Gesicht, die vollen Lippen hat sie zur Andeutung eines Lächelns verzogen. Ein bisschen verknautscht steht Romeo da: Sein aschblondes Haar klebt tropfnass an seiner Stirn. Von Julias Schönheit überwältigt, muss er schlucken, kann nichts mehr tun als sie anzustarren. Ihre Blicke treffen sich, und schlagartig ist es um beide geschehen, noch in diesem Moment verlieben sie sich unsterblich ineinander.

Es ist Liebe auf den ersten Blick: Romeo und Julia, die bekannteste Liebesgeschichte der Weltliteratur, greift Regisseur Baz Luhrmann in seiner gleichnamigen Verfilmung auf und erzählt William Shakespeares Drama auf moderne Art und Weise. Luhrmann lässt Romeo und Julia auf dem Maskenball der Capulets, Julias Familie, aufeinandertreffen, kurz nachdem Romeo sich, als Ritter verkleidet, dort heimlich eingeschlichen hat.

Und wie sieht es außerhalb des Kinos aus: Gibt es die Liebe auf den ersten Blick? Oder haben sich Autoren und Regisseure das alles bloß ausgedacht?

Ja, es gibt sie, die Liebe auf den ersten Blick, sagen Evolutionspsychologen. Schon in der Antike kennt man das Phänomen und spricht davon, von »Amors Pfeil« getroffen zu werden. Ein flüchtiger Blick, ein Lächeln, eine kurze Berührung reichen aus, damit es klick macht.

Rund 50 Prozent der Paare verlieben sich auf den ersten Blick, schreibt der Paartherapeut und Autor Wolfgang Krüger. Bei den anderen entwickle sich die Zuneigung erst langsam, nach jahrelanger Freundschaft oder Zusammenarbeit im Job. Verstanden hat man sich schon immer gut, irgendwann kommt dann ein Schlüsselereignis (»Und es hat Zoom gemacht«, Klaus Lage), das beiden klarmacht, dass der oder die andere mehr ist als ein Freund.

Dabei stellt uns die Partnerwahl immer wieder vor die Fragen: Wer passt zu mir und welche Kriterien spielen eine Rolle?

Das Folgende klingt jetzt natürlich furchtbar unromantisch. Aber ob bewusst oder unbewusst: Bei der Suche nach einem passenden Partner geht es uns zunächst und vor allem um den Urtrieb, uns fortzupflanzen. Glücklicherweise merken wir diesen Instinkt nicht so deutlich, sondern spüren eher die Schmetterlinge im Bauch. Anfangs jedenfalls.

KRITERIEN DER PARTNERWAHL – ODER WIE LIEBE ANFÄNGT

Wie haben Sie Ihre bessere Hälfte kennen- und lieben gelernt? Zufällig an der Theke einer Bar oder auf einer Party von Freunden? Dann können Sie doch sicher auch erklären, warum Sie sich für den schüchtern lächelnden Kerl entschieden haben und nicht für das stattliche Muskelpaket … Können Sie nicht? Dann geht es Ihnen wie Blaise Pascal. Der französische Philosoph wusste: »Das Herz hat seine Gründe, von denen der Verstand nichts weiß.«

Damit spielte er auf die tiefer liegenden Motivationen an, die hinter der Partnerwahl stecken. Die Wissenschaft wird glücklicherweise nie müde, diese weiter und weiter zu erforschen und uns dabei immer wieder zu beobachten.

Und was für eine bessere Gelegenheit gäbe es da als das moderne Speeddating? Ein organisiertes Treffen, bei dem paarungswillige Singles für einige wenige Minuten in Kontakt treten. Das dachte sich auch der amerikanische Psychologieprofessor Robert O. Kurzban und wertete die Daten von insgesamt 10 000 solcher Speeddating-Teilnehmer aus.

Klassischerweise läuft ein Speeddating so ab: Acht bis zehn ungebundene Männer und Frauen sitzen sich gegenüber und haben drei Minuten Zeit, um herauszufinden, ob einem das Gegenüber sympathisch ist oder nicht. Nach Ablauf der Zeit ertönt ein Gong, und die Herren wandern einen Tisch weiter und lernen die nächste Dame kennen, bis alle Singles miteinander einmal ins Gespräch gekommen sind. Nach jedem Gespräch geben beide an, ob sie den anderen wiedersehen möchten. Kommt es zu einer Übereinstimmung, werden die Kontaktdaten ausgetauscht.

Obwohl die Singles drei Minuten dafür haben, stellte Kurzban bei seiner Analyse fest, dass die Entscheidung, ob es gefunkt hat oder nicht, bereits nach drei Sekunden fällt. Noch mal: drei Sekunden!

Einkommen, Ausbildung, Alter, Religionszugehörigkeit, Raucher oder Nichtraucher – all das spielt keine Rolle. Beim ersten Aufeinandertreffen zählt nur ein einziges Kriterium: die äußere Attraktivität.

Schönheit liegt zwar bekanntlich im Auge des Betrachters, doch für physische Attraktivität konnten Wissenschaftler einige universelle Magnete ausfindig machen:

- **Ein symmetrisches Gesicht.** Menschen mit einem symmetrischen Gesicht wirken sofort sympathisch. Das konnten Wissenschaftler mithilfe der sogenannten Chimärengesichter, also Porträts, die am Computer durch das Spiegeln der jeweiligen Gesichtshälfte erzeugt werden (so ein Gesicht besteht dann entweder aus zwei linken oder zwei rechten Gesichtshälften), nachweisen. Diese waren tendenziell anziehender als das normale Konterfei mit zwei ungleichen Hälften.

- **Ausgewogene Proportionen.** Liegt das Verhältnis von Taillenumfang zu Hüftumfang bei einer Frau bei 0,7, signalisiert das Fruchtbarkeit. Auch wenn die Mode- und Kosmetikindustrie Frauen das Gegenteil weismachen will, magere Körper sind nicht attraktiv – evolutionär gesehen sogar widersinnig. Bei Männern liegt das optimale Verhältnis von Taille zu Hüfte bei einem Wert zwischen 0,9 und 1,0. Dieser Wert lässt wiederum auf einen hohen Testosteronspiegel schließen und damit auf sexuelle Potenz.

- **Eine ebenmäßige Haut.** Eine glatte, intakte Haut ist ein Zeichen für Vitalität und Jugend. Sie verrät viel darüber, was in uns passiert, seelisch und körperlich. Nicht von ungefähr wurde der Pflege der Haut schon immer viel Bedeutung beigemessen. Die legendär schöne Kleopatra soll in Eselsmilch gebadet haben, um Haut und Körper schön zu erhalten.

- **Ein gelblicher Teint.** Mit gelblich sind an dieser Stelle nicht die richtig harten Gelbtöne wie etwa bei einer veritablen Leberzirrhose gemeint, sondern ein leichter Gelbstich. Carmen Lefevre von der britischen Universität von York konnte bei ihren Studien zeigen, dass wir Gesichter mit leichtem Gelbstich deutlich den eher weißlichen oder gräulichen bevorzugen. Das hat aber nichts mit der Bräunung im Sommer zu tun, sondern vielmehr mit dem Anteil der Carotinoide in der Haut. Carotinoide sind Farbstoffe, die überall in der Natur vorkommen: Sie färben die Banane gelb, machen die Möhren orange, Tomaten rot und geben Tierfellen und -federn eine gelbliche Farbe. Beim gelblichen Teint schwingt im Subtext ebenso wie bei der ebenmäßigen Haut mit, dass das betreffende Gegenüber gesund ist.

- **Lange Beine.** Überdurchschnittlich lange Beine lassen Frauen attraktiver wirken. Das wiederum fanden polnische Wissenschaftler heraus. Das gilt sogar unabhängig von der Körpergröße. Dazu manipulierten die Forscher Fotos von Frauen und verlängerten deren Beine auf den Bildern um fünf Prozent. Das Ergebnis wurde anschließend nach Attraktivität bewertet, Resultat: Das Optimum lag bei zehn Prozent über Normalmaß. Danach ist aber Schluss: Beine mit bis zu 15 Prozent Abweichung wirkten stelzig.

- **Feminine und maskuline Züge.** Frauen macht die Kombination aus Reifekennzeichen (hohe, konkave Wangen) sowie infantilen Signalen (großer Kopf, gewölbte Stirn, große runde Augen, Stupsnase, kleines Kinn) attraktiv. Der Prototyp einer solchen Kindfrau ist übrigens Brigitte Bardot. Frauen wie sie lösen unbewusst einen Aufmerksamkeits- und Fürsorgereflex aus. Was die Attraktivität von Männern angeht, ist die Sache komplizierter: Noch wird darüber debattiert, ob maskuline Züge Männer wirklich attraktiver machen. Es gibt Studien, wonach Frauen Männer mit ausgeprägtem Kiefer und kräftigen Augenbrauen bevorzugen. Gleichzeitig lässt eine hohe Maskulinität Männer aggressiv wirken, was die Studienteilnehmerinnen gar nicht schätzten. David Perrett von der schottischen Universität St. Andrews fand etwa heraus, dass Frauen in Industrieländern Männer mit femininen Zügen anziehender finden.

Dass Attraktivität bei der Partnerwahl in hohem Maß mit entscheidet, ist natürlich keine bahnbrechend neue Erkenntnis. Fragt man Menschen danach, was der Traummann oder die Traumfrau denn bitte schön mitbringen sollte, wird aber meistens auf Charaktereigenschaften wie »Ehrlichkeit« oder »Humor« verwiesen. Kaum einer möchte zugeben, dass das Aussehen besonders wichtig ist, denn das wirkt latent oberflächlich und auch irgendwie unreif: Schönheit ist schließlich vergänglich, innere Werte aber bleiben. Unterbewusst handeln wir anders. Warum sonst quälen wir uns nach Feierabend im Fitnessstudio oder bedecken unsere Haut mit Quark und Gurkenscheiben, um sie geschmeidiger und glatter zu machen? Spontan würden die meisten sagen, dass sie das natürlich nur für sich selbst tun und ihren Körper pflegen wollen. Insgeheim wissen wir aber auch, dass eine gute Figur Pluspunkte bei einer potenziellen Partnerwahl bringt. Und wer weiß, vielleicht gibt es da ja noch eine bessere Wahl als die aktuelle? Vielleicht begegnen wir morgen schon Mr oder Mrs Right?! So ganz entschieden sind dabei eben die wenigsten.

Vor allem Männer achten auf die Attraktivität ihres Partners. Lars Penke, Psychologe an der Berliner Humboldt-Universität, absolvierte dazu gemeinsam mit Wissenschaftlern aus London und Edinburgh eine Studie mit 20 Frauen und 26 Männern, die diese beim Fastdating (einer noch schnelleren Form des Speeddatings) beobachtete. Vor dem Fastdating-Treffen füllten alle Teilnehmer einen Fragebogen aus, in dem sie ihre Kriterien für die Partnerwahl angaben. Sowohl die Männer als auch die Frauen führten – wenig überraschend – auf, dass ihnen der Charakter wichtig sei. Beispielsweise suchten die Männer eine Frau, die ihnen »ebenbürtig« war.

Als die Teilnehmer jedoch nach dem Fastdating gefragt wurden, wen sie gerne ein zweites Mal treffen würden, zeigte sich, dass sie sich so gar nicht an ihre eigenen Vorgaben hielten. Insbesondere bei den männlichen Teilnehmern überstrahlte das Kriterium Attraktivität alle anderen: Wer zuvor noch auf der Suche nach einem Familienmenschen war, entschied sich plötzlich für eine Frau, die keine Kinder wollte – allerdings sah die dafür verdammt gut aus.

Aber bedeutet das jetzt, dass nur noch die Scarlett Johanssons dieser Welt einen Partner finden? Ganz und gar nicht! Attraktivität ist nicht mehr als ein erster Köder, der für Aufmerksamkeit beim anderen Geschlecht sorgt. Glücklicherweise treffen die meisten von uns die Partnerwahl ja auch nicht in drei Sekunden, sondern lassen sich dafür mehr Zeit. Schließlich ist Schönheit längst kein Garant für eine gute Beziehung.

Derweil – insbesondere, wenn es etwas körperlicher wird – bestimmt ein weiteres unbewusstes Kriterium unsere Partnerwahl: die 'Genetik. »Liebe geht durch den Magen«, heißt es zwar umgangssprachlich. Dabei müsste es heißen: *Liebe geht durch die Nase.* Das jedenfalls glauben heute zahlreiche Evolutionsbiologen. Im Tierreich ist das ganz üblich: Mithilfe von Duftstoffen locken Säugetiere und Insekten potenzielle Geschlechtspartner an. Diese Lockstoffe werden auch *Pheromone* genannt, sind aber dem Tierreich nicht allein vorbehalten. Auch jeder Mensch hat seine ganz persönliche Duftnote, die so einzigartig ist wie unser Fingerabdruck.

In dieser Duftnote sind zahlreiche Informationen verschlüsselt. So erkennt zum Beispiel ein Neugeborenes seine Mutter am Geruch. Die Information, die uns dann bei der Partnerwahl beeinflusst, ist jene, die über unser Immunsystem verarbeitet wird. So konnte etwa Manfred Milinski, Evolutionsbiologe am Max-Planck-Institut, mit seinen Experimenten zeigen, dass Frauen buchstäblich riechen können, welcher Mann am besten zu ihnen passt – hauptsächlich, damit der gemeinsame Nachwuchs die optimale genetische Ausstattung bekommt.

»Optimal« bedeutet in diesem Zusammenhang, dass das Kind genetisch gut gegen Krankheiten gerüstet ist. Milinski ließ dazu die Frauen ausgiebig an durchgeschwitzten Männer-T-Shirts riechen (ich weiß, fieses Kopfkino! Sorry.). Anschließend sollten sie entscheiden, welcher Geruch anziehend auf sie wirkte. Das Ergebnis war erstaunlich: Unbewusst bevorzugten die Probandinnen jene Herren, deren Geruch auf eine andere immungenetische Ausstattung hindeutete – und damit das eigene Immunsystem optimal ergänzte. Und tatsächlich: All diese Informationen sind in unserem Schweiß kodiert.

Zu Recht werden Sie jetzt einwenden, dass Schweiß doch alles andere als betörend ist. In der Steinzeit, als Männer noch im ledernen Lendenschurz herumliefen, mag Frau sich von durchdringendem Schweißgeruch womöglich noch angezogen gefühlt haben. Heute aber tun wir alles, um diesen olfaktorischen Reiz zu vermeiden – mit Seifen, Parfums und Deodorants. Aber denkste! Wir überdecken damit vielleicht unsere persönliche Duftnote ein wenig. Doch ist unser unterbewusster Kompass so zielsicher, dass wir uns instinktiv mit jenen Parfums beträufeln und beduften, die unseren eigenen Körpergeruch unterstützen. Die Wahl Ihres Parfums ist somit keinesfalls eine modische Geschmacksfrage.

Sie wissen jetzt schon mal, dass Sie bei der Partnerwahl – entgegen allen sozial erwünschten Bekenntnissen – vor allem nach dem Äußeren gehen und unterschwellig auf ein möglichst unterschiedliches Immunsystem achten. Was die gesamtgenetische Ausstattung angeht, bevorzugen wir allerdings Partner, die uns möglichst ähnlich sind. Auch das ist natürlich erklärungsbedürftig.

Als etwa Benjamin Domingue von der Stanford Universität das Erbgut von 825 Paaren studierte, suchte er bewusst nach jenen Bausteinen, die dafür bekannt sind, uns zu unterscheiden. Aber was für eine Überraschung: Die Gene ähnelten sich bei den Paaren mehr als bei zwei zufällig ausgesuchten Menschen. Oder anders formuliert: Genetisch ähnliche Menschen finden eher zusammen als andere.

Warum das so ist? Für den Forscher liegt einer der Gründe darin, dass wir auf Basis von äußeren Gegebenheiten, wie beispielsweise der Körpergröße, entscheiden. Eine große Frau sucht sich demnach eher einen großen Mann. Diese Ähnlichkeit findet sich aber auch in den Genen der beiden wieder.

Der amerikanische Sexualforscher John Money ging noch einen Schritt weiter. Ihm zufolge entwerfen wir bereits zwischen dem fünften und achten Lebensjahr, also Jahre vor der eigentlichen Partnersuche, einen exakten Bauplan unserer Traumfrau oder unseres Traummannes. Der Sexualforscher nennt dieses Bild etwas verklärt *Liebeskarte.*

Das Material für diese Liebeskarte liefern die kindlichen Erfahrungen: Wir prägen uns ein, wenn Mama zuhört, herzt und tröstet, oder wenn Papa lacht und schimpft. Kinder ordnen diese Eigenschaften der Eltern in jene, die anziehend sind, und jene, die abstoßen. Mit den Jahren fügen sich diese Erfahrungen zusammen und tauchen bei der Partnerwahl – ohne dass wir es merken – wieder auf.

Die einen spricht dann ein Arztkittel instinktiv an, die anderen sind vom Ordnungsfimmel abgestoßen – Dinge, die uns unbewusst vertraut sind. Das schallende Lachen, die zarten Hände, die kleine Nase, die lustigen Grübchen – beim ersten Aufeinandertreffen, dem Moment des Verliebens, kommen unzählige kleine Merkmale zusammen, die dafür sorgen, dass wir uns zu dem einen hingezogen fühlen und zu dem anderen nicht. Diese kindliche Prägung und die daraus resultierende Liebeskarte bewirkt, so Money, dass wir bei einer Vielzahl von Partygästen nur mit dem/der einen flirten, der/die in unseren Augen unwiderstehlich ist, während dieselbe Person der besten Freundin/dem besten Freund nicht einmal auffällt.

Und noch ein Faktor bestimmt, warum wir uns in jemanden vergucken. Laut der amerikanischen Anthropologin und Ethnologin Helen Fisher braucht es dazu die Jagd. Unseren Liebespartner wollen wir erobern – Männer wie Frauen. Das Geheimnisvolle am anderen reizt uns. Diese These sieht Fisher in Beobachtungen von Kindern, die in einem israelischen Kibbuz lebten, bestätigt. Während die Eltern arbeiteten, wuchsen die Kinder gemeinschaftlich auf. Studien zufolge kam es so gut wie nie zu Ehen in der Gruppe. »Ohne Geheimnisse keine romantische Liebe«, folgerte die Anthropologin.

Was den Jagdtrieb noch verstärkt, sind laut Fisher Hindernisse: Ist jemand schwer zu haben, steigert das unser Interesse an der Person – wie bei Romeo und Julia. Die beiden wussten, dass sie aufgrund der Familienfehde nicht zusammen sein durften, doch das machte das Verlangen nur noch größer.

Fassen wir also noch einmal zusammen: Es sind vor allem die folgenden vier Kriterien, die beeinflussen, für welchen Partner wir uns entscheiden:

1. **Die Attraktivität.** Es ist das Kriterium, das innerhalb der ersten Sekunden des Kennenlernens den entscheidenden Ausschlag gibt. Der Köder sozusagen. Vor allem ein hübsches Gesicht, glatte Haut und gelblicher Teint führen dazu, dass wir den Wunsch verspüren, den anderen näher kennenzulernen.

2. **Die Genetik.** Das Unterbewusstsein signalisiert uns, wer genetisch am besten zu uns passt, um gemeinsam gesunden Nachwuchs zu zeugen. Frauen haben ein feines Näschen für den Mann, der ihr Erbgut so ergänzt, dass für Kinder ein stabiles Immunsystem gewährleistet wird. Auch wenn sich in Bezug auf das Immunsystem die Gene der Partner unterscheiden, ähneln sie sich bei Ehepaaren im Gesamtbild.

3. **Die Prägung durch die Eltern.** Unsere Partnerwahl treffen wir nicht ganz vorbehaltlos. Die Art, wie wir unsere Eltern als Kinder erleben, hat Auswirkungen darauf, welchen Partner wir uns zu einem späteren Zeitpunkt aussuchen.

4. **Der Jagdtrieb.** Nur selten verlieben wir uns in jemanden, den wir schon unser ganzes Leben lang kennen. Damit es funkt, braucht es die Herausforderung, jemanden zu erobern.

DARUM ENTSCHEIDEN VERLIEBTE IRRATIONAL

Liebe ist nicht nur Romantik und Leidenschaft. Wenn wir uns verlieben, herrscht im Gehirn höchster Ausnahmezustand. All die Gefühle und Emotionen, die wir empfinden, entstehen durch chemische Reaktionen im Kopf. So wissen Hirnforscher aus der funktionellen Kernspintomografie (fMRI) heute, dass Verliebte eine erstaunlich hohe Konzentration an Dopamin, Noradrenalin und Phenethylamin aufweisen. Dieser Hormoncocktail löst all die Symptome aus, die wir aus der Sturm-und-Drang-Phase kennen: Herzklopfen, Euphorie, Glücksgefühle. Oder anders gesagt: Verliebtheit zündet nicht im Herzen, sondern entspringt vielmehr einer chemischen Reaktion im Gehirn.

Der Nebeneffekt ist allerdings: Die Aktivität des präfrontalen Cortex, das Hirnareal, das für rationale Entscheidungen zuständig ist, wird derweil heruntergefahren. Kurz: Wir handeln kopflos bis obsessiv.

Die italienische Wissenschaftlerin Donatella Marazziti von der Universität Pisa fand zum Beispiel heraus, dass bei Verliebten der Serotoninspiegel sinkt. Effekt: Ähnlich wie bei Zwangsneurotikern kreisen die Gedanken von Verliebten nur um den oder die Angebetete. Auch die Konzentrationsfähigkeit schwindet. Bei ihren Testpersonen lag dieser Serotoninwert durchschnittlich 40 Prozent unter dem Normalwert. So ganz zurechnungsfähig ist man damit nicht mehr.

BERUF KOMMT VON BERUFUNG, ODER?

ENTSCHEIDEN – BEIM JOB

Es ist ein Klassiker. Wann immer sich zwei Fremde kennenlernen – auf einem Kongress, in einem Restaurant, an der Bar oder auf einer Party –, irgendwann fällt die obligatorische Frage: »Und was machen Sie so beruflich?« Eine Frage, mit der man eigentlich nie falsch liegen kann. Sie gibt dem Gesprächspartner die Gelegenheit, ein wenig über sich selbst zu erzählen, gleichzeitig zeigt man aufrichtiges Interesse, kann mehr über den anderen erfahren sowie neue Anhaltspunkte für das weitere Gespräch finden.

Viel spannender als die Frage: »*Was* machen Sie eigentlich beruflich?«, ist allerdings die nach dem Grund: »*Warum* machen Sie das beruflich?« Jetzt nicht unbedingt als Einstieg beim Smalltalk – das wirkt latent vorwurfsvoll –, aber durchaus gedanklich. »Ach, da bin ich einfach so reingeschliddert«, wäre vielleicht manchmal die ehrliche Antwort, wenn auch eine ziemlich unbefriedigende. Viel zu zufällig, passiv und unentschlossen wirkt sie.

Die meisten können sich noch gut daran erinnern, wie sie kurz vor dem Ende der Schulzeit von den Eltern oder auch von Freunden gefragt wurden: »Was willst du eigentlich mal machen, wenn du mit der Schule fertig bist?« Gute Frage! Viele stammeln dann irgendwelche Wunschvorstellungen, imaginieren Karrieren und Jobprofile, denken an finanzielle Freiheit und Selbstverwirklichung. Irgendwas davon wird man schon finden. Heraus kommt dann leider oft ein Arbeitsplatz, an dem man acht Stunden täglich absitzt und sich anschließend wieder auf den Heimweg macht. Unser Leben ist dann wie ein Song von Rihanna: »Work, work, work, work, work« – und den Rest verstehen wir nicht.

Dabei sollte der Beruf doch etwas sein, das die Persönlichkeit ausmacht und widerspiegelt – etwas, das man selbst ist.

Wir alle wollen einen Beruf finden, der uns langfristig glücklich macht und erfüllt, der uns vor Herausforderungen stellt, aber nicht überfordert, der unseren Vorlieben entspricht und Aufstiegsmöglichkeiten bietet, aber möglichst wenig Stress mit sich bringt und genügend Freizeit für Hobbys und die Familie lässt. Bei so vielen Ansprüchen ist es eigentlich kein Wunder, dass uns diese vor eine der schwersten Entscheidungen stellen, die das Leben bereithält.

Aber nehmen Sie sich doch wieder einmal die Zeit für einen kurzen Selbsttest und stellen Sie sich gerade mal der Frage: »Was machen Sie beruflich?«

Wie würden Sie antworten – ganz spontan? Welche Formulierung kommt Ihnen dabei instinktiv in den Sinn?

Die meisten antworten so was wie: »Ich bin Bürokauffrau«, »Ich bin Elektriker«, »Ich bin Immobilienmaklerin«, »Ich bin Einzelhandelskaufmann«, »Ich bin Lehrerin«. Sie werden ohne groß darüber nachzudenken diese Version wählen. Und das ist auch gut so. Denn allein diese Wortwahl kann einiges darüber verraten, wie zufrieden jemand mit seiner aktuellen beruflichen Situation ist und ob wir wirklich für das brennen, was wir tun.

Wie das? Lassen Sie mich einen Alternativvorschlag machen, den man zuweilen auch hört: Statt »Ich bin Arzt« könnte die betroffene Person auch sagen: »Ich arbeite in der Stadtverwaltung« oder »Ich bin Angestellter«. Merken Sie was? Genau: In der zweiten Variante wird die eigene berufliche Tätigkeit nicht mit der Persönlichkeit in Verbindung gebracht, sondern lediglich als Arbeit beschrieben – für jemand anderen. Die Art, wie wir auf die Frage antworten, sagt also schon viel darüber aus, wie sehr wir uns mit unserem Beruf identifizieren und diesen gar als Berufung empfinden. Oder eben nur als Job und Broterwerb.

Doch zurück zur Ausgangsfrage: Wie und warum wählen wir unseren Beruf überhaupt aus? Auch hier fallen den meisten auf Anhieb viele methodische Wege ein, indem sie ihre Stärken und Talente erforschen, dazu passende Berufsprofile, Arbeitsmarktchancen und Ausbildungswege analysieren und vergleichen und schließlich den für sie besten Weg wählen. Wirklich kein schlechtes und durchaus systematisches Vorgehen. Dazu steht Ihnen schließlich das gesamte Arsenal an Entscheidungstechniken und Auswahlmethoden zur Verfügung, das Sie bereits aus dem neunten Kapitel kennen.

Allerdings, und das ist das Überraschende, ist unsere Berufswahl längst nicht so unabhängig, wie wir meinen. Natürlich steht es jedem grundsätzlich frei, den Beruf zu ergreifen, den er oder sie selbst ausüben möchte. Leider wählt dabei aber die sogenannte *latente Prägung* jedes Mal mit. Und zwar kräftig.

Da sind zum einen ökonomische Kriterien: Sind die Aussichten für eine Branche oder einen Berufszweig alles andere als rosig, entscheiden sich viele im Zweifelsfall lieber opportun – gegen den Berufswunsch und für finanzielle Sicherheit. Blöd halt, wenn wir dabei einem Schweinezyklus aufsitzen und am Ende eine Profession ausüben, für die es inzwischen kaum noch eine Nachfrage gibt.

Auch soziale Faktoren limitieren die Berufswahl. Wir betrachten ganz genau, welche Berufe in unserer Familie ausgeübt werden, nehmen auf, wie die Karrierepläne der besten Freunde aussehen und bekommen auch mit, was Schulkameraden nach dem Abschluss planen. Das alles prägt uns. Enorm.

Sogar wer sich bewusst von den anderen unterscheiden und abheben will, ist in seiner Wahl alles andere als frei – er schließt die Berufe der Personen aus, mit denen er eben nichts zu tun haben will, obwohl die vielleicht zu ihm besonders gut passen.

Ähnlich verhält es sich mit den typischen Geschlechterrollen: Zwar weichen die Grenzen zwischen Männer- und Frauenberufen immer weiter auf, doch zeigt sich gerade bei Schülern, dass die Verteilung im Denken noch sehr präsent ist. Danach sehen sich Jungen nach wie vor am ehesten in technischen oder kaufmännischen Berufen. Mädchen streben hingegen in medizinische, soziale und künstlerische Branchen.

Die latente Prägung zeigt sich sogar bei der Jobsuche selbst. Ich selbst betreibe ja mit Karrieresprung.de eine Jobbörse, auf der sich jeden Monat rund zwei Millionen Menschen nach neuen Jobangeboten umsehen. Die Anfragen sind natürlich komplett anonym, sie lassen sich aber trotzdem statistisch auswerten. Und so können wir dort – wie unsere Kollegen in anderen Online-Jobbörsen sicher auch – jedes Mal beobachten, dass die Besucher ganz gezielt nach konkreten Jobprofilen suchen. In die Suchmaske kann man logischerweise aber nur die Begriffe eingeben, mit denen man – aus seiner bisherigen Erfahrung oder eben durch Freunde oder Familie – vertraut ist. Und so kann das Ergebnis eben auch nichts Neues bringen, sondern nur eine Entscheidung für oder gegen etwas sein, das einem schon bekannt war.

Kurzum: Durch die eigene latente Prägung erschließen wir uns keine neuen Horizonte, sondern schmoren regelrecht im eigenen Saft. Das Konzept der freien Berufswahl wird dadurch tendenziell ad absurdum geführt, zumindest aber enorm eingeschränkt. Wir wählen, was wir kennen.

Im Umkehrschluss bedeutet das: Wollen Sie freier wählen und den Beruf finden, der am besten zu Ihnen passt, sollten Sie unbedingt Ihren Horizont erweitern – entgegen den bisherigen Interessen. Richten Sie in den Medien bewusst den Blick auf Jobs, von denen Sie noch nie etwas gehört haben, und lesen Sie darüber alle Artikel, sobald Sie irgendwo etwas entdecken: Was macht ein XYZ? Wie sieht sein Alltag aus? Was benötigt man dazu? Gerade rund um die neuen Medien und die Digitalisierung entstehen gerade zahlreiche neue Berufe, an die wir vor fünf Jahren noch nicht einmal gedacht haben, geschweige denn einen Namen dafür hatten. Die Welt wartet vielleicht nicht unbedingt auf Sie (das tut sie sowieso für keinen von uns), aber womöglich haben Sie schon lange genau auf dieses Berufsprofil gewartet. Wäre doch schade, wenn Sie diese Chance verpassen, nur weil die latente Prägung zuweilen noch latente Ignoranz im Schlepptau hat.

SELBSTVERWIRKLICHUNG VERSUS BESTMÖGLICHE BEZAHLUNG

Wer über eine möglichst unvoreingenommene Berufswahl nachdenkt, kommt an zwei Themen nicht vorbei: der Selbstverwirklichung und dem Geld.

Der erste Begriff wabert spätestens seit den Siebzigerjahren durch die Breite der Gesellschaft. Das Wirtschaftswunder hat uns wählerischer werden lassen. Die Arbeit dient uns seitdem nicht mehr allein zur Einkommenserzielung, sie muss auch sinnstiftend sein und zu weit Größerem von Nutzen. Interessanterweise gibt es seit Ende der Neunziger-, Anfang der Nullerjahre eine andere Entwicklung: Viele suchen nun eher nach der sogenannten Work-Life-Balance. Was ähnlich klingt, in Wahrheit aber eine komplett gegensätzliche Sichtweise ist.

Nix mehr mit Selbstverwirklichung im Job. Work-Life-Balance suggeriert einen Gegensatz, den es eigentlich gar nicht gibt: Wer arbeitet, der lebt nicht. Deshalb müssen beide Pole ständig ausgeglichen werden.

Auch wenn das kurz auf ein Nebengleis führt: Ich halte den Begriff für groben Unfug. Leben und Arbeit können wunderbar symbiotisch miteinander verbunden sein, einander stärken und befruchten. Der allzeit perfekte Ausgleich, die virtuose Balance zwischen Beruf und Privatleben gelingt ohnehin nicht – es ist eine Illusion, an der allerdings manche Trainer und Autoren famos verdienen.

Der Mensch ist von Natur aus unausgeglichen. Und das ist auch gut so: Unausgeglichenheit ist unser Motor für Engagement und Kreativität. Zahlreiche Unternehmer, Manager oder Leistungsträger sind gerade deshalb so erfolgreich, weil sie von dieser inneren Unruhe getrieben werden und sich ständig verbessern wollen. Balance und Ausgeglichenheit sind eher eine Frage von Lebensepisoden. Wenn überhaupt, dann gibt es so etwas wie *Lebensbalance*: Jeder Abschnitt verlangt von uns neue individuelle

KAPITEL 16 BERUF KOMMT VON BERUFUNG, ODER?

Prioritäten, bei denen wir uns immer wieder neu entscheiden müssen. Mal hat der Beruf Vorrang, mal das Private. Es geht also nicht um die Balance von Leben und Arbeit, sondern um den Rhythmus, den unser Leben bekommt – mit der Arbeit, in unserem Beruf.

Es gibt Phasen, die verlangen von uns volle Konzentration und vollen Einsatz. Vielleicht sogar über zehn, zwölf, 14 Stunden am Tag. Schlaf wird dann zur Mangelware, Freundschaftspflege zum Luxus. Aber diese Phasen gehen vorbei, und ihnen folgen in der Regel Zeiten des Ausgleichs und der Muße. Mal länger, mal kürzer. Allein diese Abwechslung sorgt schon in gewisser Weise für Balance. Und Spannung.

Oder eben für Selbstverwirklichung. Kaum jemand, der seinen Beruf liebt, sich dort ausleben und weiterentwickeln kann, wird die Stunden zählen, die am Abend doch bitte wieder ausgeglichen werden müssen. Trotzdem muss da in den vergangenen Jahren etwas passiert sein, was die Menschen von ihren Berufen und ihrer Berufung entfernt hat. Und ich glaube, das ist das Geld.

Man muss das wohl ganz nüchtern feststellen: Selbstverwirklichung und ein hohes Gehalt können sich zwar parallel entwickeln, ganz oft sind sie aber Rivalen, die uns dazu zwingen, uns zu entscheiden: Will ich einen Beruf, in dem ich mich selbst ausleben und verwirklichen kann – oder möglichst viel Geld verdienen?

Soll man sich voll und ganz seiner Leidenschaft zur Kunst verschreiben, die aber möglicherweise nur sehr unregelmäßige Einnahmen bringt und bereits nach kurzer Zeit mehr Belastung als Traumjob ist? Oder soll man doch das BWL-Studium durchziehen, das man zwar ganz spannend findet und das auch beruflich mehr Türen öffnet, wo jedoch deutlich weniger Herzblut drinhängt?

Ebenso kann es bei der Auswahl eines Arbeitgebers sein: Der kleine Betrieb bietet möglicherweise mehr Freiheiten, man kann sich selbst stärker einbringen, Ideen verwirklichen und Projekte anstoßen. Genau das, was man sich immer gewünscht hat. Die

Karriere im großen Konzern bringt dafür aber mehr als das doppelte Gehalt und die Chance, nach einigen Jahren ins gehobene Management aufzusteigen. Außerdem klingt es auch im Lebenslauf und vor Freunden schicker, wenn man sagen kann: »Aktueller Arbeitgeber: Audi« statt »Aktueller Arbeitgeber: Anton Müller GmbH«. Dafür hat man allerdings auch immer das Gefühl, nur ein Zahnrad in einem sehr großen Getriebe zu sein, ohne wirklich zu sehen, welchen Beitrag man selbst zum Gesamterfolg leistet.

DIE MASLOW'SCHE BEDÜRFNISPYRAMIDE

Eng mit der Selbstverwirklichung verbunden ist die sogenannte Maslow'sche Bedürfnispyramide – benannt nach ihrem Erfinder, dem amerikanischen Psychologen Abraham Maslow.

In seinen Studien befasste er sich mit den unterschiedlichen Stufen menschlicher Bedürfnisse und kam dabei zu dem Schluss, dass diese aufeinander aufbauen – was auch die

Form der Pyramide erklärt. Erst wenn die Bedürfnisse der unteren Stufen erfüllt sind, kann man sich demnach auf die höheren Ebenen konzentrieren. In den unteren Stufen finden sich die Grundbedürfnisse (sogenannte Defizitbedürfnisse) wie schlafen und essen, aber auch die Sicherheitsbedürfnisse – wozu die Arbeit und das Einkommen zählen. Fehlen sie, ist Zufriedenheit eine seltene Ausnahme. Die Selbstverwirklichung bildet hingegen die Spitze der Bedürfnispyramide und wird erst dann relevant, wenn alle anderen Defizite beseitigt sind.

Das ist zwar ein sehr einfaches Konzept, das auch nicht unumstritten ist. Es zeigt aber, wie schwer die Entscheidung für die Selbstverwirklichung ist, wenn man sich vorher auf eine ganze Menge anderer Dinge konzentrieren muss – allen voran natürlich die finanzielle Versorgung. Laut Maslow schaffen es daher auch nur rund zwei Prozent der Weltbevölkerung, die Stufe der Selbstverwirklichung zu erreichen. Seien Sie also dankbar, falls Sie gerade dieses »Luxus«-Problem haben.

Das ist dann auch der Kern und Knackpunkt der Entscheidung, die wir rund um den Beruf treffen müssen. Zwar streben die meisten nach Selbstverwirklichung, scheuen aber die möglichen Konsequenzen, die damit verbunden sein können. Etwa, wenn man dafür auf den gut bezahlten und sicheren Job verzichtet und sich mit seiner Idee selbstständig macht.

Es kann viele Vorteile bringen, seinem Herzen zu folgen und sich nur auf das zu konzentrieren, was einen wirklich antreibt. Jeder, der schon einmal ein selbstgestecktes Ziel erreicht hat, wird sich noch gut an die Euphorie erinnern, die ihn dabei ergriffen hat. Aber es ist keinesfalls garantiert, dass es so kommt (allerdings ist es das auch in einer vermeintlich sicheren Festanstellung nicht, was nicht gerade wenige ausblenden).

Womöglich ist die Frage nach der Berufswahl aber auch schon im Ansatz völlig falsch gestellt. In dem Maß, in dem Kaminkarrieren abnehmen und sogenannte Patchwork-Laufbahnen zunehmen, wird die Frage nach dem »Was will ich werden?« immer obsoleter.

Bitte nicht falsch verstehen: Natürlich ist es wichtig, Ziele zu haben, sich für diese bewusst (!) zu entscheiden und diese anschließend auch konsequent und mit aller Leidenschaft zu verfolgen. Aber das *WAS* kann dabei eben immer wieder wechseln.

Sie müssen heute – glücklicherweise – eben nicht mehr auf Anhieb den einen optimalen Beruf für sich finden und sind dann auch nicht auf Lebenszeit festgelegt. Das ist zwar kein Freifahrtschein für einen leichtfertigen Umgang mit der Berufswahl – es nimmt dieser aber den finalen Druck.

Viel wichtiger ist, seine berufliche Entwicklung perspektivisch zu betrachten. Der erste Job mag ein wichtiges Sprungbrett sein, der Berufseinstieg eine Zäsur – aber er prägt nicht das Ende des Weges und schon gar nicht das Ziel. Denken Sie dabei bitte auch an andere Lebensbereiche: Partnerschaft oder Familie – und wie sich deren Entwicklung mit Ihren beruflichen Zielen im Laufe der Jahre vereinbaren lässt.

Die vielleicht wichtigere Frage klingt daher nur minimal anders, übt aber einen gigantischen Unterschied auf die persönliche Entwicklung und das Lebensgefühl aus:

WER will ich werden?

Bei dieser Formulierung ist es ähnlich wie bei den Fragen *Warum* versus *Wozu*: Sie klingen verwandt, nehmen aber eine ganz andere Perspektive ein. Wer sich fragt, *wer* er oder sie einmal werden will, konzentriert seine Ambitionen und seine Energie auf einen Bestandswert, der keinen Konjunkturzyklen unterliegt, der einem nie genommen werden kann und im Idealfall ständig im Wert steigt. Vor allem aber setzt es Ursache und Wirkung in ein gesundes Verhältnis: Karriere ist dann das, was während der Persönlichkeitsentwicklung passiert. Die Priorität aber liegt auf einem konkurrenzfreien Vorbild, dem man nur selbst nacheifern kann – weil man es so will und sich selbst dazu entschieden hat.

HOHE BONI FÜHREN ZU BESSEREN ENTSCHEIDUNGEN

Es ist eigentlich ein alter Hut, dass Geld Entscheidungen beeinflusst – spätestens seit den Skandalen über die Vergaben und Wahlen innerhalb der FIFA ist das vielen bewusst. Neben der allgegenwärtigen Korruption gibt es aber noch einen weiteren Effekt, den die Harvard-Wissenschaftler Shawn A. Cole, Martin Kanz und Leora Klapper entdeckt haben: Geld – in Form von hohen Boni und Zusatzzahlungen – führt zu besseren Entscheidungen bei Arbeitnehmern. Stellte man den Betroffenen einen höheren finanziellen Anreiz in Aussicht, wurden deren Entscheidungen sofort nachhaltiger, was laut den Wissenschaftlern daran lag, dass sich deren Motivation steigerte und eine genauere Prüfung der Alternativen vorgenommen wurde. Allerdings – und das sagen andere Studien – wirken solche *extrinsischen* Motivatoren nur kurzfristig. Entweder muss dann die Dosis (sprich: der Bonus) immer wieder erhöht werden, oder aber die Wirkung verpufft.

JOBWECHSEL ODER BLEIBEN?

Alle vier Jahre – so oft wechseln Fachkräfte im Durchschnitt ihren Job und Arbeitgeber. Das gilt für Fachkräfte aus betriebswirtschaftlichen Berufen, der IT, dem Ingenieur- und Gesundheitswesen sowie der Forschung und Entwicklung – und es sind mehr Jobwechsel als im Bundesdurchschnitt aller Arbeitnehmer, wonach in Deutschland jeder zweite Arbeitnehmer frühestens nach zehn Jahren den Arbeitgeber wechselt.

Zunehmend mehr Biografien gleichen dabei einem Mosaik. Die Verbundenheit mit dem Arbeitgeber spielt bei der Wechselbereitschaft erwartungsgemäß die größte Rolle. Überraschender aber ist: Das zweite Jahr ist offenbar das kritischste. Danach verlässt nahezu jede dritte Fachkraft (30 Prozent) ihren Arbeitgeber wieder. Knapp jeder Vierte plant, den Job nach zwei bis fünf Jahren zu wechseln. Und rund 15 Prozent springen schon nach weniger als einem Jahr wieder von Bord.

Hier und da können die Zahlen natürlich variieren. Solche Umfragen sind ja nur Momentaufnahmen. Die Ergebnisse aber bedeuten: Wir stehen in regelmäßigen Abständen vor dem Dilemma: bleiben oder gehen?

Klar, es gibt dabei ziemlich eindeutige Faktoren, die einem die Entscheidung abnehmen können: Akutes Mobbing etwa oder eine chronische Unverträglichkeit gegenüber dem eigenen Chef können dafür sorgen, dass man nur allzu schnell das Weite sucht. Zu Recht übrigens.

Allerdings ist es nicht immer so offensichtlich und einfach. Viel häufiger ist da nur dieses dumpfe Gefühl, das sich nicht so recht definieren oder greifen lässt. Direkt bei der ersten Unzufriedenheit zu kündigen – das erscheint den meisten dann aber doch zu überhastet und impulsiv. Auch zu Recht. Denn wer gedanklich mit einem Jobwechsel liebäugelt, sollte seine eigene Motivation und die Gründe hinter diesem Vorhaben genau analysieren.

Hierbei gibt es sowohl gute als auch schlechte Gründe, über die man sich im Klaren sein sollte. Die Kündigung ist im Zweifelsfall schnell verfasst und eingereicht, doch sind die damit verbundenen Konsequenzen leider oft viel weitreichender und vor allem langfristiger als manch schlechte Laune nach einer anstrengenden Woche im Job. Daher und gedacht als Entscheidungshilfe:

Gute Gründe für einen Jobwechsel

• **Gesundheit.** Frei nach Arthur Schopenhauer: »Gesundheit ist nicht alles, aber ohne Gesundheit ist alles nichts.« Wenn ein Job krank macht – egal, ob durch die Atmosphäre, den Stress oder die Kollegen –, sollte man die Notbremse ziehen und sich auf seine Gesundheit konzentrieren.

• **Unterforderung.** Nicht jede Aufgabe im Job kann eine Herausforderung sein, doch sollte Langeweile auch kein Dauerzustand sein. Jeder Job braucht Herausforderungen, an denen man wachsen kann.

• **Perspektiven.** Wir streben nach Entwicklung, wollen etwas erreichen und Ziele verwirklichen. Ist dies beim aktuellen Arbeitgeber nicht möglich, weil nahezu keine Beförderungen oder Fortschritte absehbar sind, geht schnell jeglicher Anreiz verloren – den ein anderes Unternehmen möglicherweise bieten kann.

Schlechte Gründe für einen Jobwechsel

• **Akuter Frust.** Jeder kann mal einen schlechten Tag haben, von der Arbeit genervt sein und keinen Bock auf gar nichts haben. Diese Phasen können sogar länger dauern. Doch sollte man nie aus der Wut heraus dem Chef vorschnell die Kündigung auf den Schreibtisch donnern – schon gar nicht, wenn diese mit deftigen Worten garniert wird. Dabei zerstört man leicht Brücken, über die man vielleicht noch mal gehen muss (und sei es nur für ein gutes Zeugnis).

• **Negatives Feedback.** Die Standpauke vom Chef, das sogenannte Come-to-Jesus-Meeting, hört sich niemand gerne an. Kritik ist immer unangenehm, besonders wenn sie zutrifft oder sich an etwas richtet, das einem wichtig ist. Doch Kritik ist kein Kündigungsgrund, sondern sollte sportlich genommen werden. Auch wenn sie im Kleid eines Ausrufungszeichens daherkommt, ist sie ein Doppelpunkt: Danach geht es weiter – vorzugsweise besser. Anders sieht es nur aus, wenn der Chef immer grundlos meckert, persönlich wird oder tagtäglich kein einziges gutes Haar an seinen Mitarbeitern lässt. Das wäre dann wieder ein veritabler Grund zum Abschied.

- **Grobe Fehler.** Einige Patzer im Job sind wirklich schwerwiegend. Der Arbeitgeber verliert eventuell einen wichtigen Kunden, und es war sogar die eigene Schuld. Vor Scham möchte man im Boden versinken und sich auf und davon machen. Besser nicht! Es zeugt von mehr Größe, die Verantwortung zu übernehmen, daraus zu lernen und dafür zu sorgen, den Fehler nie wieder und wiedergutzumachen.

ÄRGER MACHT ENTSCHEIDUNGEN RATIONALER

Man mag es kaum glauben, da Wut mit Rationalität eigentlich rein gar nichts zu tun hat. Doch Wissenschaftler um Maia Young von der Anderson School of Management in Kalifornien fanden heraus: Wer sich ärgert und sich richtig aufregt, bis das Blut kocht, trifft im Anschluss rationalere Entscheidungen.

Das dazugehörige Experiment ist zugegeben etwas gemein: Die ausgewählten Testteilnehmer sollten darüber diskutieren, ob eine Freisprechanlage das Autofahren beim Telefonieren sicherer mache. Zuvor wurden jedoch einige Kandidaten manipulativ auf die Palme gebracht. Als man die Diskutanten anschließend aufeinander losließ, hätte man ein einziges Hauen und Stechen erwarten können. Doch es kam anders. Wer sich vorher aufgeregt und geärgert hatte, griff bereitwilliger zu den konträren Texten und differenzierten Argumenten und war auch eher bereit, seine bisherige Meinung zu hinterfragen oder gar zu ändern. Die Forscher glauben, dass es für das Nervenkostüm zwar durchaus eine Belastung darstellt, bis zur Weißglut getrieben zu werden, der Ärger unterdrücke aber wiederum klassische Fehlfaktoren bei einer Entscheidung: Statt unbewusst nach Bestätigung der eigenen Ansicht zu suchen, sind wütende Menschen neuen Meinungen und Standpunkten gegenüber offener.

Falls Sie sich also gerade über den Job ärgern: Die Entscheidung – bleiben oder gehen – könnte dadurch nur durchdachter ausfallen.

Gleichwohl sind die schlechten Gründe kein Appell, sich mit der aktuellen Situation einfach abzufinden. Unzufriedenheit im Job sollten wir vielmehr als Signal oder Symptom erkennen, die Lage reflektieren und uns fragen:

- Wie lange besteht das Problem schon?
- Glaube ich, dass es ein vorübergehender Zustand ist?
- Haben meine Kollegen ähnliche Beschwerden?
- Kann ich mit meinem Chef darüber sprechen?
- Habe ich eine berufliche Alternative?

Wer hier ehrlich mit sich selbst ins Gericht geht – aber auch dem Arbeitgeber und der Situation gegenüber fair bleibt –, erkennt meist schnell, ob der Wunsch nach einem Jobwechsel nur temporärer Unzufriedenheit entspringt oder ob wirklich eine berufliche Veränderung notwendig ist.

WER BESSER ENTSCHEIDEN WILL, SOLLTE AUFSTEHEN

Die negativen Auswirkungen durch stundenlanges Sitzen am Arbeitsplatz sind Ihnen wahrscheinlich schon bekannt. Eine deutsche Studie setzt aber noch einen drauf: Nicht nur der Rücken leidet darunter, den ganzen Tag zu sitzen – die Entscheidungen leiden ebenso.

Frank Fischer von der Münchner LMU kam zu diesem Ergebnis, als er Probanden in einer Reihe von verschiedenen Testbüros arbeiten ließ – mal an ergonomischen Stühlen, mal an Pinnwänden oder an höhenverstellbaren Tischen. Dabei beobachtete er das Arbeitsverhalten und siehe da: Wer öfter mal im Stehen arbeitete, hatte 24 Prozent mehr Ideen und traf in 25 Prozent der Fälle auch bessere Entscheidungen als die sitzen gebliebene Fraktion.

SORRY, ICH KONNTE NICHT ANDERS!

DARUM RECHTFERTIGEN WIR UNSERE ENTSCHEIDUNGEN

Nach der Wahl ist vor der Wahl. Das ist aber jetzt gar nicht politisch gemeint, obwohl das Bonmot eigentlich dort herkommt. Mit der Wahl hört der Entscheidungsprozess vielmehr einfach noch nicht auf: Jede Entscheidung erzeugt meist einen Rechtfertigungsdruck. Erst recht, wenn deren Auswirkungen nicht nur uns selbst betreffen, sondern vielleicht die Familie, die Kollegen, die Mitarbeiter, das Unternehmen. Also wird man Sie über kurz oder lang mit der Frage konfrontieren: *Warum haben Sie sich so entschieden und nicht anders?*

Im Grunde eine gute Sache. So wird Wahnsinn und Willkür ein Riegel vorgeschoben. Im Idealfall. Das Wissen, sich hinterher für seine Entscheidung rechtfertigen zu müssen, verändert diese allerdings auch – und leider mal wieder nicht nur im Positiven.

Benjamin Scheibehenne von der Universität Basel machte bei seinen Experimenten folgende Entdeckung: Er präsentierte 119 Versuchsteilnehmern eine Liste mit karitativen Vereinen und Einrichtungen und fragte die Probanden, ob sie bereit wären, einen Euro zu spenden. Dabei waren die Teilnehmer in Gruppen eingeteilt und konnten je nach Gruppe zwischen fünf, 40 und 80 Vereinen wählen. Unter den Vereinen und Einrichtungen waren sowohl kleine, unbekannte als auch etablierte. Gleichzeitig wurde die eine Hälfte der Teilnehmer gebeten, ihre Wahl zu begründen.

Effekt: Wer seine Entscheidung rechtfertigen sollte, spendete bei einer größeren Auswahl prompt seltener als bei einer kleinen. Wer sich hingegen nicht rechtfertigen musste, war deutlich spendabler, unabhängig von der Zahl der zur Wahl stehenden Optionen.

Der amerikanische Verhaltensökonom Aner Sela von der Universität von Florida ging noch einen Schritt weiter. In einem seiner Versuche setzte er den Probanden verschiedene Eiscremesorten vor. Zur Auswahl standen Klassiker wie Schokolade und Sahnecreme, aber auch Sorbets mit Früchten und fettreduzierte Diätsorten. Sie ahnen schon: Mussten die Teilnehmer ihre Wahl begründen, wählten sie die gesunden Optionen, die sie in ein besseres Licht rückten.

Bereits der Gedanke, dass man sich im Nachhinein für die eigene Wahl rechtfertigen muss, kann ausreichen, um die Entscheidung zu beeinflussen. Um beim Beispiel zu bleiben: Wer möchte schon zugeben, dass er sich ein dickes Schokoladeneis gegönnt hat, einfach nur, weil es lecker ist, oder aus Frust, vor allem aber, ohne an irgendeine Kalorie zu denken?

Die Notwendigkeit einer Rechtfertigung zwingt uns dazu, unsere Entscheidungen mit Blick auf die Außenwirkung zu fällen – und eine gute Begründung parat zu haben. Stellen Sie sich vor, eines Ihrer Kinder kommt zu Ihnen und fragt: »Papa, warum hast du eigentlich die Mama geheiratet?« Schon der Gedanke, in dieser Situation nur herumdrucksen zu können, womöglich noch im Beisein der lieben Gattin, treibt vielen den Puls nach oben. Sogar verständlich, in dem Fall. Möglicherweise droht sonst eine Woche Nachtruhe auf der Wohnzimmercouch.

Wann immer wir eine Entscheidung treffen, erwartet unser Umfeld unausgesprochen, dass wir gute Gründe dafür gehabt haben. Den Studiengang wechseln, den Job hinschmeißen, in eine andere Wohnung ziehen, sich selbstständig machen, die Haarfarbe ändern oder nahezu jegliche andere Entscheidung: Ein simples *»Es erschien mir das Richtige zu sein«* reicht in der Regel nicht aus und sorgt höchstens für einen verwirrten Gesichtsausdruck, der kaum mehr aussagt als *»Was für ein beknackter Grund ist das denn?«*.

Leider findet sich in der Familie, unter Freunden oder Kollegen immer jemand, der die Entscheidung hinterfragt. Das ist zwar sein gutes Recht, aber der Druck, der dabei entsteht, ist vergleichbar mit Schuldgefühlen: Wenn sich etwas richtig anfühlt, will man es tun, ohne sich lange eine passende Begründung überlegen zu müssen. Wo bleibt denn da sonst die Spontaneität. Außerdem macht die Rechtfertigung eine Entscheidung so unfrei – gefühlt fremdbestimmt. Trotzdem sieht man sich verpflichtet, zu antworten, sich zu erklären und seine Wahl zu begründen. Schön blöd.

Wie schon gesagt: Man muss da differenzieren. Entscheidungen, deren Konsequenzen nur einen selbst betreffen, bedürfen keiner Rechtfertigung. Es ist zwar nie verkehrt, wenn man sich selbst bewusst macht, warum und wozu man eine Wahl getroffen hat. Aber das Ganze bleibt eben das: Privatsache.

Anders sieht es aus, wenn die Entscheidung unsere Mitmenschen tangiert. Dem Ehepartner, guten Freunden oder auch lieben Kollegen und erst recht dem Chef gegenüber sollte man schon eine Erklärung liefern können – und auch eine möglichst kluge. Alles andere wirkt ziemlich unreflektiert und, nun ja, wahllos.

EINE RUNDE ABSOLUTION

Neben dem gefühlten Zwang, sich rechtfertigen zu *müssen*, gibt es aber auch das Gefühl, sich unbedingt für seine Entscheidung rechtfertigen zu *wollen*. Also das Bedürfnis, die eigene Entscheidung vor anderen zu begründen und zu verdeutlichen, wieso man sich so und nicht anders entschieden hat.

Die Antriebskraft hinter diesem Rechtfertigungsdrang ist meist Unsicherheit. Oder anders ausgedrückt: Es geht uns weniger darum, unsere Wahl zu begründen, als vielmehr von unseren Mitmenschen Absolution dafür zu erhalten. All die Rechtfertigungen, mit denen wir eine Wahl ausschmücken, und egal, welche Gründe wir anführen, verfolgen nur ein Ziel: die eigene Entscheidung bestätigt zu bekommen. Die Aktion dient als Beruhigungspille.

Aber warum bedeutet uns die Bestätigung durch andere so viel? Meist spielen dabei drei Motive eine Rolle:

1. Der Wunsch nach Unterstützung

Manche Entscheidungen haben schwerwiegende Konsequenzen. Wer zum Beispiel seinen Job kündigt und sich selbstständig macht, geht in eine ungewisse Zukunft: kann klappen, kann aber auch schiefgehen. Im Vorfeld alleine abzuschätzen, ob die Entscheidung tatsächlich richtig ist, ist für viele eine nervliche Zerreißprobe. Gut, wenn uns dann jemand sagt: »Gute Wahl! Das würde ich auch so machen!«

Natürlich weiß auch diese Person nicht, was die Zukunft bringt. Aber sie hat unsere Wahl bewertet, bestätigt und gutgeheißen – und sich damit (zumindest moralisch) verbündet. Gefühlt machen wir uns jetzt nicht mehr ganz so alleine selbstständig, sondern haben einen Paten, den man in schweren Zeiten genau wegen dieser Verbrüderung anrufen und um Rat oder Rückendeckung bitten kann.

Manche nutzen das freilich auch aus, um bei Rückschlägen Schuldige zu suchen, Motto: »Du warst es doch, der mir damals geraten hat, den Job zu kündigen!« Das ist weder nett, noch zeugt es von charakterlicher Reife. Aber es bedeutet für den einen oder anderen durchaus eine Wahlerleichterung im Hier und Jetzt. Was gleich zum nächsten Motiv führt …

2. Die Angst vor den Konsequenzen

Der Zuspruch, den man erhält, macht es deutlich einfacher, sich auf mögliche Folgen einzustellen. Im Hinterkopf manifestiert sich der Gedanke: Die anderen wissen, warum ich mich so entschieden habe, können es nachvollziehen und stehen hinter der Entscheidung.

Wir rechtfertigen uns also auch deshalb vor anderen, um diese auf unsere Seite zu bringen und nicht auf uns allein gestellt zu sein, sollte das Schlimmste eintreten. Die Konsequenzen sind dann einfach nicht mehr so peinlich. Mehr noch: Wir müssen uns kaum noch für diese rechtfertigen – das haben wir schließlich schon im Vorfeld bei der Entscheidung getan.

3. Der Versuch, ein besseres Selbstbild zu erzeugen

Auch wenn Rechtfertigungen häufig der eigenen Unsicherheit entspringen, helfen sie doch dabei, ein positives Selbstbild zu erzeugen. Schließlich können wir uns – coram publico – selbst zeigen, dass wir gute Gründe für diese Wahl hatten.

Offensichtlich haben wir alles richtig gemacht, jeder Zweifel, der möglicherweise am eigenen Handeln oder gar an der eigenen Entscheidungsfähigkeit aufkommen könnte, wird im Keim erstickt, und zurück bleibt die scheinbare Unantastbarkeit der eigenen Wahl. Bravo!

Dabei handelt es sich allerdings meist um eine Maske, die nach außen hin zur Schau getragen wird, um ein bestimmtes Image zu erzeugen. Nicht ungefährlich. Denn kratzt einer gekonnt an dieser Fassade, gerät das so aufgebaute Selbstbild massiv ins Wanken.

Seine Entscheidungen zu rechtfertigen, kann also widersprüchliche Auswirkungen haben. Auf der einen Seite beeinflusst es die Wahl von vornherein – nicht unbedingt zum Besseren. Auf der anderen Seite sorgt es dafür, dass wir uns insgesamt mit der getroffenen Entscheidung wohler fühlen.

Worauf es jedoch in beiden Fällen ankommt, ist die Art und Weise, wie wir die Rechtfertigung formulieren. Denn was so einfach klingt, kann auch fürchterlich nach hinten losgehen.

Um sich dies vor Augen zu führen, ist zunächst eine grundlegende Unterscheidung notwendig, die in der Praxis häufig unbeachtet bleibt und dann nicht nur zu Verwirrung, sondern auch zu handfesten Problemen führen kann:

- Eine **Rechtfertigung** soll Argumente liefern und andere überzeugen, dass die eigene Entscheidung richtig war. Man steht für das ein, was man getan hat, und liefert eine Erklärung, von der man ausgeht, dass andere sie verstehen und nachvollziehen können. Man selbst ist also grundsätzlich der Meinung, das Richtige getan zu haben.

- Im Gegensatz dazu geht es bei einer **Entschuldigung** darum, andere für einen Fehler um Verständnis und Nachsicht zu bitten. Sie beinhaltet also das Eingeständnis, dass die getroffene Entscheidung falsch war, dass wir uns dessen bewusst sind und selbst bedauern, dass es dazu kommen konnte.

Bei der Gegenüberstellung wird deutlich, wo die Gefahr lauert: Im Eifer des Gefechts rutschen Rechtfertigungen schnell in den Bereich einer Entschuldigung ab. Möglicherweise haben wir das Gefühl, einen falschen Entschluss getroffen zu haben, und mühen uns nun um Schadensbegrenzung. Weil das aber den meisten (instinktiv) auffällt, verpufft die Wirkung der Rechtfertigung unmittelbar oder verkehrt sich ins Gegenteil: Aus der Selbsterklärung wird eine Selbstoffenbarung. Das ist dann tatsächlich peinlich.

! WANN MUSS ICH MICH FÜR EINE
ENTSCHEIDUNG ENTSCHULDIGEN?

Im Grunde immer dann, wenn ein anderer durch Sie zu Schaden gekommen ist. Dabei ist es nicht nur ein Akt der Höflichkeit, um Entschuldigung zu bitten. Es zeugt durchaus auch von Größe, wenn Sie dafür die Verantwortung übernehmen und wenigstens versuchen, den Fehler oder Fauxpas zu korrigieren.

Keine Rechtfertigung, sondern vielmehr eine Entschuldigung ist daher in folgenden Situationen geboten:

Sie haben jemanden verletzt. Entscheidungen können andere verletzen. Wobei man hier noch mal differenzieren muss, ob dies eine billigende oder versehentliche Konsequenz ist. Wenn Sie beispielsweise jemandem einen Korb geben oder ein Angebot ausschlagen, fühlen sich die meisten Betroffenen zurückgesetzt, beleidigt oder eben verletzt. Nun müssen Sie natürlich nicht jede Flirtattacke zustimmend erwidern. In dem Fall dürfen Sie die Verletzung des Gegenübers billigend in Kauf nehmen, eine Entschuldigung ist nicht nötig. Anders sieht es aus, wenn Sie unabsichtlich jemanden angegriffen oder verletzt haben. In dem Fall sollten Sie sich umgehend entschuldigen, sobald Sie das spüren.

Sie haben sich über andere hinweggesetzt. Es ist unser gutes Recht, eigene Entscheidungen zu treffen. Wer dabei aber gegen den erklärten Willen anderer Beteiligter handelt und sich über Entscheidungsstrukturen hinwegsetzt, handelt grob eigenmächtig. Und nicht selten auch illegitim. Manchmal reicht dann auch eine Entschuldigung nicht mehr aus. Bei kleineren Übersprunghandlungen aber ist diese auf jeden Fall geboten.

Sie haben einen Fehler gemacht. Niemand ist vor Fehlern gefeit. Missgeschicke passieren. Sie sollen den passenden Wein zum Essen wählen, doch der schmeckt einfach nur grausig; Sie suchen für einen Freund ein Geschenk, haben aber vergessen, dass der die Farbe generell nicht mag … Shit happens. Manche Fehler sind auch einfach nur dazu da, um daraus zu lernen. Nichtsdestotrotz sollte man sich bei einem so offensichtlichen Fehler nicht aus seiner Verantwortung stehlen, sondern sich dafür entschuldigen, dass man etwa nicht alle Informationen bedacht oder diese falsch interpretiert hat.

WIE LASSEN SICH ENTSCHEIDUNGEN RECHTFERTIGEN?

Die meisten Rechtfertigungen laufen leider viel zu häufig auf Autopilot. Man teilt seinem Umfeld eine Entscheidung mit oder wird darauf angesprochen, und ganz automatisch beginnen wir mit langen und breiten Erklärungen, die so erhellend und animierend sind wie Novemberwetter. Eine Art Vorwärtsverteidigung.

Je häufiger dieser Zyklus durchlaufen wird, etwa wegen großer Tragweite und weil viele Nachfragen kommen, desto schlimmer (und unglaubwürdiger) wird es. Dadurch steigt der Druck, die Rechtfertigungen werden ausschweifender, und der Glaube, nach wie vor eine eigenständige Entscheidung zu treffen, sinkt auf einen Tiefpunkt. Eine typische Abwärtsspirale entsteht.

Um dem entgegenzuwirken, sollte man den Autopiloten für Rechtfertigungen aus- und wieder auf manuelle Steuerung umschalten. Soll bedeuten: Je emotionaler wir involviert sind, desto schwieriger wird es, eine Entscheidung zu verfechten und den eigenen Standpunkt plausibel zu erklären.

Sicher, auch mit kühlem Kopf und soliden Argumenten gibt es keine Erfolgsgarantie. Jeder noch so überlegte Beleg, jedes noch so durchdachte Argument kann auf taube Ohren, Ignoranz, bösen Willen oder schlicht Unverständnis stoßen. Der Versuch lohnt sich aber trotzdem. Zumal es durchaus einige Rechtfertigungen gibt, die eine gute Perspektive auf Erfolg haben – allerdings auch ihre spezifischen Schwächen:

- **Ich habe alle Informationen berücksichtigt.**
Die meisten Menschen lieben harte Fakten, handfeste Beweise und entsprechend durchdachte Entscheidungen. Rationalität gewinnt. Eine Rechtfertigung, die auf genau solche Argumente zurückgreift, gewinnt enorm an Überzeugungskraft. Sollten Sie diese Methode nutzen wollen, ist es unerlässlich, die Quellen benennen zu können.

Die Schwierigkeit: Auf der einen Seite bedeutet es einen großen Aufwand, eine Entscheidung auf diese Weise zu rechtfertigen. Zugleich bringen Sie sich selbst in eine Art Bringschuld, auch wirklich alle (!) nötigen Informationen betrachtet zu haben. Fehlen ein wichtiger Aspekt oder Informationen, sieht die Wahl gleich vorschnell oder gar naiv aus – egal, wie viele ernsthafte Belege man sich vorher rausknötert.

- **Ich habe bereits Erfahrungen damit gemacht.**
Neben Informationen sind Erfahrungswerte eine sichere Grundlage für funktionierende Rechtfertigungen. Wir sind bereit, eine Entscheidung eher als richtig einzustufen, wenn wir selbst oder die betreffende Person bereits einschlägige Erfahrungen damit gemacht haben und so eine zusätzliche Versicherung gegeben ist, dass die Wahl sich als richtig herausstellen wird. Besonders gut funktioniert eine solche Rechtfertigung, wenn zwischen dem Entscheider und der Person, vor der man sich rechtfertigen will oder muss, ein Informationsungleichgewicht besteht.

Die Schwierigkeit: Nicht alle Erfahrungen sind beliebig übertragbar. Egal, wie oft wir uns im Alltag schon entschieden haben, immer wieder betreten wir dabei auch völliges Neuland; Situationen, die wir noch nie so erlebt haben. Erfahrungen erlauben uns hier manchmal Ableitungen und Querverweise. Ein einschlägiges Argument sind sie aber nicht, wenn sie nicht ganz genau dazu passen.

- **Ich habe nur die besten Absichten.**
  Das ist, zugegeben, ein überwiegend emotionales Argument. Es appelliert an die Moral und beteuert zugleich die eigene Redlichkeit und Aufrichtigkeit. Und es ist ein rhetorischer Trick: Die eigenen positiven Absichten zu betonen spielt den Ball dem Gegenüber zu, der nun seinerseits eine Erklärung finden muss, warum die Entscheidung trotzdem eine (ethisch) schlechte ist.

  Die Schwierigkeit: Der erhobene Zeigefinger reizt manche erst recht, die wahren Motive zu hinterfragen. Nicht selten handelt es sich dabei ja auch nur um eine Nebelkerze, hinter deren Schleier sich weit weniger edle Absichten verbergen, als der Entscheider glauben machen will. Kommt das heraus, ist die Blamage programmiert. Aber auch so ist die Gefahr groß, in Selbstbetrug zu verfallen und sich die besten Absichten nur einzureden, ohne diese auch wirklich zu verfolgen.

  Auch anderen gegenüber gilt: Eine gute Absicht allein ist nicht genug. Gut gemeint ist eben noch lange nicht gut gemacht. Stellt sich eine Entscheidung als katastrophal falsch heraus, helfen meist selbst die besten Absichten nicht, um diese im Nachhinein zu rechtfertigen.

- **Ich will es allen recht machen.**
  Noch eine emotional angehauchte Rechtfertigung. Der Kompromiss klingt erst einmal gut und kommt bei vielen Zuhörern gut an, weil er doch deren Wohlergehen in den Mittelpunkt der eigenen Entscheidung stellt. Die meisten fühlen sich bei dieser

Rechtfertigung also erst einmal geschmeichelt und sind geneigt, sie zu akzeptieren.

Die Schwierigkeit: Wer es allen recht machen will, verbiegt sich dabei irgendwann und wählt Optionen, hinter denen er möglicherweise nicht mehr zu 100 Prozent stehen kann. Schwerwiegender aber noch ist die implizite Kritik an der Entscheidung: Man kann anderen gegenüber eine Entscheidung damit rechtfertigen, dass man alle Perspektiven einbeziehen wollte, doch im Subtext schwingt immer auch eine Entschuldigung mit, eben nicht die bestmögliche Wahl getroffen zu haben.

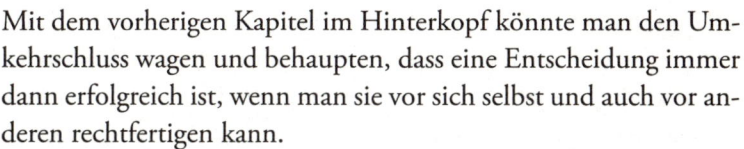

ZIEL ERREICHT – CHECK!

GEHT DAS ÜBERHAUPT: ERFOLGREICH ENTSCHEIDEN?

Mit dem vorherigen Kapitel im Hinterkopf könnte man den Umkehrschluss wagen und behaupten, dass eine Entscheidung immer dann erfolgreich ist, wenn man sie vor sich selbst und auch vor anderen rechtfertigen kann.

Obacht! Hier vermischen sich Ursache und Wirkung. Wie überzeugend unsere Wahl hinterher wirkt, ist eher ein Nebeneffekt und keinesfalls eine echte Definition einer erfolgreichen Entscheidung. Viel zu offensichtlich ist das Gegenargument, dass nämlich auch offensichtlich falsche Entscheidungen gerechtfertigt werden können, beispielsweise durch Scheinargumente, rhetorische Tricks oder einfach durch die Tatsache, dass man es zu dem Zeitpunkt nicht besser wusste. Wenn einem die Umstände und neue Entwicklungen einen Strich durch die Rechnung gemacht haben, dann liegt das schlicht nicht mehr in der eigenen Verantwortung. Und schon ist man fein raus und hat eine ausgezeichnete Rechtfertigung für eine doch letztlich falsche Entscheidung. Es muss also einen anderen Weg geben, die Frage zu klären.

Wie wäre es dann mit dem Ziel, das ja jeder Entscheidung zugrunde liegt? Wer ein Parfum kauft, erhofft sich einen angenehmen und lang anhaltenden Duft; geht es um die Wahl eines Restaurants, wünscht man sich sowohl ein tolles Essen als auch einen schönen Abend. Jede einzelne Entscheidung, die wir fällen, hat eine solche Erfolgsbedingung. Wird dieses Ziel erreicht, könnte man sagen, dass die Entscheidung erfolgreich war …

Auf den ersten Blick spricht nichts dagegen. Aber eben nur auf den ersten Blick. Ich glaube inzwischen, dass der *Erfolg* einer Entscheidung etwas ganz anderes ist, als die Unterscheidung *richtig* oder *falsch* – auch wenn das viele synonym verwenden.

Zu kryptisch? Dann ein ganz persönliches Beispiel: Im Jahr 2011, nach rund 20 Jahren im Journalismus und 13 Jahren bei der ›Wirtschaftswoche‹ als Ressortleiter, kehrte ich meiner Branche den Rücken. Irgendwie hatte ich bis dahin das meiste im Journalismus schon mal gemacht und erreicht – Fernsehen, Fotograf, Titelgeschichten schreiben, Blatt machen, Teams führen ... Routinen breiteten sich aus, und Perspektiven verschwammen. Darauf hinzuarbeiten, irgendwann einmal »Chefredakteur« auf meine Visitenkarte zu schreiben, war für mich so reizvoll wie ein Einrad aus Blätterkrokant.

Dafür faszinierten mich die (damals) neuen sozialen Medien umso mehr, Blogs vor allem. Hier sah ich ein großes, noch unerschlossenes Potenzial für die Verlage. Leider sahen das (ebenfalls damals) nicht allzu viele genauso. Die meisten Kollegen taten das als weitere Netzblase ab, erklärten dieses Social-Media-Dings und *Internetz* als völlig überschätzt und mich zum Nerd. Zumindest bei Letzterem lagen sie nicht ganz falsch.

In der Industrie sah das aber schon anders aus, und so wechselte ich als Social-Media-Manager in die Wirtschaft. Zwei Jahre lang durfte ich für einen Stromanbieter in Köln die Social-Media-Strategie entwickeln. Eine herausfordernde Aufgabe – nicht zuletzt, weil Stromanbieter nicht unbedingt zu den sogenannten Love-Brands gehören. Und mal ehrlich: Warum sollte man schon Fan von einem Stromkonzern werden?

Am Ende waren es dann doch mehr als 33 000 Fans allein auf Facebook und das zentrale Blog erhielt sogar einige Preise, hohe Aufmerksamkeit und Reichweite. Aber – und das ist der Punkt – war die Entscheidung deshalb erfolgreich?

Keine Frage, das Unternehmen war klasse, die Kollegen supernett. Aber war das meine Zukunft? War ich glücklich, obwohl ich vielleicht einige der Ziele erreicht oder sogar übererfüllt hatte?

Um es kurz zu machen: Ich war es erstaunlicherweise nicht.

Und das wurde mir spätestens im zweiten Jahr dort immer bewusster. Schon länger gärte in mir der Wunsch, mich selbstständig zu machen. Ich spürte, das war nicht meine Welt da im Konzern, mit zu vielen Meetings, zu langen Entscheidungswegen und mehr Reportings als Reformen. Und ziemlich sicher spürten das auch meine Chefs.

Glücklicherweise hatte ich nur einen Zweijahresvertrag abgeschlossen. Und als er endete, bedeutete das für mich eine wichtige Zäsur: In meine alte Branche zurück wollte ich nicht, und die Wirtschaft hatte sich für mich auch irgendwie entzaubert. »Wenn nicht jetzt, wann dann?«, dachte ich mir. »Jetzt ist der beste Zeitpunkt, den Sprung in die Selbstständigkeit zu wagen.«

Das klingt natürlich hier und jetzt ganz einfach. Damals aber war es wahrlich keine leichte Entscheidung, und ich gebe hier und heute gerne zu, dass ich in der ersten Zeit so manche Nacht schweißgebadet aufgewacht bin und mich gefragt habe: »Was machst du da gerade? Bist du eigentlich völlig wahnsinnig – du hast Frau und Kinder!«

Selbstständig zu sein, ist super – wenn es läuft. Aber wenn man noch am Anfang steht und alles erst organisieren, sortieren und aufbauen muss, braucht es viel Kraft, Disziplin, Durchhaltewillen und den Glauben an die eigene Entscheidung. Heute bereue ich diese Entscheidung keine Sekunde lang. Aber damals hatte ich immer wieder Zweifel – und zum Glück sehr gute Freunde.

Warum erzähle ich das? Weil es hier zwei Entscheidungen und Ziele gab, und in beiden Fällen hätte man kurzfristig sagen können: Sie waren erfolgreich. In der Rückschau könnte ich aber auch feststellen, dass der Umweg über die Wirtschaft keine erfolgreiche Entscheidung war. Sie hat mich von meinem eigentlichen Wunsch – der Selbstständigkeit – nur um zwei Jahre entfernt. Damals wählte ich eine sicherere Herausforderung. Der eigentlichen aber habe ich mich nicht gestellt: dem Wunsch, etwas Eigenes aufzubauen.

Mancher könnte nun einwerfen, dass der Umweg vielleicht wichtig war, um die bessere Wahl klarer zu sehen. Auf der Krummen kommt man manchmal schneller zum Ziel als auf der Geraden, Sie erinnern sich?

Auch diese Bewertung stimmt. Sie merken schon, worauf das hinausläuft: Richtig waren beide Entscheidungen. Nur mit der Einschätzung, ob diese oder jene Wahl erfolgreich war, stößt man an Grenzen.

Entscheidungen können eben immer auch zu Abzweigungen führen, die man bisher nicht auf dem Radar hatte und die zu ganz anderen, aber zu viel besseren und erfolgreicheren Konsequenzen führen. Theoretisch kann sogar eine Entscheidung erfolgreich sein, die sich im Nachhinein als falsch erweist. Was so widersprüchlich anmutet, folgt einem weit verbreiteten und von vielen für den Fortschritt als unerlässlich betrachteten Prinzip: *trial and error*.

Jetzt wird es ein bisschen philosophisch: Nicht immer muss es auf Anhieb perfekt werden, und in den meisten Fällen ist es das auch überhaupt nicht. Also probieren wir aus, testen Möglichkeiten, finden Zusammenhänge, lernen aus Fehlern und machen weiter. Jede Entscheidung, egal, wie falsch sie war, bringt uns langfristig einem Ziel näher – und ist damit auf ihre Art erfolgreich.

Ich finde das einen sehr mutmachenden Gedanken, weil er den Erfolg einer Entscheidung nicht auf ihr kurzfristiges Ergebnis beschränkt, sondern vielmehr darauf, was wir daraus machen, daraus lernen, wie wir daran wachsen.

Nicht jeder findet gleich beim ersten Mal den perfekten Beruf. Viele entscheiden sich nach ein oder zwei Positionen um, weil sie festgestellt haben, dass der Job einfach nicht das hält, was sie sich davon versprochen haben. Ist das ärgerlich und frustrierend? Sicher, und die Einsicht, sich selbst wie den Beruf falsch eingeschätzt zu haben, nagt zunächst am Selbstbewusstsein. Obendrein weist der Lebenslauf jetzt auch noch sogenannte Brüche auf. Aber war die Wahl deswegen unerfolgreich?

Nicht, wenn man beide Seiten der Medaille betrachtet. Es ist wie bei diesem Bild: Wie wir den Kopf neigen, entscheidet, was wir sehen:

GUT GELAUNTE MENSCHEN ENTSCHEIDEN GROSSZÜGIGER

Untersuchungen der Fakultät für Psychologie an der Universität Basel konnten zeigen, dass auch unsere Laune Einfluss auf Entscheidungen nimmt.

Ärgerlicherweise ist es ausgerechnet die gute Laune, die tendenziell zu suboptimalen Entscheidungen führt. Getestet wurde der Effekt an sogenannten sequenziellen Entscheidungen, also einer Reihe von Wahlmöglichkeiten, bei denen man entweder zugreifen oder ablehnen kann, die Optionen damit im letzten Fall aber unwiederbringlich verloren gehen. Der Konflikt, der dabei entstehen soll: Wer vorschnell wählt, riskiert, das tatsächliche Schnäppchen zu verpassen oder – im langfristigen Vergleich – zu früh auszusortieren.

Klingt kompliziert, kommt im Alltag aber regelmäßig vor, etwa bei der Wohnungssuche: Ob Wohnung eins, zwei, drei oder vier die beste ist, wissen wir erst, wenn wir alle Wohnungen gesehen haben. Dann hat uns die Bude aber vielleicht schon ein anderer Mieter weggeschnappt, oder wir entscheiden uns zu früh für einen faulen Kompromiss – Hauptsache, ein Dach über dem Kopf.

Im Fall der Schweizer Studie sah das dann so aus: Je besser gelaunt die Teilnehmer waren, desto zügiger willigten sie ein. Oder anders ausgedrückt: Wer gut gelaunt ist, gibt sich schneller mit etwas zufrieden und verpasst damit die Chance auf etwas Besseres. Besonders rasch entschieden sich übrigens die Gutgelaunten gehobenen Alters. Jüngere ließen sich zwar auch von ihrer positiven Stimmung verleiten, zeigten aber eine größere Resistenz gegenüber den Versuchungen einer schnellen Zusage.

Mit der anderen Seite des Extrems befasste sich indes der australische Psychologe Joe Forgas der Universität New South Wales. Er stellte sich die Frage, wie Entscheidungen ausfallen, wenn wir traurig, niedergeschlagen oder schlichtweg mies drauf sind.

Um diesen Zustand zu erreichen, wurden den Teilnehmern verschiedene traurige Filme gezeigt. Obendrein wurden sie auch noch gebeten, von schlimmen Erfahrungen in ihrem Leben zu berichten. Die Kontrollgruppe bekam hingegen das Kontrastprogramm: lustige Filmchen und positive Erinnerungen.

Im nächsten Schritt mussten beide Gruppen verschiedene Aufgaben erledigen, so etwa den Wahrheitsgehalt urbaner Legenden beurteilen oder einschätzen, wie glaubwürdig die Aussagen verschiedener Zeugen waren. Resultat: Die schlecht Gelaunten waren durchweg besser darin, die Sachverhalte richtig zu erfassen, machten weniger Fehler und schnitten auch besser ab, wenn es darum ging, die eigenen Entscheidungen souverän zu vertreten. Selbst in schriftlicher Form argumentierten sie besser als die gut gelaunte Vergleichsgruppe.

Der Psychologe schließt daraus, dass die negative Gefühls-lage zu einer gesteigerten Aufmerksamkeit und klareren Ge-danken führt. Ob man sich deshalb bewusst in schlechte Laune versetzt, um eine Entscheidung zu treffen, bleibt aber jedem selbst überlassen.

WAS TUN BEI FEHLENTSCHEIDUNGEN?

Zuweilen passiert es aber doch: Die Wahl, die wir getroffen haben, war so richtig daneben, ein sprichwörtlicher Griff ins Klo, ein Was-zum-Teufel-habe-ich-mir-dabei-bloß-gedacht-Moment. So sinnvoll wie ein Doppelbett für den Papst.

Man stelle sich einen Pokerspieler vor, der sich von einem scheinbar guten Blatt blenden lässt und sein gesamtes Geld in den Pot schiebt: »All in!« Doch statt den Jackpot zu knacken, wird er von einem anderen Spieler übertrumpft. Alles futsch. Was für ein Irrtum!

Die meisten unserer Fehlentscheidungen fallen glücklicher-weise nicht ganz so dramatisch aus oder wirken sich kaum spürbar auf das weitere Leben aus. Wir entschließen uns zu einem Kurz-urlaub im Süden, buchen Flug und Hotel – und genau an dem Wochenende gießt es Bindfäden vom Himmel. Es sind die bei-den regenreichsten Tage des Jahres, wie auch der Wetterbericht verdutzt feststellt. Das ist Pech und allenfalls ein kurzfristiges Ärgernis, aber nun wirklich nichts, mit dem man sich länger he-rumärgern müsste.

Doch es gibt auch Fehlentscheidungen, an denen man noch lange zu knabbern hat, auf die man auch nach Jahren von seinen Freunden nur ungern angesprochen wird. Selbst, wenn sich inzwi-schen wieder alles zum Guten gewendet hat. Was dann? Wie sollte man damit umgehen?

Auch hier muss man im Grunde früher ansetzen und sich fragen: Wie konnte es dazu kommen? Und warum fällen wir überhaupt Fehlurteile?

Wie sollte es anders sein: Auch diese Frage lässt sich mit verschiedenen Optionen beantworten:

• **Sie haben sich falsch informiert.**
Wissen schützt vor Fehlern nicht. Egal, wie viel Mühe Sie sich bei der Recherche auch gegeben haben – Informationen können trügerisch sein. So ist man beispielsweise felsenfest davon überzeugt, alle wichtige Daten über einen potenziellen Arbeitgeber ermittelt zu haben, nur um dann festzustellen, dass der sich in der Praxis leider ganz anders verhält: mieses Klima, langweilige Aufgaben, wenig Spielraum. Na, toll!

Fehlerhafte Informationen können ihren Ursprung in schlechten Quellen haben. Erfahrungen von anderen müssen nicht mit dem eigenen Empfinden übereinstimmen, manches ist geschönt, anderes erfunden, und wieder andere Informationen sind hoffnungslos veraltet. Gerade wer im Internet recherchiert, übersieht leicht, dass Google & Co. nicht unbedingt das aktuellste Ergebnis ganz oben in den Trefferlisten präsentieren, sondern das – aus Sicht des Algorithmus – relevanteste. Das kann also auch ein Bericht sein, der schon drei Jahre alt ist. Vorgesetzte können in der Zeit längst gewechselt haben, der Laden umstrukturiert worden sein. In unserer schnelllebigen Zeit können sich manche Dinge gar binnen Stunden ändern. Fehlurteile aufgrund falscher oder überholter Informationen kommen deshalb zunehmend öfter vor.

• **Sie haben sich geirrt.**
Selbst die richtigen Informationen zu haben ist leider nur die halbe Miete. Man muss diese auch richtig deuten können. Allein in dem Kapitel über Denkfehler haben Sie zahlreiche

Beispiele kennengelernt, wie schnell wir falsche Rückschlüsse ziehen und eine falsche Entscheidung treffen.

Solche Irrtümer können zum Beispiel durch Druck genauso gefördert werden, wie durch große Begeisterung. Ist die Vorfreude etwa so groß, dass wir es kaum noch abwarten können, den Kauf- oder Mietvertrag zu unterschreiben, übersehen wir leicht das Kleingedruckte und die versteckten Mängel, die sich bei genauerer Prüfung zu Katastrophen auswachsen können. Irren ist menschlich, die Selbstsabotage aber leider auch.

- **Sie wurden getäuscht.**
Nicht immer sind Fehlentscheidungen die Folge eines Fehlers, den Sie selbst begangen haben. In einigen Fällen legen es andere auch bewusst darauf an, Sie hinters Licht zu führen. Durch gezielte Desinformation oder falsche Ratschläge werden Sie zu einer Entscheidung verführt, die für Sie eine Menge negative Folgen mit sich bringt – ganz im Gegensatz zu demjenigen, der Sie reingelegt hat.

Zwar lassen sich einige solcher Täuschungen später juristisch verfolgen und der entstandene Schaden so zumindest begrenzen. Aber nicht immer gelingt das – auch nicht vor Gericht. Deshalb sollten Sie sich vor solchen Entscheidungen immer fragen: Kann mein Gegenüber von meiner Wahl profitieren? Lässt sich dies mit einem zweifelsfreien Nein beantworten, reduzieren Sie das Risiko, einem Schwindel auf den Leim zu gehen, schon erheblich.

- **Sie hatten einfach Pech.**
Diese Ursache einer Fehlentscheidung ruft besonders viel Frust hervor – einfach deshalb, weil niemand wirklich etwas dafür kann. Sie haben alles richtig gemacht, alle relevanten und aktuellen Informationen eingeholt, ausgewählt, abgewogen, nichts

überstürzt, keiner wollte Sie täuschen – und trotzdem lagen Sie komplett daneben. Dumm gelaufen. Was daran fast noch mehr schmerzt als diese kosmische Ungerechtigkeit, ist die Erkenntnis, dass sich auch künftig nichts dagegen tun lässt. Sie können aus Fehlern lernen, aber nicht aus schlechtem Karma. Einzig tröstlich: Das passiert uns allen.

Einen Weg oder eine Garantie gegen Fehlentscheidungen gibt es eben nicht. Manche Ursachen lassen sich durch Training (und dieses Buch) minimieren, manche Fehlerquellen reduzieren. Aber gegen Irrtum und Pech ist kaum ein Kraut gewachsen. Muss es aber auch nicht. Entscheidender ist, wie wir damit umgehen.

DIE GUTE ODER DIE SCHLECHTE NACHRICHT ZUERST?

Ob man nun selber Mist gebaut hat oder nur der Überbringer der Botschaft ist – die Beichte bleibt eine unangenehme bis heikle Aufgabe. Und nicht wenige stehen dabei vor der Wahl: Soll ich besser die gute oder die schlechte Nachricht zuerst sagen?
Angela M. Legg und Kate Sweeny, beide Psychologinnen an der Universität von Kalifornien, haben sich genauer mit der Überbringung solcher Botschaften beschäftigt. Ergebnis: Lässt man dem Empfänger die Wahl, bevorzugen ganze 78 Prozent, die schlechte Nachricht zuerst zu hören.
Der Grund ist schnell erklärt: Die Betroffenen möchten sofort die Gewissheit haben, wie schlimm es wirklich ist. Gedanklich malt man sich bei der Ankündigung einer schlechten Nachricht Horrorszenarien aus. Da sie dieselben Stresssymptome hervorrufen wie reale Katastrophen, bemü-

hen wir uns um Schadensbegrenzung. Nicht zuletzt schwingt dabei auch stets Hoffnung mit: Vielleicht ist die Nachricht ja doch nicht so schlecht …

Das Ganze dreht sich jedoch um, wenn man selbst der Überbringer der Nachricht ist. Mehr als die Hälfte würde lieber mit den guten Neuigkeiten beginnen – ganz im Sinne der bekannten Sandwich-Kritik: Erst für gute Stimmung sorgen, bevor die Keule kommt. Vielleicht lässt sich so ja auch die Reaktion des Gegenübers abschwächen.

Aber spielt die Reihenfolge dabei tatsächlich eine solche Rolle? Glaubt man den Forscherinnen, lautet die Antwort eindeutig Ja. Die Probanden, die zuerst die schlechte Nachricht serviert bekamen, fühlten sich anschließend besser, da die guten Neuigkeiten präsenter waren und über das Schlechte hinwegtrösten konnten. Obendrein waren 43 Prozent von ihnen bereit, aus der Situation zu lernen und sich die Fehler genauer erklären zu lassen.

AUS FEHLENTSCHEIDUNGEN DAS BESTE MACHEN

Jeder erinnert sich noch gut an den bis dato größten Fehler seines Lebens. Er brennt sich ins Gehirn ein mit all den negativen Emotionen, die damit verbunden waren. Wir alle haben schon einmal durch schlechte Entscheidungen Geld in den Sand gesetzt, falschen Freunden vertraut, gelogen und dadurch Vertrauen verspielt oder auf eine andere Weise großen Mist gebaut. Zu dem Ärger über dieses Malheur drängt sich meist noch eine andere Emotion ins Bewusstsein: Scham.

Niemand möchte sich die Blöße einer Fehlentscheidung eingestehen müssen – schon gar nicht vor anderen. Es ist einem peinlich, sich selbst in eine so blöde Situation gebracht und damit diskreditiert zu haben. Schamgefühle haben die Macht zur Miniaturisierung: Selbst das größte Genie fühlt sich dabei klein, ertappt, bloßgestellt und unglaublich dumm. Nicht zuletzt, weil auf den Schaden immer auch der Spott folgt. Und es braucht schon ein besonders dickes Fell, um sich die Witze nicht zu Herzen zu nehmen, sondern selbst darüber lachen zu können.

Als etwa die Psychologin Isabelle Bauer von der Concordia Universität in Montreal sich fragte, wie Menschen Reue und Scham leichter überwinden können, statt sich Wochen oder gar Monate damit herumzuschlagen, befragte sie ihre Probanden zunächst nach deren ganz individuellen Erfahrungen mit Fehlentscheidungen und den damit verbundenen Gefühlen. Wenig überraschend: Die ganze Grübelei darüber ließ die Teilnehmer zusätzlich leiden.

Dann aber wollte sie von ihnen wissen, ob sie glaubten, dass es anderen Menschen mit ihren Entscheidungen wohl noch schlechter ergehe als ihnen selbst. Und siehe da: Wer sich bewusst machte, dass andere womöglich mit Problemen eines noch größeren Kalibers zu kämpfen haben, kam über seine Scham und Reue schneller hinweg.

Überhaupt: Scham überwindet man am besten durch Relativierung und indem man reinen Tisch macht – kurz und schnell. Ihre Einschätzung war falsch, das Ergebnis ist Mist, jeder hat es gemerkt. Punkt. Das ist zwar schmerzhaft, geht aber umso schneller vorbei. Verleugnen und Schönreden verlängert die Qualen nur.

Etwas anderes gilt allenfalls, wenn das Ergebnis der Fehlentscheidung nur ein vorläufiges ist oder Sie die Entscheidung auch schnell wieder korrigieren können (was erstaunlich oft der Fall ist). Hier kann es sinnvoll sein, sich Teer und Federn nicht sofort über den Kopf zu kippen, sondern eine Weile zu warten und um Geduld zu bitten, wie sich die Dinge entwickeln. Es kann schließlich genauso sein, dass die Bewertung der anderen ein vorschnelles Fehlurteil ist.

Und stellt sich am Ende heraus, es war ein Fehler, bedeutet das auch nicht das Ende der Welt. So machen Sie das Beste daraus:

ÜBERREAGIEREN SIE NICHT.

Schwarzmalerei und übertriebener Pessimismus sind bei Fehlentscheidungen die falsche Attitüde. Auf unnötige Superlative wie »Katastrophe« oder »Desaster« sollte daher verzichtet werden: 99 Prozent der Fehlentscheidungen sind halb so schlimm, auch wenn sie sich im ersten Moment ganz fürchterlich anfühlen. Mehr noch: Wer überreagiert, verfällt oft in blinden Aktionismus und macht aus einem kleinen Missgriff ein wirkliches großes Problem.

KONZENTRIEREN SIE SICH AUF DAS POSITIVE.

Jeder Fehlentscheidung lässt sich etwas Positives abgewinnen. Und sei es nur, dass man nun weiß, wie es nicht geht. Häufig steckt aber noch mehr drin. Denken Sie nur an Christoph Kolumbus. Der wollte eine Abkürzung nach Indien finden – und versegelte sich stattdessen nach Amerika. Oder Spencer Silver. Als der 1968 den nächsten Superkleber erfinden wollte, erschuf er nur eine klebrige Masse, die zwar überall hielt, jedoch nirgends dauerhaft. Heute kennen Sie den Fehlversuch als Post-it-Haftnotizen, die die US-Zeitschrift ›Fortune‹ zu einer der wichtigsten Erfindungen des 20. Jahrhunderts erklärte.

So gesehen lässt sich jedem Fehlurteil ein Nutzen oder gar Profit abgewinnen – wenn man nur will und etwas Improvisationstalent mitbringt. Und das fällt umso leichter, wenn wir der Fehlentscheidung die Bedeutungsschwere nehmen.

 **MACHEN SIE WEITER – NUR ANDERS.**

Was passiert ist, ist passiert. Und zwar in der Vergangenheit. Immer wieder mit den Gedanken um die Geschichten von gestern zu kreisen macht künftige Entscheidungen nicht besser. Machen Sie sich lieber bewusst, dass Probleme nur in der Zukunft gelöst werden können – und damit auch Fehlentscheidungen korrigiert. Lernen Sie aus dem Fehler, bitten Sie um Verzeihung, falls erforderlich, und machen Sie weiter, nur vielleicht nicht ganz genauso. Oder wie es so schön heißt: »Wir können nicht zweimal denselben Fehler begehen. Beim zweiten Mal ist es kein Fehler, sondern eine Entscheidung.«

WAS WIRKLICH ZÄHLT: WAS WIR AM LEBENSENDE BEREUEN

Im Laufe des Lebens gibt es vielleicht so einige Dinge, die man bereut, ungeschehen machen möchte oder am liebsten einfach nur vergessen würde. Jedenfalls im Lichte des Hier und Jetzt. Aber trifft das auch auf lange Sicht zu? Oder anders gefragt: Welche Entscheidungen bereuen wir auf dem Sterbebett?

Gewiss, das ist eine hochemotionale Frage, mit der sich die langjährige Palliativkrankenschwester Bronnie Ware auseinandergesetzt hat. In ihrem Beruf hat sie viele Patienten auf deren letztem Weg begleitet und bekam dabei hautnah mit, auf welche wirklich wichtigen Dinge sich die Reue am Lebensende konzentrierte. Aus diesen Erfahrungen filterte sie jene fünf Motive heraus, die Menschen vor dem Tod am meisten bereuen:

- *Ich hätte mir selbst treu bleiben sollen.*
- *Ich hätte weniger arbeiten sollen.*
- *Ich wünschte, ich hätte meine Gefühle geäußert.*
- *Ich bereue, den Kontakt zu Freunden verloren zu haben.*
- *Ich hätte meiner Freude nicht im Weg stehen sollen.*

Die Punkte zeigen nicht nur, was am Ende wirklich zählt, sondern regen zugleich zum Nachdenken an: Manche Entscheidungen, die uns heute im Alltag plagen, sind auf lange Sicht weit weniger wichtig, als wir meinen.

Entscheidungen machen uns zu dem, was wir sind – die guten wie die schlechten. Manche Dinge ändern sich nie, dafür aber die Bedeutungen, die wir ihnen geben. In dem Sinne:
Sie entscheiden!

EPILOG

Ehre, wem Ehre gebührt – an dieser Stelle möchte ich mich bedanken. Und zwar bei allen, die dieses Buch direkt oder indirekt unterstützt und möglich gemacht haben. Das sind an vorderster Stelle meine Frau Silke und meine beiden Söhne, die jetzt schon zum wiederholten Mal Verständnis dafür zeigen mussten, wenn ich mich für Stunden, Tage oder gar Wochenenden komplett aus dem Familienleben ausklinke, um rund 70 000 Wörter in einen sinnvollen Zusammenhang zu bringen.

Dann danke ich ganz besonders meiner langjährigen Agentin, Bettina Querfurth, die mich letztlich zu der Entscheidung bewegt hat, nicht nur ein neues Buch zu schreiben, sondern eben auch eines über Entscheidungen. Und das bei einem heißen Espresso auf meiner Terrasse. Ich bin schon auf den nächsten Espresso gespannt, Bettina!

Großer Dank gebührt aber auch meiner Karrierebibel-Redaktion, allen voran Nils Warkentin, der mich rat- und tatkräftig bei der Recherche unterstützt und mir ebenfalls oft den Rücken frei gehalten hat.

Ferner bedanke ich mich bei meiner Lektorin Katharina Festner für ihre wertvollen Anmerkungen sowie bei den zahlreichen Lesern der Karrierebibel, die mich schon in der Vergangenheit durch Kommentare und Feedback inspiriert und korrigiert haben. Ein spezieller Dank geht an meine Freunde und Bekannten, deren Erzählungen und Erfahrungen hier ebenfalls eingeflossen sind: DANKE!

Falls auch Sie künftig an weiteren Informationen rund um das Thema dieses Buches sowie mehr als 3000 Karrieretipps und Studien interessiert sind, besuchen Sie mich doch einfach im Internet. Am besten erreichen Sie mich hier:

- **Homepage:** karrierebibel.de
- **Jobbörse:** karrieresprung.de
- **Community:** karrierefragen.de
- **Facebook:** facebook.com/karrierebibel
- **Twitter:** twitter.com/karrierebibel
- **Instagram:** instagram.com/karrierebibel

LITERATUR

Ariely, Dan (2008): Denken hilft zwar, nützt aber nichts. Warum wir immer wieder unvernünftige Entscheidungen treffen. Droemer Verlag.

Brafman, Ori und Rom Brafman (2008): Kopflos. Wie unser Bauchgefühl uns in die Irre führt – und was wir dagegen tun können. Campus Verlag.

Dobelli, Rolf (2014): Die Kunst des klaren Denkens. 52 Denkfehler, die Sie besser anderen überlassen. dtv.

Fisher, Helen (1993): Anatomie der Liebe. Warum sich Paare finden, sich binden und auseinandergehen. Droemer Knaur.

Jaffé, Diane und Vivien Manazon (2012): Verkaufen an Adam und Eva. Die Geheimtipps für erfolgreiches Verkaufen an Männer und Frauen. Wiley Verlag.

Jolander, Andrea (2015): Denken Sie jetzt nichts! Warum wir instinktiv die besten Entscheidungen treffen. Wilhelm Heyne Verlag.

Kaltenbach, Walter (2014): Was im Verkauf wirklich zählt, ist nur das, was wirklich funktioniert. BusinessVillage.

Kast, Bas (2007): Wie der Bauch dem Kopf beim Denken hilft. Die Kraft der Intuition. S. Fischer.

Kelley, Harold H. (1950): The Warm-Cold Variable in First Impressions of Persons. Journal of Personality, Vol. 18.

Küstenmacher, Werner Tiki (2014): Limbi. Der Weg zum Glück führt durchs Gehirn. Campus.

Mai, Jochen und Daniel Rettig (2011): Ich denke, also spinn ich. Warum wir uns oft anders verhalten, als wir wollen. dtv premium.

Pantelouris, Michaelis (2010): Werde das, was zu dir passt. Vom Traum zum Beruf. Gabriel.

Roth, Gerhard (2007): Persönlichkeit, Entscheidung und Verhalten. Warum es so schwierig ist, sich und andere zu ändern. Klett-Cotta.

Rohwetter, Marcus und andere (2013): Kauf mich! Wie Verkäufer unser Unterbewusstsein manipulieren. epubli.

Shih, Margaret, Todd Pittinsky und Nalini Ambady (1999): Stereotype Susceptibility: Identity Salience and Shifts in Quantitative Performance. Psychological Science, Vol. 10, No. 1.

Staw, Barry M. und Ha Hoang (1995): Sunk Costs in the NBA: Why Draft Order Affects Playing Time and Survival in Professional Basketball. Administrative Science Quarterly. Vol. 40, No. 3.

Traufetter, Gerald (2009): Intuition. Die Weisheit der Gefühle. Rowohlt Taschenbuch Verlag.

Underhill, Paco (1999): Warum kaufen wir? Die Psychologie des Konsums. Econ Verlag.

LINKS

Association for Psychological Science: Wearing a Helmet Tied to Riskier Decision Making
http://www.psychologicalscience.org/index.php/news/releases/helmet-wearers-make-riskier-gambles.html

BBC News: Sense of purpose ›adds years to your life‹
http://www.bbc.com/news/health-27393057

Bild der Wissenschaft: Antonio Damasio: »Das Gehirn ist nur der Manager«
http://www.wissenschaft.de/archiv/-/journal_content/56/12054/1527368/Antonio-Damasio:-%E2%80%9EDas-Gehirn-ist-nur-der-Manager%22/

Bild der Wissenschaft: Wie man über Fehlentscheidungen hinweg kommt
http://www.wissenschaft.de/home/-/journal_content/56/12054/940608/

Bundeszentrale für politische Bildung: Was sind Vorurteile
http://www.bpb.de/izpb/9680/was-sind-vorurteile

Business Insider: A Stanford professor says the ›gun test‹ can help you make big decisions
http://www.businessinsider.de/stanford-professor-gun-test-to-make-big-decisions-2016-2

Die Welt: Die gute oder die schlechte Nachricht zuerst?
http://www.welt.de/gesundheit/psychologie/article121903855/Die-gute-oder-die-schlechte-Nachricht-zuerst.html

Entscheidungscoaching: Frauen und Männer entscheiden unterschiedlich
http://blog.entscheidungs-coaching.com/frauen-und-manner-entscheiden-unterschiedlich.html

Frankfurter Allgemeine Zeitung: Gegen alle wetten
http://www.faz.net/aktuell/george-soros-gegen-alle-wetten-1353587.html

Gedankenwelt: Warum rechtfertigen wir uns?
http://gedankenwelt.de/warum-rechtfertigen-wir-uns/

GQ-Magazin: Wie tickt der deutsche Mann?
http://www.gq-magazin.de/unterhaltung/stars/pressemitteilung-wie-tickt-der-deutsche-mann

Harvard Business Review: A Brief History of Decision Making
https://hbr.org/2006/01/a-brief-history-of-decision-making

Huffington Post: Warum wir uns die Welt schönreden: Wie kognitive Dissonanz unser Leben bestimmt
http://www.huffingtonpost.de/sandra-maxeiner/warum-wir-uns-die-welt-sc_b_5130641.html

Karrierebibel: Bumerang-Effekt: Warum wir Halbwahrheiten glauben
http://karrierebibel.de/bumerang-effekt/

Karrierebibel: Disziplin lernen: 10 Schritte zu mehr Selbstdisziplin
http://karrierebibel.de/disziplin-selbstdisziplin-marshmallow-test/

Karrierebibel: Entscheidungen treffen: 12 überraschende Fakten
http://karrierebibel.de/entscheidung-treffen/

Karrierebibel: Entscheidungstechniken: Beispiele und Tipps
http://karrierebibel.de/entscheidungstechniken/

Karrierebibel: Trolley-Dilemma: Hineinversetzen macht hilfsbereiter
http://karrierebibel.de/trolley-dilemma/

New York Times: Salvador Assael, 88, Dies; Coaxed Riches From Pearls
http://www.nytimes.com/2011/04/13/business/13assael.html?_r=1

Smithsonian Magazine: Phineas Gage: Neuroscience's Most Famous Patient
http://www.smithsonianmag.com/history/phineas-gage-neurosciences-most-famous-patient-11390067/?no-ist

Spektrum: Hirngespinst Willenskraft
http://www.spektrum.de/alias/r-hauptkategorie/hirngespinstwillensfreiheit/968930

Spiegel: Ich fühle, also bin ich
http://www.spiegel.de/wissenschaft/mensch/emotionen-ich-fuehle-also-bin-ich-a-561852.html

Spiegel: Umfrage zur Generation Y: Ungebildet? Unreif? Ohne Ziele?
http://www.spiegel.de/unispiegel/studium/generation-y-nachbildungsniveau-sozialer-verantwortung-zielstrebigkeit-a-1021584.html

Stern: Draft – Lotterie und Selbstbedienungsladen
http://www.stern.de/sport/sportwelt/nba-draft---lotterie-und-selbstbedienungsladen-3417656.html

The Guardian: Top five regrets of the dying
http://www.theguardian.com/lifeandstyle/2012/feb/01/top-five-regrets-of-the-dying

Wall Street Journal: How You Make Decisions says a Lot About How Happy You Are
http://www.wsj.com/articles/how-you-make-decisions-says-a-lot-about-how-happy-you-are-1412614997

Washington Post: Pearls Before Breakfast: Can one of the nation's great musicians cut through the fog of a D. C. rush hour? Let's find out.
https://www.washingtonpost.com/lifestyle/magazine/pearls-before-breakfast-can-one-of-the-nations-great-musicians-cut-through-the-fog-of-a-dc-rush-hour-lets-find-out/2014/09/23/8a6d46da-4331-11e4-b47c-f5889e061e5f_story.html

Zeit Online: Daniel Rettig: Warum wir unfair handeln
http://www.zeit.de/karriere/2015-06/entscheidungen-treffen-chef-fuehrungskraft

Typen im Vertrieb: Rot-Gelb-Grün-Blau
http://www.akademie-fuer-manager.de/typen-im-vertrieb-rot-gelb-gruen-blau/

Channel Partner: So optimieren Sie das Verkaufsgespräch
http://www.channelpartner.de/a/so-optimieren-sie-das-verkaufsge-spraech,2608497

Erfolgsfaktor Menschenkenntnis: Fühlen Sie sich in Ihren Kunden
http://www.eilert-akademie.de/menschenkenntnis_2.html

Das Resultat psychischer Intuition: C. G. Jungs Persönlichkeits-typologie
http://www.typen-und-mehr.com/cgjung.htm

Zeit zu leben: Methoden zur Entscheidungsfindung
http://www.zeitzuleben.de/methoden-zur-entscheidungsfindung/